DIE BESTEN STELL- UND CAMPINGPLÄTZE IN SCHOTTLAND

Red Deer Village Holiday Park 7

Der klassische City-Camping eignet sich hervorragend für einen Besuch von Glasgow. Die Zufahrt von der Schnellstraße ist einfach und die nächste S-Bahn-Haltestelle nur 5 Minuten entfernt. Großzügige Stellplätze im Grünen komplettieren das Angebot (s. S. 60).

140ws©Torsten Berning

141ws©Torsten Berning

10 Argyll Caravan Park

Unmittelbar an einer Bucht und den Stränden des Loch Fyne gelegen, bietet der große Platz viel Freiraum für Camper. Die Wohnmobilplätze bieten allesamt Blick aufs Wasser. Mit etwas Glück beobachtet man abends Otter und Seehunde (s. S. 67).

Silversands Caravan & Campsite 14

Ein Campingplatz so unkompliziert wie Schottland selbst. Es gibt keine nummerierten oder ausgewiesenen Stellplätze. Meist prangt an der Einfahrt das Schild „Such dir einen Platz nach deinem Geschmack!“ Hier genießt man die Ruhe und das Rauschen der Wellen (s. S. 75).

143ws©Torsten Berning

144ws©Torsten Berning

22 Faichemard Farm Campsite

Beim ersten Besuch sahen wir das Schild durch Zufall an der Straße. Ein Weg mitten durch den Wald führte uns zu diesem kleinen Paradies. In der pitoresken Landschaft der Glengarry Mountains gibt es lediglich 35 Plätze auf vier Hektar Fläche. Die Familie Grant betreibt diesen Platz seit 1935 (s. S. 107).

Seabreezes Caravan Park 31

An der alten Funkabhörstation des netten Ortes Brora steht man direkt am Wasser und kann am Abend einen wunderschönen Rundgang am kleinen Hafen entlang bis zur Ortsmitte machen. Dabei kommt man schnell mit den Einheimischen ins Gespräch (s. S. 141).

145ws©Torsten Berning

DIE SCHÖNSTEN LANDSCHAFTEN

146ws©Torsten Berning

Loch Lomond & The Trossachs National Park

Der Loch Lomond & The Trossachs National Park nördlich von Glasgow bietet abwechslungsreiche Möglichkeiten zur Freizeitgestaltung rund um den See und ist eine grüne Oase für alle Großstädter (s. S. 64).

142ws©Torsten Berning

Grampian Mountains

Zwischen Fort Williams und Braemar liegt diese zum Teil hochgebirgsartige Landschaft mit dem 1344 m hohen Ben Nevis. Der höchste Berg Großbritanniens wirkt besonders von Süden, entlang des Loch Linnhe kommend sehr beeindruckend (s. S. 173).

147ws©Torsten Berning

Northwest Highlands

Wundervolle Panoramablicke auf den Atlantischen Ozean prägen diese raue Landschaft. Hier, wo einen die niedrigsten Einwohnerzahlen je Quadratkilometer in Europa erwarten, wird jeder den richtigen Platz für sein persönliches Abenteuer finden (s. S. 77).

004ws©Torsten Berning

Midlands

Die sanft ansteigende Hügellandschaft von Grantown on Spey bis zu den Stränden des Moray Firth an der Ostküste bietet viel Abwechslung mit Radtouren entlang des River Spey und natürlich dem Besuch einiger Geburtsstätten des schottischen Whisky (s. S. 61).

148ws©Torsten Berning

Queen's View

Nördlich von Pitlochry geht es links ab zum Loch Tummel, wo man den Lieblingsplatz von Queen Victoria findet, der einen faszinierenden Ausblick über die Region bietet. Die gesamte Strecke entlang des Ufers lädt einfach nur zum Träumen ein (s. S. 177).

DIE SEHENSWERTESTEN ORTE

Blair Atholl

In einer Bilderbuchlandschaft bietet dieser kleine Ort von einem Heimatmuseum mit davor weidenden Galloway Rindern über das Atholl Arms Hotel und Pub und den Campingplatz bis zum Blair Castle alle Möglichkeiten für ein perfektes Urlaubserlebnis (s. S. 173).

149ws©Torsten Berning

Inveraray

Am Ausläufer des Loch Fyne stellt der der nur 500 Einwohner zählende Ort mit seinen weiß gekalkten Häusern eine hübsche Kulisse dar. Das Maritime Heritage Museum informiert über die Geschichte der Seefahrt und das Inveraray Castle lädt zu einem Besuch ein (s. S. 66).

150ws©Torsten Berning

Dunbar

Der Hafenort mit den bizarren Resten seiner Burganlage, die wunderbar als Set für einen Piratenfilm dienen könnten, bietet viele verschiedene Eindrücke. Besonders erwähnenswert ist der wunderschöne Küstenweg über den Golfplatz bis zum Stellplatz (s. S. 193).

179ws©Torsten Berning

Portree

Im kleinen Hafen des größten Orts der Isle of Skye dümpeln die Fischerboote. In der Hauptsaison flanieren die Besucher durch die Gassen und bewundern die hübschen Häuschen, die in kräftigen bunten Farben angestrichen sind (s. S. 80).

151ws©Torsten Berning

Edinburgh

Ein Besuch von Edinburgh sollte auf einer Schottlandreise nicht fehlen. Diese historische und an Geschichte reiche Stadt ist mit ihrem zentrumsnahen Campingpark auch ein Ziel für mehrere Tage. Hier erlebt man Lebensfreude pur (s. S. 186).

152ws©Torsten Berning

53
Visitors Welcome

DIE SCHÖNSTEN ROUTEN DURCH SCHOTTLAND

Willkommen in Schottland (Foto: 157ws©Torsten Berning)

5

Inverness
SCHOTTLAND
Aberdeen
Edinburgh

6
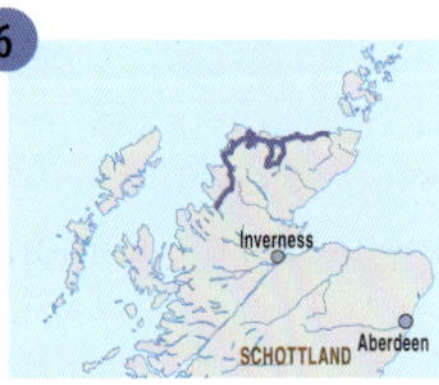
Inverness
SCHOTTLAND
Aberdeen

7

Inverness
SCHOTTLAND
Aberdeen

8

Inverness
SCHOTTLAND
Aberdeen

9

Inverness
SCHOTTLAND
Aberdeen
Edinburgh

10

SCHOTTLAND
Aberdeen
Edinburgh
NORDIRLAND
Newcastle
ENGLAND

VORWORT

Schottland ist für Wohnmobilisten nach wie vor eine Art Zauberwort. Kaum eine Destination in Europa übt eine solche Faszination aus und beflügelt die Fantasie mehr. Doch es sind nicht nur die einzigartigen Landschaften und die unberührte Natur, die Schottland zu den Top 3 der Traumziele in Europa zählen lassen, sondern auch seine für ihre Gastfreundschaft bekannten Bewohner mit ihrer ganz eigenen Herzlichkeit. Seit Jahrhunderten trotzen sie den Einflüssen der Meere und den Wetterkapriolen, die einem Frühling, Sommer, Herbst und Winter im Ablauf von nur wenigen Stunden präsentieren. All das war schon immer ein Teil ihres Lebens, mit dem sie sich bis in die heutige Zeit arrangieren.

Eine Fahrt durch Schottland ist eine Reise, auf der Sie viel erwarten dürfen! Dramatisch brodelnde Brandungen an den Klippen der Küstenlandschaften, über denen stolze Leuchttürme wachen. Geschichte überall, mit trutzigen Burgruinen an einsamen Lochs in den Highlands und einige Kilometer entfernt wieder prächtige Schlösser. Eben noch am weißen Strand einer malerischen Sommerbucht gebadet, geht es im nächsten Augenblick auf eine Wanderung durch die Weiten von Hochmooren, über felsiges Gebirge mit grünen Hängen, durchzogen von sprudelnden Bächen und bewachsen mit gelbem Ginster. Vom romantischen Fischerdorf bis in die Großstädte Glasgow oder Edinburgh werden Sie munteres Treiben mit freundlichen Menschen erleben. Fahren Sie hin!

Aufgeteilt in 10 Routen von 150 bis 400 Kilometer Länge zeigen wir Ihnen die gesamte Vielfalt dieses einmaligen Teils des Britischen Königreiches. Dabei haben Sie die Möglichkeit, dem Verlauf im oder gegen den Uhrzeigersinn zu folgen. **Schottland ist größer, als man glaubt,** dies sollte man unbedingt bei der Reiseplanung berücksichtigen. In seiner Ausdehnung von Ost nach West können es nur 170 km sein, von Nord nach Süd aber gern mal 600 km und mehr. Dazu kommen im Westen die Inseln der Äußeren Hebriden und im Norden die Orkney-Inseln. Sicherlich kann man alles in drei Wochen befahren, was allerdings mit einem erholsamen Urlaub wenig zu tun hat. Deshalb bieten wir Ihnen auch eine Querverbindung von West nach Ost an, die das Land quasi in zwei Hälften teilt.

Egal, ob man für die Anreise den Tunnel unter dem Kanal oder die Fähre über den

129ws©Torsten Berning

⊡ Der 137 m hohe „Old Man of Hoy" (s. S. 148) an der Küste der Orkney-Inseln

005ws©Torsten Berning

Ärmelkanal wählt, man darf nicht vergessen, dass danach nochmals ca. 600 Kilometer bis an die schottische Grenze hinzukommen! Je nachdem, wo Sie in Deutschland starten, sollten Sie für Ihre Schottlandreise mit mindestens 3800 Kilometern rechnen. Wer aber die Einsamkeit des Nordwestens erleben und erfahren möchte, muss noch einiges dazuaddieren.

Das **County of Sutherland** gehört mit 20.000 Einwohnern auf 5000 km² (!) zu den am dünnsten besiedelten Regionen in Europa, entsprechend sollte man den Einkauf und die Benzinversorgung planen, denn es gibt wirklich Landstriche, die außer einem kleinen Dorfladen keine Infrastruktur haben. Auch das Tanken ist hier kostspieliger als an den großen Supermärkten in den Städten. Der **Norden** wird straßentechnisch von *single track roads* geprägt, also von einspurigen Straßen mit regelmäßigen Buchten zum Ausweichen. Das hat unmittelbaren Einfluss auf die Planung der Tagesetappen. Hier sollte man mit einer Besichtigung und Fotostopps nicht mehr als 100 km am Tag kalkulieren!

Den **Nordosten** zwischen Tongue und John O'Groats beherrschen ausgedehnte Moorgebiete, die nur auf den dafür vorgesehen Pfaden erkundet werden sollten. Neben den beeindruckenden Naturerlebnissen sollte man keinesfalls **Edinburgh** und die Hauptstadt der Highlands, **Inverness,** verpassen.

Auch die **Kultur- und Geschichtsbegeisterten** werden auf dieser Reise nicht zu kurz kommen: Ob alte Familienclans, Schlösser und Burgen, Highland Games oder die Filmkulissen von Zauberlehrling Harry Potter – es ist für jeden etwas dabei. Und *last but not least* wäre da natürlich noch der bedeutendste Exportartikel Schottlands, der **Whisky,** denn ohne die Besichtigung einer Destillerie sollten Sie das Land nicht verlassen.

Das Buch wird dem „Premierentourer" genau wie dem „Wiederholungstäter" viel bieten und bei allen Anregungen ausreichend Spielraum für die eigenen Träume und Wünsche lassen. Für welche Routenvariante Sie sich auch entscheiden, es wird die richtige Wahl sein. Denn Schottland bietet den Besuchern auf all ihren Wegen von allem alles!

Ihr
Torsten Berning

⊡ *Fischerboot im Hafen von Dunbar (s. S. 193)*

HINWEISE ZUR BENUTZUNG

GPS-KOORDINATEN

Alle GPS-Daten in diesem Buch sind als **geografische Koordinaten** (Breite/Länge; Lat./Lon.) in Dezimalgrad (hddd.dddd) angegeben, also z. B. 59.12065, -3.30786 (= 59.12065 ° N -3.30786 ° E bzw. 3.30786 ° W). Die erste Angabe zeigt den Wert für die nördliche Breite (N), die zweite den für die Länge. Achtung! Schottland liegt westlich des Nullmeridians! Deshalb muss nicht wie gewohnt ein Ostwert (O oder E), sondern ein Westwert (W) bzw. ein negatives Vorzeichen (z. B. 3.30786 ° W = -3.30786 ° E) benutzt werden! Alle modernen GPS-Geräte akzeptieren die Schreibung als Dezimalgrad, evtl. muss das Eingabeformat in den Einstellungen des Gerätes aber erst ausgewählt werden, sonst weicht der Punkt deutlich vom erwarteten ab. Einige Geräte verlangen möglicherweise statt des Punktes ein Komma als Trennzeichen.

Das **Kartendatum** ist WGS84.

Umrechnung der Koordinaten

Wenn Sie die GPS-Angaben **von Dezimalgrad in Dezimalminuten** (dd ° mm,mmm') umrechnen müssen, so beachten Sie bitte, dass ein Grad 60 (nicht 100!) Minuten hat. Die Angaben in Dezimalgrad können daher nicht einfach durch Kommaverschiebung in Dezimalminuten umgewandelt werden! 59.12065 ° N sind nicht 59 ° 12,065'N, sondern 59 ° 7.239'N. Wer dies nicht beachtet, erhält beträchtliche Fehler. Ein Datenkonverter wie z. B. www.geoplaner.de erleichtert die Umrechnung beträchtlich.

Nutzung der GPS-Koordinaten

Wer ein GPS-Gerät oder Navigationssystem benutzt, das Koordinaten-Eingaben akzeptiert, der kann sich direkt zu den jeweiligen Punkten führen lassen. Praktisch alle GPS-Handgeräte bieten diese Möglichkeit, während manche Navigationssysteme nur Eingaben von Adressen akzeptieren – und Park- oder Stellplätze haben nicht immer eine Adresse. Einige **Internet-Kartendienste oder Routenplaner** wie GoogleMaps™ (http://google.de/maps) zeigen nach Eingabe der geografischen Daten den gesuchten Punkt an, auf Wunsch mit Satellitenansicht und an vielen Stellen mit StreetView-Funktion.

Koordinaten zum Download

Die **GPS-Koordinaten der Stell- und Campingplätze im Buch** können auf der Verlags-Homepage www.reise-know-how.de von der Artikelseite dieses Buches als Waypoint-Liste heruntergeladen werden.

Benötigt Ihr Gerät ein **anderes Datenformat als kml oder gpx,** kann die Umrechnung beispielsweise unter www.routeconverter.de oder www.gpsvisualizer.com erfolgen.

SERVICE FÜR MOBILGERÄTE

Durch Einscannen des QR-Codes auf dem Umschlag bzw. die Eingabe der Internet-Adresse **www.reise-know-how.de/womo/schottland23** wird ein für den mobilen Einsatz optimierter Internet-Dienst aufgerufen. Damit kann die Lage der Stell- und Campingplätze auf einer Karte und die Route dorthin angezeigt werden. Außerdem können darüber Updates nach Redaktionsschluss aufgerufen werden. Voraussetzung ist eine Datenverbindung über das Mobilfunknetz oder WLAN.

STELL- UND CAMPINGPLÄTZE

In diesem Wohnmobil-Tourguide wird eine breite Auswahl der in der Region verfügbaren Stell- und Campingplätze mit allen wichtigen Angaben beschrieben. Darüber hinaus listen einschlägige Apps und Stellplatzführer weitere Übernachtungsmöglichkeiten auf. Die Nichterwähnung in unserem Buch bedeutet nicht, dass ein Platz nicht mehr existiert oder eine geringe Qualität aufweist.

ZUM LAND UND ZU DEN ROUTEN

Vom Süden bei Gretna Green bis zum nördlichsten Ort des Festlandes, John O'Groats, sind es ca. 600 Straßenkilometer. Dazwischen befinden sich 78.762 km² Schottland oder etwa ein Drittel der Britischen Inseln. Zum charakteristischen Landschaftsbild gehören 1732 **Lochs,** nichts anderes als „Seen".

In Schottland leben ca. 5,2 Millionen **Einwohner,** durchschnittlich 65 von ihnen verteilen sich auf einem Quadratkilometer. Im Nordwesten sind es dann aber gerade mal vier Einwohner pro Quadratkilometer, damit ist dieser Teil dünner besiedelt als Nordnorwegen! Wegen der zahlreichen, tief einschneidenden **Fjorde (Firths)** verfügt Schottland über eine **Küstenlänge** von 6437 km (!). Ein beeindruckendes Zahlenwerk, das das Herz eines jeden Statistikers höher schlagen lässt und ein Garant ist für einsame Strände und unberührte Wildnis, die viel individuelle Bewegung zulässt. Doch vor allen Dingen für **Wanderfreunde** gilt es, mit dem nötigen Respekt an die Sache zu gehen. Sicherlich ist Schottland kein hochalpines Land, doch seine **Moorlandschaften** und die schnellen **Wetterumschwünge** bedürfen einer guten Vorbereitung. Selbst im Hochsommer muss man mit schnell aufziehenden starken Regenfällen und Temperaturstürzen rechnen. Viele Moore sollten nur auf den dafür vorgesehenen Wegen durchquert werden. In den Rucksack gehören also neben Wasser und einer Kleinigkeit zu essen immer Regenbekleidung, trockene Socken und zur Orientierung eine Karte oder ein GPS-Gerät.

Vielleicht wundern Sie sich, dass bisher (nahezu) kein Wort zu den Themen Dudelsack, Whisky oder Kilt (der Schottenrock) gefallen ist. Keine Sorge, diese traditionellen Kulturgüter werden Sie auf der gesamten Tour begleiten. Den ersten Dudelsackspieler sehen Sie vermutlich an einem der Grenzübergänge, ein Hinweisschild zur nächsten Whisky Distillery ist nicht zu übersehen und der Kilt gehört in das Straßenbild eines jeden Ortes! Whisky-Brennereien produzieren eines der bedeutendsten Wirtschaftsgüter des

002ws©Torsten Berning

003ws©Torsten Berning

Landes, Dudelsackmusik gehört in jede Fußgängerzone und zu jeder Veranstaltung oder großen Burganlage. Den Kilt tragen Männer durchaus im Alltag statt einer Hose.

Fehlen darf auf keinen Fall der Besuch eines der traditionellen Pubs. Genießen Sie Schottland pur bei einem Ale, dazu preiswertes Pub Food, vielleicht Fish and Chips oder einen saftigen Burger, und anschließend einen Whisky bei einer Runde Darts! Da die Schotten von Natur aus neugierig sind, werden Sie ganz schnell Kontakt bekommen, wenn Sie möchten.

Es gibt durchaus Wohnmobilfahrer, die das Land zum dritten, vierten oder gar fünften Mal bereisen. Das zeigt einmal mehr, wie schwer es ist, die *eine* richtige Route zu finden und festzulegen. Die Fans der nahezu völligen Einsamkeit können bequem drei Wochen auf den Inseln der Inneren und Äußeren Hebriden verbringen. Andere wiederum zieht es ausschließlich an die Nord- oder Ostküste, denn die Geschmäcker sind verschieden und das ist auch gut so. Die in diesem Buch vorgeschlagene Tour durch Schottland startet im Westen mit der **Route 1** (s. S. 39) in Gretna Green und endet nach einer Umrundung der gesamten Küsten und Durchfahrt der Highlands mit der **Route 10** (s. S. 183) im Osten am Grenzpass bei Carter Bar. Selbst wenn man die kostspieligere Anreise mit der Fähre nach Newcastle gewählt hat (dazu mehr bei den Hinweisen zur Anreise auf Seite 14), ist man nur ca. 100 Kilometer vom Startpunkt der ersten Route entfernt, oder man fährt einfach gegen den Uhrzeigersinn zunächst Richtung Edinburgh.

Im Gegensatz zu anderen Ländern lässt sich Schottland schwer in typische oder untypische Landesteile unterteilen. Schon zum Beginn von **Route 2** (s. S. 61) eröffnet sich einem kurz nach dem Verlassen von Glasgow eine

◁ *Auf dem Weg in die Highlands – nicht nur hier haben Tiere im Straßenverkehr „Vorfahrt"*

△ *Leuchtturm am Strand Silver Sands bei Elgin (s. S. 164)*

ganz andere Welt. Seen, Hügel und viel unberührte Natur sind ab jetzt ständige Begleiter. Fast überall kann man verlassene Gehöfte oder Ruinen erkunden. **Route 3** (s. S. 77) führt mit der Fähre von Mallaig nach Armedale bereits auf die Isle of Skye. Am nördlichen Ende entscheidet man sich für eine Überfahrt auf die Insel Lewis und Harris oder verlässt die Isle of Skye südlich über die Brücke. Hier hat man dann die Wahl, entlang der **Route 6** (s. S. 115) in den Nordwesten der Highlands zu fahren oder über die **Route 5** (s. S. 103) die Abkürzung zur Ostküste zu nehmen. Letztere ist für alle gedacht, deren Urlaubszeit keine ganze Umrundung Schottlands zulässt. Die Route endet im schönen Inverness, der Hauptstadt der Highlands. Ab hier folgt man dann einfach den **Routen 9** (s. S. 159) bzw. **10** nach Edinburgh und weiter zum Grenzpass nach Carter Bar. Diese Wegführung ist auch perfekt für alle, die wieder die Fähre in Newcastle upon Tyne erreichen möchten. Die Route 10 führt dabei an wundervollen Abschnitten der Ostküste mit ausgedehnten Stränden vorbei, die bei schönem Wetter zum Verweilen und Baden einladen. Hundefreunde werden hier mit ihren Vierbeinern viel Spaß haben, da nahezu alle Strandabschnitte für die Fellnasen freigegeben sind!

Einen Abstecher auf die Inseln der Orkneys bietet vorher noch die **Route 8** (s. S. 145) ab Scrabster. Wer dann noch Zeit oder nicht genug bekommen hat, kann natürlich weiter auf die Shetland-Inseln!

Route 4 (s. S. 93) führt ab der Insel Skye in die Einsamkeit der Insel Lewis und Harris. Wer viel Zeit mitbringt, kann dafür durchaus einige Tage einplanen, obwohl die Entfernungen sehr moderat sind. Wer die gesamte Tour ohne die Abkürzung nimmt, der wird auf der **Route 7** (s. S. 129) von Thurso an den nordöstlichsten Punkt John O'Groats geführt. Der Ostküste folgend geht es bis Fortrose oberhalb von Inverness an den Moray Firth.

Den Wohnmobilbesatzungen, die zur Fähre nach Dover rollen, empfehle ich eine Tour durch das Yorkshire Land oder die Midlands nördlich von Nottingham. Auch eine Stadt wie Cambridge ist nicht nur sehenswert, sondern auch ein willkommener Übernachtungsort, um das Flair einer alten englischen Universitätsstadt zu genießen.

⊡ *Im Hafen von Ullapool (s. S. 91)*

009ws©Torsten Berning

PRAKTISCHE REISETIPPS A–Z

006ws©Torsten Berning

011ws©Torsten Berning

ANREISE

Die Anfahrt nach Schottland erfolgt von Deutschland aus zunächst über die großen Autobahnverbindungen A2 und A44 (Westen bzw. Osten), die A61 (Süden) oder die A1 (Norden). Um die Häfen von Calais und Dünkirchen zu erreichen, nutzt man in Belgien die A10/E40. Die Anfahrt zu den Häfen Amsterdam Ijmuiden und Rotterdam in den Niederlanden erfolgt über die A2/E25 bzw. die A15/E31.

Die Auswahl an **Fährverbindungen** ist nicht sehr groß, genau wie die Anzahl der Häfen. Die Ausgangshäfen für die kurze Verbindung über den Ärmelkanal sind **Calais** und **Dünkirchen** in Frankreich. Beide haben eine Verbindung mit dem englischen **Dover.** Von hier sind es dann ca. 630 km bis schottische Grenze. Vorteil ist hier der wesentlich günstigere Fährpreis, Nachteil natürlich die Entfernung zum Zielgebiet! Am besten plant man einen Zwischenstopp ein. Für ein sieben Meter langes Wohnmobil muss man je nach Saison für Hin- und Rückfahrt zwischen 120 und 180 € kalkulieren. In beiden Häfen gibt es mit den verschiedenen Fährgesellschaften mehr als 50 Abfahrten täglich. Ein ganz besonderer Tipp sind die Fähren am frühen Morgen zwischen 3 und 5 Uhr. Hier kann man fast spontan ohne Buchung übersetzen! Die Fahrzeit zwischen Dover Calais beträgt 90 Minuten, von Dünkirchen sind es 120 Minuten.

Alternativ bringen einen die Verbindungen **Amsterdam – Newcastle** und **Rotterdam – Hull** der schottischen Grenze näher. Von Hull sind es noch ca. 289 km und von Newcastle ca. 106 km bis zum Ausgangspunkt der Route 1 in Gretna Green (s. S. 42). Dadurch, dass die Fährpassagen wesentlich länger sind (nach Hull 11 Stunden und nach Newcastle 18 Stunden) und Kabinenpflicht besteht, sind die Preisunterschiede schon gewaltig. Eine Überfahrt von Rotterdam nach Hull kostet mit **P&O Ferries** für zwei Erwachsene im sieben Meter langen Wohnmobil im Mai beispielsweise 700 €, dazu zwei Kinder, ein Hund und man ist bei 950 € für das Returnticket. Die Hin- und Rückfahrt von Amsterdam nach Newcastle ebenfalls im Mai kostet mit **DFDS Seaways** für zwei Erwachsene im 7-Meter-Wohnmobil 900 € bzw. mit zwei Kindern und Hund 1100 €.

Die Abfahrtszeiten und Buchungsdetails sind so vielfältig, dass man sie direkt auf den Websites der Fährgesellschaften einsehen und vor allen Dingen auch dort buchen sollte, denn ohne Reservierung ist das Ganze eher ein Lotteriespiel.

- **DFDS Seaways,** Tel. 040 3890371, www.dfdsseaways.de
- **P&O Ferries,** Tel. 0621 37909035, www.poferries.com
- **Stena Lines,** Tel. 0180 6020100, www.stenaline.de

DIPLOMATISCHE VERTRETUNGEN

IN DEUTSCHLAND

- **Botschaft des Vereinigten Königreichs Großbritannien und Nordirland,** Wilhelmstraße 70/71, 10117 Berlin, Tel. 030 204570, www.ukingermany.fco.gov.uk
- **Generalkonsulat des Vereinigten Königreichs Großbritannien und Nordirland,** Oststraße 86, 40210 Düsseldorf, Tel. 0211 94480
- **Generalkonsulat des Vereinigten Königreichs Großbritannien und Nordirland,** Möhlstraße 5, 81675 München, Tel. 089 211090

IN ÖSTERREICH

- **Britische Botschaft,** Jauresgasse 12, 1030 Wien, Tel. 0043 (0)1 716130, www.gov.uk/world/organisations/british-embassy-vienna.de

IN DER SCHWEIZ

- **Britische Botschaft,** Thunstr. 50, 3005 Bern, Tel. 0041 (0)31 3597700, www.gov.uk/world/organisations/british-embassy-berne

VERTRETUNGEN IN GROSSBRITANNIEN

Deutschland

- **Botschaft der Bundesrepublik Deutschland,** 23 Belgrave Square, London SW1X 8PZ, Tel. +44 (0)20 78241300, www.uk.diplo.de
- **Generalkonsulat der Bundesrepublik Deutschland,** 16 Eglinton Crescent, Edinburgh EH12 5DG, Tel. +44 (0)131 3372323, www.uk.diplo.de
- **Honorarkonsulat der Bundesrepublik Deutschland,** Dunkirk, Shore Street, Kirkwall, Orkneys KW15 1LQ, Tel. +44 (0)1856 872961, kirkwall@hk-diplo.de

Österreich

- **Österreichische Botschaft,** 18 Belgrave Mews West, London SW1X 8HU, Tel. +44 (0)20 73443250, www.aussenministerium.at/london

Schweiz

- **Schweizer Botschaft,** 16–18 Montagu Place, London W1H 2BQ, Tel. +44 (0)20 76166000, lon.vertretung@eda.admin.ch

EINKAUFEN

Bis auf Höhe der Linie Edinburgh–Glasgow ist die Versorgung mit allen Dingen des täglichen Lebens kein Problem. Wie in deutschen Kleinstädten, so muss man auch in Schottland auf nichts verzichten. Größere Städte brauchen hier gar keine Erwähnung finden, da die Globalisierung der Märkte vor keinem Konsumenten in Europa halt macht. Selbst auf die Lebensmitteldiscounter Lidl und Aldi muss niemand verzichten. Diese sind im Übrigen sehr modern und großzügig mit Toiletten, Café und Bäckerei ausgestattet. Ein schottischer Platzhirsch ist die Supermarktkette Tesco, die in der Regel auch über eine Tankstelle mit günstigen Kraftstoffpreisen verfügen.

Fährschiff im Hafen von Dover

010ws©Torsten Berning

Auf dem Land sieht das Ganze schon anders aus. Kleine Ortschaften oder besser gesagt Ansiedlungen haben, wenn überhaupt, einen „Tante Emma Laden“. Speziell im hohen Norden sollte man sich vorher **mit allem Nötigen eingedeckt haben.**

Metzgereien und Bäckereien sind nicht so flächendeckend verfügbar wie in Deutschland und bieten eine wesentlich kleinere Auswahl. Beim Fleischkauf muss man beachten, dass Fleischstücke wie Braten oder Steak oftmals ohne weitere Reifung unmittelbar nach der Herstellung in der Fleischtheke angeboten werden. Eine größere Auswahl findet man meist in den großen Lebensmittelmärkten.

WHISKY

Denkt man an Schottland, sind die ersten Dinge, die jedem einfallen, die Highlands und Whisky. Whisky ist das Nationalgetränk von Schottland und der Exportschlager. Bei über 100 Destillerien ist es fast schon nicht zu vermeiden, an einer Whiskybrennerei anzuhalten und sich einen Eindruck von der Herstellung des gold-braunen Getränks zu verschaffen. Die „Whisky-Regionen“ sind Campbeltown, Highland, Islay, Lowland und die Speyside. Die ersten Aufzeichnungen über die Herstellung des Getränks datieren von 1494. Mönche experimentierten mit vom Regen durchweichter Gerste und erfanden den Whisky.

Whisky ist in drei Kategorien einzuteilen: **Malt Whisky** wird „puristisch“ aus Gerste, Wasser und Hefe hergestellt, in riesigen Kupferkesseln gebrannt und muss mindestens drei Jahre in Whiskyfässern reifen. Für **Grain Whisky** wird gemälzte Gerste mit ungemälzter Gerste und anderen Getreiden, Wasser und Hefe gemischt. Die Flüssigkeit wird nicht in Kupferkesseln, sondern in hohen Patent Stills oder Coffey Stills gebrannt. Der **Blended Whisky** ist ein Zusammentreffen von Single Malts und Grain Whiskys. Die große Kunst und das Geheimnis liegen in der Mischung.

⊡ *Im Whisky Castle (s. S. 170) in Tomintoul findet der Genießer auch Whisky-Raritäten*

⊡ *Blick in eine Distillery*

Alles über die Geschichte und Herstellung von Whisky kann man bei Whiskybennerei-Touren erfahren.

Hier nur eine kleine Auswahl an Brennereien:

- **Glenkinchie Distillery,** Tranent EH34 5ET, Brennerei nahe Edinburgh, www.malts.com
- **Glenturret Distillery,** CRIEFF PH7 4HA, älteste, schottische Singlemalt-Brennerei, www.theglenturret.com
- **Edradour Distillery,** Pitlochry, Perthshire PH16 5JP, kleinste Destillerie Schottlands, www.edradour.com
- **Glenlivet Distillery,** Glenlivet AB37 9DB, Destillerie in der Speyside, www.theglenlivet.com
- **Glenfiddich Distillery,** Dufftown, Keith AB55 4DH, die mit bekannteste Destillerie Schottlands, www.glenfiddich.com
- **Speyside Cooperage Visitor Centre,** Craigellachie, Banffshire, Aberlour AB38 9RS, Whisky Cooperation der Speyside, www.speysidecooperage.co.uk
- **Balvenie Distillery,** Dufftown, Keith AB55 4BB, Brennerei, die sehr gute Führungen anbietet, www.thebalvenie.com
- **Ardnamurchan Distillery,** Ardnamurchan, Argyll, PH36 4JG, Schottlands grünste Destillerie, www.adelphidistillery.com
- **Pulteney Distillery,** Wick KW1 5BA, Brennerei im hohen Norden Schottlands, www.oldpulteney.com
- **Talisker Distillery, Carbost,** Isle of Skye IV47 8SR, große Destillerie auf Skye, www.malts.com
- **Ben Nevis Distillery,** Lochy Bridge, Fort William PH33 6TJ, benannt nach dem höchsten Berg Schottlands, www.bennevisdistillery.com

GIN

Ein mutmachendes, alkoholisches Getränk, eine Art „Wacholderschnaps“, tranken die englischen und holländischen Soldaten bereits 1585 im Kampf gegen die Spanier im 80-jährigen Krieg. Ein niederländischer Arzt nutzte die Wirkung dieses „Gins“ dann für sich und verkaufte ihn als Arzneimittel bzw. Allheilmittel in Apotheken.

Weil sich Gin recht einfach, preiswert und ohne Lizenz herstellen ließ, wurde er zum Volkgetränk und fand gerade bei der ärmeren Bevölkerung starken Zuspruch. Zu Beginn des 20. Jahrhunderts ebbte die Vorliebe für Gin wieder ab, aber heute ist Craft Gin ein **Trendgetränk,** welches sich rasant zunehmender Beliebtheit erfreut.

Im Gegensatz zu Whisky, der wenigstens drei, aber besser noch 10 oder mehr Jahre reifen muss, ist Gin einfach in der Herstellung und kann ohne Reifung schnell in den Handel gebracht werden.

Mittlerweile gibt es von Islay bis Caithnes, von Newton Stewart bis auf die Shetland Inseln mehr als 70 Brennereien und 70% des in Großbritannien hergestellten Gins werden in Schottland produziert. Die jungen, innovativen Gin-Produzenten sind auf dem besten Weg, den schottischen Gin zum Markenzeichen und Exportschlager werden zu lassen. Mit kreativen Ideen wie in Eichenholz gereiftem Gin oder Schlehen-Gin haben sie den Zeitgeist erkannt und befinden sich auf der

012ws©J=sPic - stock.adobe.com

013ws©Torsten Berning

Überholspur. Selbstverständlich stehen die Craft-Gin-Brennereien in Sachen Führung und Verkostung den Whiskbrennereien in nichts nach und fast alle Destillerien bieten interessante Einblicke in die Geschichte und den Herstellungsprozess an. Für eine Führung sollte man sich vorab telefonisch oder per E-Mail anmelden.

› **Rock Rose Gin Distillery,** Dunnet, Thurso, Caithness KW14 8XD, www.dunnetbaydistillers.co.uk
› **Gordon Castle,** Fochabers, Moray IV32 7PQ, www.gordoncastlescotland.com
› **Shetland Reel Gin,** Haroldswick, Shetland Islands ZE2 9TX, www.shetlandreel.com
› **Crossbill Gin,** Inshriach, Aviemore PH22 1QS, www.crossbillgin.com
› **Isle of Garris Gin,** Tarbert, Isle of Harris HS3 3DJ, www.harrisdistillery.com
› **Strathleven Distillers,** The Still House, Unit 6, Vale of Leven Industrial Estate, Dumbarton G82 3PD, www.strathlevendistillers.com
› **The Gin Bothy,** Brechin Road, Kirriemuir DD8 4LH, www.ginbothy.co.uk

⊡ *Auch in Schottland gibt es etwas Leckeres zu essen*

KÄSE

Käsespezialitäten verbindet man eher mit Frankreich, aber auch in Schottland wird traditionell Käse hergestellt. Dazu gehört nicht, wie nun Einige glauben, der Cheddar. Dieser kommt ursprünglich aus Südengland und wird heute in ganz Großbritannien produziert.

Die Käseherstellung in Schottland geht bis ins 15. Jh zurück. Damals wie heute wurde der **Caboc** nach einem Familienrezept hergestellt. Dabei handelt es sich um einen cremigern Doppelrahmkäse, der nach der Herstellung in Hafermehl gerollt wird. Er wird in den Highland bei Fine Cheeses Ltd. produziert und ist auf Märkten, im Einzelhandel oder in gut sortierten Supermärkten zu erwerben.

Ursprünglich aus Lanarkshire kommt der **Lanark Blue,** ein nicht pasteurisierter Blauschimmelkäse aus Schafsmilch, ähnlich dem Roquefort. Seit 1985 wird er in Ogcastle, nahe dem Ort Carnwath produziert.

Nach den prähistorischen Grabhügeln von Balnuaran of Clava ist der **Clava Brie** benannt. Der Biokäse wird in der Nähe der Grabhügel auf einer Familienfarm am Ufer des Moray Firth handgefertigt. Außer in der normalen runden Form wird er auch als Highland Heart (in Herzform) angeboten.

Auf dem Festland vor Orkney, auf der Grimbister Farm, wird der **Orkney Grimbister,** ein frischer Bauernkäse mit Zitronengeschmack hergestellt. Ein leichter Bittergeschmack ist charakteristisch für den **Dunsyre Blue.** Er wird aus der nicht pasteurisierten Milch der Ayrshire-Kühe gewonnen und ist nach einem kleinen Dorf bei Lanark im Clyde Valley benannt. Heute wird er auf der Fram von HJ Errington in Lanarkshire produziert.

Ebenfalls aus der Milch der Ayrshire-Kühe besteht der **Dunlop.** Ursprünglich wurde er in Dunlop in East Ayrshire produziert. Heute stellt die West Clerkland Farm bei Stewarton rund 5000 kg Käse pro Jahr her. Geschmacklich erinnert er an Cheddar und wird auch oft mit ihm verwechselt.

Crowdie ist ein fettarmer, aus Magermilch mit Lab bestehender „Hüttenkäse". Er wird gerne zu *Oatcakes* (Haferflockencracker) serviert. **Bonchester Cheese** wird in Bonchester Bridge, Roxburghshire, hergestellt. Die Milch für den Käse wird nur zwischen März und Dezember gemolken und er hat eine intensive gelbe Farbe. Der Kuhmilchkäse ist anfangs unserem Quark sehr ähnlich und erhält während des Reifungsprozesses eine weiße Rinde, bleibt aber cremig und eher weich.

SHORTBREAD

Der typische schottische Keks ist das Shortbread, das aus einem **süßen Mürbeteig** hergestellt und traditionell in drei Formen angeboten wird: die quaderförmigen, fingerlangen „Shortbread Fingers", die 1 cm dicken und 5 cm breiten „Rounds" und die ca. 20 cm breiten „Petticoat Trails". Shortbread wird sowohl zur Tee- und Kaffeerunde als auch zum Whisky serviert.

Shortbread von **Walkers** ist eines der beliebtesten Mitbringsel aus einem Schottlandurlaub. Die Firma stellt diese Kekse nach Originalrezeptur bereits seit 1898 her. Neben den drei klassischen Formen werden auch Tiermotive wie Schafe und Scottish Terriers u. a. angeboten. Ein Besuch bei Walkers in Aberlour lohnt sich (s. S. 168).

TARTAN, KILT UND DUDELSACK

Auch wer nicht viel über Schottland weiß, kennt den „Schottenrock" und meistens auch den Dudelsack. Ein **Kilt** ist ein historisches Kleidungsstück, das nur von Männern getragen wird. Frauen tragen sogenannte „kilted Skirts", kiltähnliche Röcke. Der Kilt wird aus einem Kammgarn mit typischem Karomuster, dem **Tartan** gefertigt, aus dem außer Kilts auch Decken, Umhänge, Mützen, Schals etc. hergestellt werden. Früher hatte jeder Clan sein eigenes „urheberrechtlich geschütztes" Tartan. Im Scottish Register of Tartan sind tausende verschiedene Karomuster registriert. Wer heute noch seinen eigenen Tartan kreieren möchte, kann es beim Scottish Register of Tartan zur Zustimmung einreichen und wird dann dort mit seinem eigenen Stil und der individuellen Farbkombination eingetragen.

Ein Kilt besteht aus 4 bis 8 m Wollstoff und wird auf der Rückseite in „Falten" überlappend zusammengenäht. Dabei darf das Karomuster nicht durcheinander geraten! Das Tartanmuster muss vorne wie hinten gleich aussehen. Das obere, lose Ende des „Wickelrocks" wird mit einer Gürtelschnalle zusammengehalten und das untere Ende wird mit einem Kilt Pin (Sicherheitsnadel) zusammengesteckt. Zum Kilt gehören unbedingt noch ein **Sporran** (gälisch für Geldbörse), eine kleine Tasche, die um die Hüfte getragen wird, und ein **Sgian dubh,** ein kleines Messer, das in einem der Strümpfe steckt.

Eine vollständige Tracht besteht aus dem Kilt, einem **Bonnet** (barettähnliche Kappe), welche mit einem Emblem aus Metall (Cap Badge) verziert ist, einem Jacket mit Weste, einem Gürtel mit Gürtelschnalle aus Metall, knielangen Wollstrümpfen und den typischen Halbschuhen, den **Gillie Brogues.** Noch heute wird dieses Outfit bei Hochzeiten und Familienfeiern getragen, von den Athleten und den schottischen Zuschauern bei den Highland Games und bei Volksfesten wie den Ceilidhs.

Im Clan Tartan Centre in Leith bei Edinburgh existiert eine Datenbank mit 50.000 Namen. Hat man seinen „Clan“ gefunden kann man sich ein Zertifikat mit seinem Clan-Namen erstellen lassen. Man kann auch bei der Herstellung eines Kilts zusehen oder sich einen fertigen lassen.

Man wird unterwegs an unzähligen Tartan- und Kilt-Shops vorbeikommen. Viele von ihnen verkaufen „Touristenware“, die oft im asiatischen Ausland gefertig wird. Möchte man nicht gleich einige 100 Pfund bei einem echten Kiltmaker ausgeben, sind die Shops von **Heritage of Scotland** (www.heritageofscotland.com) oder **The Woollen Mill** (www.ewm.co.uk/storefinder) eine gute Wahl.

Ein **Dudelsackspieler** *(bagpiper)* in einem traditionellen Kilt vor einem schottischen Schloss ist das schottische Postkartenidyll und gleichzeitig die Realität in Land. Jeder Schottlandurlauber wird mehrmals in seinem Urlaub den Klängen des Dudelsacks lauschen können. Junge Straßenmusiker spielen Jazz und Rock auf ihren *bagpipes,* vor vielen Sehenswürdigkeiten und Schlössern wird Dudelsack zur Unterhaltung der Touristen gespielt. Bei den Highland Games, auf Festivals und bei Paraden – die traditionelle Dudelsackmusik ist immer gegenwärtig.

Die Geschichte des Instruments wird in vielen Schlössern und Museen dargestellt. Das **National Piping Centre** in Glasgow bietet für wirklich Interessierte die wohl umfassendste Ausstellung und das größte Informationszentrum über die 300-jährige Geschichte des Dudelsacks. Einen sehenswerten Shop für *bagpipes* and *drums* findet man in Kilmarnock. Bei McCallum Bagpipes gibt es in einem tollen Ambiente eine riesige Auswahl an Pfeifen, Dudelsäcken und passendem Zubehör sowie schicke Highland-Kleidung.

› **McCallum Bagpipes Ltd.,** Moorfield Industrial Eastate, Troon Road, Kilmarnock, East Ayrshire KA2 0BA, www.mccallumbagpipes.com

⊡ *Fußgängerfähre zu den Orkney-Inseln*

EINREISEBESTIMMUNGEN

Die britische Bevölkerung hat sich im Juni 2016 per Volksabstimmung für den Austritt aus der Europäischen Union ausgesprochen. Für die Einreise reicht jetzt nicht mehr der Personalausweis, sondern man benötigt einen **Reisepass,** der für die maximale Aufenthaltsdauer von sechs Monaten gültig sein muss.

Reisende aus der Schweiz benötigen einen **Reisepass** oder ihre **Identitätskarte** und zusätzlich eine **Pink Visitors Card,** die bei der Einreise ausgestellt wird. Angehörige anderer Staaten sollten sich vor der Reise bei ihrer Botschaft nach den geltenden Bestimmungen erkundigen.

Für das Wohnmobil sind die üblichen **Fahrzeugpapiere,** der **Führerschein** und die **grüne Versicherungskarte** mitzuführen.

Zur Mitnahme von **Haustieren** sind alle Hinweise im Abschnitt auf Seite 26 zu finden. Informationen zu den aktuellen **Zollbestimmungen,** auch zur **Einfuhr von Lebensmitteln,** findet man unter www.gov.uk/government/publications/travelling-to-the-uk/travelling-to-the-uk.

FÄHRVERBINDUNGEN IN SCHOTTLAND

Zu Schottland gehören **790 Inseln,** davon sind ca. 130 bewohnt. Die wohl bekanntesten sind Skye, Islay, Lewis und Orkney sowie die Shetlands. Einige unbewohnte Inseln kann man nur als Tagesausflug besuchen.

Die Fähren von **Caledonian MacBrayne** (Calmac) befahren den Firth of Clyde und die Inneren und Äußeren Hebriden. Von den Häfen Oban, Kennacraig (Argyll), Mallaig und Ullapool werden über 20 Ziele angesteuert.

Wenn man nur einen **Tagesausflug** als Fußgänger machen möchte, reicht es, die Fahrkarte am Reisetag zu kaufen. Mit Wohnmobil empfiehlt es sich, sie im Voraus zu buchen, da die Plätze begrenzt sind.

› **Infos:** www.calmac.co.uk oder www.directferries.de/caledonian_macbrayne.htm

Ardrossan	**Isle of Arran (Brodick)** zehnmal täglich 55 Min.
Tarbert	**Isle of Skye (Uig)** elfmal wöchentlich 1 Std. 40 Min.
Kennacraig	**Port Askaig** siebzehmal wöchentlich 2 Std. 10 Min. **Port Ellen** dreimal täglich 1 Std. 55 Min.
Port Askaig	**Colonsay** zweimal wöchentlich 1 Std. 10 Min. **Kennacraig** siebzehnmal wöchentlich 2 Std. 10 Min. **Oban** zweimal wöchentlich 3 Std. 40 Min.
Oban	**Isle of Barra (Castlebay)** siebenmal wöchentlich 4 Std. 45 Min. **Isle of Coll** siebenmal wöchentlich 2 Std. 40 Min. **Isle of Colonsay** zweimal wöchentlich 2 Std. 30 Min. **Lismore** viermal täglich 55 Min. **Lochboisdale** fünfmal wöchentlich 5 Std. 10 Min. **Isle of Tiree** siebenmal wöchentlich 3 Std. 50 Min. **Isle of Mull (Craignure)** zehnmal täglich 50 Min. **Port Askaig** zweimal wöchentlich 3 Std. 40 Min.
Armadale	**Isle of Skye (Mallaig)** neunmal täglich 25 Min.
Isle of Skye (Uig)	**Lochmaddy** zwölfmal wöchentlich 1 Std. 45 Min.
Innere Hebriden	**Äußere Hebriden** elfmal wöchentlich 1 Std. 40 Min.
Ullapool	**Isle of Lewis (Stornoway)** dreimal täglich 2 Std. 30 Min.

Nach **Orkney** und auf die **Shetlands** kommt man am bequemsten mit der Nacht-Autofähre der NorthLink Ferries von Aberdeen oder Lerwick (www.northlinkferries.co.uk). Die

014ws©Torsten Berning

Fähre macht auf dem Weg einen Zwischenstopp in Kirkwall (Orkney). Die Fahrtzeit beträgt 6 bzw. 12,5 Stunden.

Zwischen den Shetland-Inseln verkehren regionale Fähren. Den Fahrplan und die Zeiten findet man immer aktuell auf der Website: www.shetland.gov.uk/ferries.

Wer direkt nach Orkney möchte, erreicht den Archipel von Scrabster (Caithness) mit der Autofähre von NorthLink Ferries in 1 Std. 30 Min. Fahrzeit im Hafen von Stromness. Ab Gills Bay (bei John O'Groats) betreibt Pentland Ferries (www.pentlandferries.co.uk) einen Passagierfährdienst nach St. Magaret's Hope, South Ronaldsay, und die John O'Groats Ferries (www.jogferry.co.uk) fahren in den Sommermonaten nach Burwick, South Ronaldsay. Viele der Orkney-Inseln können dann weiter mit den Orkney Ferries (www.orkneyferries.co.uk) angefahren werden.

Bitte informieren Sie sich über die einzelnen Reisebedingungen, Abfahrzeiten, Check-in-Zeiten, Gepäckmitnahme, Mitnahme von Hunden etc. bei den gewünschten Fährgesellschaften. Wetterbedingt kann es auch kurzfristig zu Stornierungen oder Verspätungen kommen.

FESTE UND FEIERTAGE

In Schottland gibt es nur sehr wenige gesetzliche **Feiertage** (Bank Holiday). Banken, Behörden und Postämter haben dann in der Regel geschlossen. In kleineren Städten bleiben auch die Lebensmittelgeschäfte geschlossen, in größeren Städten haben Supermärkte, Tankstellen etc. jedoch auch an Feiertagen geöffnet. Nur am 25./26. Dezember und 1./2. Januar kann es passieren, dass „ganz Schottland" geschlossen hat.

Fallen Bank Holidays auf einen Samstag oder Sonntag werden die Feiertage an dem darauffolgenden Wochentag nachgeholt.

FESTE UND FESTIVALS

- **25. Januar: Burns Supper.** Der Geburtstag des Dichters Robert Burns wird in vielen Pubs und Restaurants mit Whisky, Haggis und seinen Gedichten gefeiert.
- Am **31. Januar** wird auf den Shetland-Inseln **Up Helly Aa** gefeiert. Maskiert und verkleidet werden die „Heiligen Tage" beendet. In Lerwick findet ein großes Feuerwerk statt und zum Höhepunkt des Festes wird ein Wikingerboot verbrannt.

015ws©Michael Stamm

- In der **dritten Maiwoche** findet das **Orkney Folk Festival statt** (www.orkneyfolkfestival.com).
- **Mitte bis Ende Mai** finden in Blair Atoll (Perthshire) das **Blair Atoll Highland Gathering** statt. An der großen Parade nehmen die Atholl Highlanders teil, die einzige Privatarmee Schottlands.
- **Zwischen Juni und August** finden in der Region Border zahlreiche **Common Ridings** statt. Eine unterhaltsame Mischung aus Jahrmarkt, Musikparade und kostümiertem Reiterfest. In Selkirk starten in den frühen Morgenstunden ca. 400 verkleidete Reiter und erinnern an die Schlacht von Flodden.
- Im **Juli und August** findet das **Skye Festival** statt. An verschiedenen Orten gibt es Musik und Kulturveranstaltungen. Diese werden zum großen Teil auch von kulinarischen Genüssen begleitet.
- Im **August** ist Edinburgh fest in Festival-Hand. Klassikfans kommen beim **International Festival** auf Ihre Kosten. Fast drei Wochen lang finden klassische Konzerte von arrivierten Musikern statt und Nachwuchskünstlern wird bei **The Fringe** ein Sprungbrett für ihre berufliche Zukunft geboten. Seit 1950 findet jährlich im August das **Military Tattoo** statt. Ein wahrhaft gigantischer Zapfenstreich (Tattoo) auf dem Platz vor Edinburgh Castle. Mit über 1000 Musikern und Tänzern ist das Tattoo das größte Musikfestival Schottlands. Die größte Attraktion sind die „Massed Pipes and Drums". Eine extra aus mehreren Militärkapellen zusammengestellte Formation aus ca. 180 Dudelsackspielern und Trommlern und ca. 80 Tänzerinnen der Highland Spring Dancers.
- Jeden ersten Samstag im **September** finden die **Royal Highland Gatherings** in Braemar statt. Zwischen den 10.000 bis 15.000 Zuschauern kann man mit ein bisschen Glück die königliche Familie erspähen, die sich dieses Spektakel jedes Jahr aus der „Royal Box" ansieht.
- **31. Oktober: Halloween**
- **5. November: Guy Fawkes Day** oder **Bonfire Night.** Der katholische Offizier scheiterte am 5. November 1605 mit einem Sprengstoffanschlag auf König Jacob I. und das englische Parlament in London.

Abendstimmung beim Military Tattoo in Edinburgh

Gesetzliche Feiertage

31.12.: New Year's Eve (Silvester)
1.1.: New Year's Day (Neujahrstag)
2.1.: New Year's Bank Holiday (Neujahrsferien)
25.1.: Burns Day/Night (Geburtstag von Robert Burns)
März/April: Good Friday (Karfreitag)
25.12.: Christmas Day (Erster Weihnachtstag)
26.12.: Boxing Day (Zweiter Weihnachtstag)

GASTRONOMIE

Die **schottische Gastronomieszene** ist bei Weitem besser als ihr Ruf. In den großen Städten wie Glasgow und Edinburgh mangelt es essenstechnisch an nichts. Vom einfachen „Sandwich Take-away" über Pizzaläden, Burgerketten, Gyros-Imbisse, vegetarischen und Sushi-Lokalen bis zu renommierten Sternerestaurants findet sich für jeden Geldbeutel und jeden Geschmack reichlich.

In den mittleren und kleineren Orten nimmt die Anzahl an Imbissketten, Take-aways und internationaler Gastronomie deutlich ab. Hier bieten traditionelle Pubs und Hotelrestaurants eher die **regionale Küche** an: z. B. Fish and Chips, Burger mit Fleisch vom Aberdeen-Angusrind oder schmackhafte Eintöpfe aus Wurzelgemüse, Gerste und Lamm. Genießen sollte man auch den ein oder anderen schottischen **Whisky** oder **Gin** und eines der vielen **Craft-Biere.**

In Schottland beginnt man den Tag mit einem kräftigen Frühstück. Das **Full Scottish Breakfast** ist die Königsklasse und führt in Sachen Reichhaltigkeit die britische Frühstückskultur an. Der erste Gang ist noch leicht: Fruchtsaft, Cerealien und Porridge, ein mit Wasser und Salz gekochter Haferflockenbrei. Der zweite Gang entspricht eher dem kontinentalen Brunch: Spiegeleier, Würstchen, Bohnen, Schinken, gedünstete Tomaten, heimische Pilze, Blutwurst, geräu-

cherter Hering oder *haddock* (Schellfisch) und *oatcake,* ein kräftiger Haferkuchen. Der dritte und letzte Gang besteht aus Toast mit gesalzener Butter, Marmelade (gerne Orangenmarmelade) Tee und Kaffee.

Nach diesem opulenten Frühstück verwundert es nicht, dass das **Mittagessen** bei den Schotten eher klein ausfällt, beliebt sind Sandwiches oder Suppen. Eine traditionelle Suppe ist die Cock-a-leekie soup. Sie besteht aus Geflügel, Lauch, Kartoffeln, Backpflaumen, Salz, Pfeffer und Butter. Wer es doch noch etwas kohlenhydrathaltiger möchte, nimmt eine Portion Fish and Chips.

Zwischen 16 und 17 Uhr sind die Schotten ganz britisch: Der **High Tea** steht an. Hierbei handelt es sich fast um eine weitere Mahlzeit. Zum Tea werden Sandwiches oder Scones serviert. Letzteres ist Gebäck, das fingerdick mit Butter, Konfitüre und *clotted cream* (eine Art dicker Rahm aus roher Kuhmilch) bestrichen wird.

Das **Abendessen** wird in Schottland recht früh eingenommen. In vielen Restaurants schließt die Küche bereits um 21 Uhr. Die Schotten gehen gern essen und geben dafür auch überdurchschnittlich viel Geld aus. Wer auf Nummer sicher gehen möchte, der reserviert für abends im Restaurant besser einen Tisch.

Auf der **Speisekarte** stehen zum Beispiel **Fleischgerichte** vom Schaf oder saftiges Angus-Rind und **Wildspezialitäten** vom Reb- und Sumpfhuhn, vom Fasan aus dem Moorland oder vom Hirsch. Entlang der Küste dominiert **Fisch** das Speisenangebot. Wildlachs gegrillt oder gedünstet mit typischen Highland-Soßen aus Anchovis, Rotwein und Essig, Meerrettich, Zwiebeln und Muskat und fangfrische Meeresfrüchte wie Krabben, Muscheln, Austern und Hummer werden angeboten.

Entlang der Ostküste stößt man auf kleine Orte wie Arbroath. Im Hafen sind Fischkutter verankert und Hummerfallen liegen am Pier. In den Räuchereien gibt es Heilbutt und Lachs, frisch gefangen, dann im Rauch gegart.

GASVERSORGUNG

Im Normalfall reichen zwei 11 kg-Gasflaschen für einen zwei- bis dreiwöchigen Schottland-Urlaub aus. Hat man aber nun Pech und es ist längere Zeit kälter als erwartet, muss man **englische Gasflaschen** kaufen oder mieten – deutsche Flaschen werden nicht befüllt!

Die Firma **Calorgas** bietet Gasflaschen in zwei Größen (6 und 13 kg) zur Miete an. Achtung: Nicht immer passen zwei 13 kg-Flaschen in den deutschen Gaskasten. Wenn man ein Europa-Gasadapter-Set besitzt, sollte man vor der Reise nachschauen, ob ein G-7-Anschuss für englische Propangasflaschen dabei ist. Ist das nicht der Fall, kann man den **Adapter** auch bei Calorgas erwerben. Die Gasflaschen können an allen Calorgas-Stationen getauscht und am Ende der Reise dort auch wieder zurückgegeben werden. Eine Übersicht über die Verkaufsstationen findet sich unter www.calor.co.uk.

GELDFRAGEN

Schottland ist Teil des Vereinigten Königreichs Großbritanniens und gehört damit (noch) zur EU. Wie in England wird mit dem **Pfund (Pound Sterling)** bezahlt, allerdings hat Schottland eigene Pfundnoten. Während man in Schottland auch mit englischen Banknoten bezahlen kann, werden die schottischen Noten im übrigen Königreich nicht immer akzeptiert. Wer die Rückreise aus Schottland über England antritt, sollte daher restliche schottische Pfundnoten noch in Schottland ausgeben. Ein Pound Sterling entspricht 1,12 € (1 € = £ 0,89, Stand Anfang 2023). Den aktuellen **Umrechnungskurs** kann man z. B. unter www.oanda.com abrufen.

Der Euro ist in Großbritannien kein akzeptiertes Zahlungsmittel und kann auch bei Banken nicht gegen Pfund getauscht werden. In den größeren Städten gibt es hin und wieder **Wechselstuben.**

Ein Schottland-Besuch ohne Fish & Chips? Undenkbar!

Gleicher Wert, aber unterschiedliche Köpfe: schottische und englische Pfundnoten

Kreditkarten sind ein übliches Zahlungsmittel und weit verbreitet. Die **Debitkarte** (auch Girocard genannt) wird inzwischen immer mehr akzeptiert, allerdings muss man seine PIN kennen. Zudem kann man mit ihr an Bankautomaten **Bargeld** abheben (dabei fallen Gebühren an). Achtung: Beim Abheben von Bargeld in Landeswährung wird manchmal angeboten, dass die Abrechnung mit dem eigenen Konto in Euro erfolgen kann. Das Verfahren ist als **Dynamic Currency Conversion (DCC)** bekannt. Wählt man diese Option, die ja sicherer erscheint, wird aber ein ungünstiger Wechselkurs zugrunde gelegt, der erhebliche Kosten verursachen kann. Deshalb sollte man Abhebungen immer in der Landeswährung vom eigenen Konto abbuchen lassen. Dann legt die eigene Bank den offiziellen Devisenkurs zugrunde.

In den Pubs und auf den Campingplätzen auf dem Land ist Bargeld gern gesehen. Es ist daher ratsam, einen Teil der Reisekasse vor Antritt der Reise bei einer deutschen Bank in Pfund zu tauschen.

GESUNDHEIT

Für das staatliche Gesundheitswesen in Großbritannien ist der **NHS (National Health Service)** zuständig. Die ärztliche und zahnärztliche Behandlung ist für Einheimische und Touristen mit der europäischen Krankenversicherungskarte **(European Health Insurance Card)** kostenlos.

Im Krankheitsfall sollte die erste Anlaufstelle ein Allgemeinmediziner (General Practitioner) sein. Benötigt man einen Facharzt, erhält man eine Überweisung. Bei einem **Notfall** sollte man sich an die Notfallambulanz eines Krankenhauses wenden.

Die kostenfreie medizinische Behandlung ist auf Standardleistungen begrenzt und bei Zusatzleistungen muss man gegebenenfalls in Vorleistung gehen (Rechnungen/Quittungen aufbewahren). Da es sein kann, dass man nicht die vollen Kosten von der heimischen Krankenversicherung erstattet bekommt, ist es sinnvoll, eine zusätzliche **Auslandskrankenversicherung** abzuschließen. Bei einigen Kreditkarten ist diese bereits inkludiert.

Die Ärzte- und Krankenhausdichte nimmt stark ab, je weiter man in die Highlands fährt und je unbesiedelter die Gebiete werden. Die **Notrufnummer** für Polizei, Ambulanz, Küstenwache und Feuerwehr ist **Tel. 999.** Eine Übersicht aller Ärzte, Zahnärzte, Krankenhäuser und Apotheken finden Sie auf der Homepage des NHS („Services near you"):

› www.nhs.uk/NHSEngland/AboutNHSservices/uk-visitors/Pages/accessing-nhs-services.aspx

Spezielle **Impfungen** benötigen Sie für Ihren Schottlandaufenthalt nicht. Wie in allen europäischen Ländern kommt aber auch in Schottland Hepatitis B vor. Ob eine Impfung nötig und sinnvoll ist, sollten Sie mit Ihrem Hausarzt abklären. Eine wirksame Tetanus-Impfung sollte jeder Mensch sowieso haben. Schnell hat man sich beim Wandern eine kleine Verletzung zugezogen oder sich die stark juckenden Bisse der schottischen *midges* (unseren Mücken ähnlich, nur viel kleiner) aufgekratzt und es kann zu einer Infektion kommen.

Apotheken *(pharmacies, chemist's)* gibt es in jeder Stadt. Die größeren **Supermärkte** und **Drogerien** haben meist eine große Abteilung mit rezeptfreien Medikamenten, Verbandsmaterial etc. Auch Salben mit geringem Kortisonanteil, gegen das lästige Jucken der Bisse von *midges,* kann man hier finden. In vielen Drogerien gibt es noch die Abteilung „Dispensary", eine Art „abgespeckte" Apotheke, in der man viele zuzahlungspflichtige Medikamente auf Rezept bekommt.

HAUSTIERE

Das Mitnehmen von Haustieren nach Großbritannien ist grundsätzlich erlaubt und kein Problem, wenn man die Einreisebestimmungen einhält.

Für die Einreise mit **Hund** benötigt man einen EU-Impfpass, in dem eine gültige **Tollwutimpfung** und eine aktuelle **Wurmkur** eingetragen sind. Die letzte Tollwutimpfung muss mindestens drei Wochen her sein, darf aber nicht älter als drei Jahre sein. Die Wurmkur darf 24 Stunden bis maximal fünf Tage vor Einreise verabreicht worden sein und muss mit dem entsprechenden Präparat eingetragen sein. Eine Titerbestimmung ist nicht notwendig!

Der Hund muss einen **Mikrochip mit Identifikationsnummer** haben, der mit der Ident-Nummer im Ausweis übereinstimmt. Am besten informiert man sich rechtzeitig beim Tierarzt und lässt zur Sicherheit die Auslesbarkeit des Mikrochips überprüfen.

Es dürfen max. fünf Hunde mitgenommen werden. Möchte man mit mehr als fünf Hunden einreisen, um z. B. an Turnieren oder Shows teilzunehmen, muss eine schriftliche Teilnahmebescheinigung vorgelegt werden. Einige Hunderassen dürfen nicht eingeführt werden. Dazu gehören u. a. Pitbull Terrier, Japanese Tosa, Dogo Argentino und Fila Brazilier. Die genauen Bestimmungen kann man unter www.gov.uk/bring-pet-to-great-britain nachlesen.

Die Schotten sind grundsätzlich sehr hundefreundlich und für einen gut erzogenen Hund ist Schottland ein Paradies. Es gibt **keine generelle Leinenpflicht,** außer ein Schild weist extra darauf hin. In den ländlichen Gebieten genießt der Hund alle Freiheiten, außer Jagen! Die Schotten verstehen absolut keinen Spaß, wenn ihre freilaufenden Schafe oder Rinder von Hunden gejagt werden.

In eher städtischer Umgebung wird das Anleinen häufiger per Schild vorgegeben und man sollte sich auch daran halten. In den meisten **Pubs** ist das Mitführen von Hunden nur im Außenbereich erlaubt, in **Restaurants** (Ausnahmen gibt es immer mal) und in den meisten Geschäften ist die Mitnahme von Hunden generell verboten. Auf der Website www.doggiepubs.org.uk kann man nach Postleitzahlen oder Ortsnamen sortiert „hundefreundliche Pubs“ finden.

An und in **Sehenswürdigkeiten,** seien es auch nur „Ruinen“, sind Hunde nicht erlaubt. In **Bahnen** und **Bussen** dürfen Hunde in der Regel mitgenommen werden. Ganz selten gibt es Ausnahmen. Blindenhunde und Assistenzhunde dürfen immer und überall mit hinein!

Ein wahres Paradies für Hunde sind die **Strände** und die vielen Kilometer **Wanderwege** in den Highlands. Nur sehr selten gibt es hier Verbotsschilder und die Bitte, den Hund anzuleinen.

Ein absolutes Muss ist die Aufnahme und **Entsorgung von Hundekot.** Ob in den Städten, Parks, am Strand oder an den Wanderwegen, die Hinterlassenschaften sind immer und überall zu entfernen. Kotbeutelspender, wie in Deutschland, kennt man in Schottland nicht. Es ist also ratsam eine ausreichende Anzahl von Tüten mitzunehmen. In den größeren Shoppingzentren gibt es sonst fast immer auch einen gut ausgestatteten *pet shop,* in dem man sie kaufen kann.

Achtung: Auf vielen **Campingplätzen** wimmelt es geradezu vor Kaninchen und wilden Hasen. Hunde mit Jagdinstinkt muss man daher gut sichern!

Auch wenn man die meisten Sehenswürdigkeiten, Destillerien oder Shops getrennt voneinander besichtigen muss und leider auch nicht immer einen „dog friendly“ Pub findet, ist Schottland (und hier besonders die Highlands) ein Traum für Mensch und Hund. Bei freundlich aussehenden Hunden wie Retrievern und kleinen, süßen Hunden sprudelt es geradezu aus den Schotten heraus. Die Hunde müssen gestreichelt und getätschelt werden und unglaublich viele Einheimisch haben Leckerlies in der Hosentasche. Nicht immer zur Freude der Hundebesitzer werden die gern ungefragt verfüttert. Größeren Hunden, z. B. Schäferhunden etc., treten die Einheimischen mit Respekt entgegen, aber immer mit sehr viel Liebe und Zuneigung.

INFORMATIONEN

IM INTERNET

- **www.visitscotland.com** deckt die gesamte Bandbreite an Informationen ab. Auch die Campingportale sind hier gelistet. Die Website arbeitet zudem nahezu ohne Werbung.
- **www.schottlandberater.de** ist eine Website, die mit vielen offiziellen Stellen Schottlands zusammenarbeitet. Es gibt vielfältige Informationen zu allen Bereiche. Auch Eintrittskarten oder Tickets für den National Trust können hier erworben werden. Anfragen per E-Mail werden schnell und kompetent beantwortet.
- **www.myhighlands.de** ist die Website einer Privatinitiative, die mal mit Kurz- und mal mit ausführlichen Hintergrundinfos zu allen Themen wie touristischen Zielen, Campingplätzen oder Schlösser und Museen versorgt. Viele Bilder ergänzen das Angebot.

IM REISELAND

Schottland hat in den letzten Jahrzehnten erkannt, wie wichtig der Ausbau des Tourismus für die Wirtschaft des Landes ist. Entsprechend fand ein gehöriger Wandel und Ausbau der Aktivitäten statt. Mittlerweile gibt es praktisch in jedem noch so entlegenen Winkel eine **Touristeninformation.** Geöffnet sind sie nahezu täglich, meist kann man sich selbst am Sonntag in der Kernzeit von 10 bis 14 Uhr mit Informationen versorgen. Dabei ist es egal, ob das Büro über Visit Scotland oder in kleinen Gemeinden vom Ortsbüro betrieben wird. Gerade in den Bezirksstädten ist die Auswahl riesig und so gut, dass man sich die Recherche in der Heimat fast ersparen kann.

KARTEN

Das für **ADAC-Mitglieder** kostenlos erhältliche **„TourSet“** mit Hinweisen zu Sehenswürdigkeiten, Empfehlungen und Stadtplänen/Übersichtsplänen zu den größeren Städten bietet einen guten ersten Überblick. Zusätzlich erhält man aktuelle praktische Reisetipps zum Reiseland. In der **Straßen- und Tourismuskarte „Schottland“** im Maßstab 1 : 400.000 von **Michelin** sind besonders schöne Routen markiert. Sie enthält Entfernungs- und Fahrzeittabellen und ein Ortsverzeichnis. Zu den großen Städten wie Edinburgh und Glasgow gibt es extra Stadtpläne.

Die Schottland-Karte aus der Serie **world mapping project** des Reise Know-How Verlags bietet neben einem detaillierten Straßennetz im Maßstab 1 : 400.000 mit Ortsverzeichnis, Entfernungstabellen und eingetragenen Sehenswürdigkeiten einen weiteren großen Vorteil: Sie ist aus einem reißfesten und wasserfesten Kunststoffpapier und beschreibbar, sodass man seine eigenen Ziele und Etappen eintragen kann. Durch ihr handliches Format kann die Karte bequem mit auf Wanderschaft, Radtour oder Stadtbesichtigung genommen und auch bei Regen ausgebreitet werden.

MASSE, GEWICHTE UND EINHEITEN

Längen

1 Meile	1,6 km
1 Inch	25,4 mm
1 Fuß (foot)	0,3 m
1 Yard (3 Fuß bzw. 36 Inch)	0,9 m

Volumen

1 Pint (Bier)	568,3 ml
1 Quart (2 Pints)	1,136 ml
1 Gallon	3,785 Liter

Gewichte

1 Ounce (oz)	28,35 g
1 Pound (lb)	453,6 g
1 Stone	6,35 kg

Mobile Freiheit „very British“

Flächen

1 Square inch	6,45 cm²
1 Square foot	929 cm²
1 Square yard	0,83 m²

Temperatur

Die Temperatur wird oft in Grad Fahrenheit (° F) angegeben.

0 °C	32 °F
10 °C	50 °F
20 °C	68 °F

ÖFFNUNGSZEITEN

Die Öffnungszeiten sind in Schottland **nicht einheitlich geregelt.** Der **Einzelhandel** öffnet in der Regel Montag bis Samstag von 9.30 bis 17.30 Uhr und selbst in den kleinen Ortschaften der Highlands findet man „Tante-Emma-Läden“, die auch am Wochenende für einige Stunden öffnen. Trotzdem gilt: für den Sonntag immer gut vorsorgen! **Supermärkte und Kaufhäuser** haben Montag bis Samstag von 9 bis 18 Uhr und Sonntag von 11 bis 16 Uhr geöffnet. In den wenigen Großstädten ist schon mal länger auf, aber auch in Edinburgh schließen die Geschäfte um 18 Uhr!

Ämter, öffentliche Gebäude und Banken haben als Kernzeit Montag bis Freitag von 10 bis 16 Uhr geöffnet und sind Samstag und Sontag geschlossen.

018ws © Torsten Berning

PANNE/UNFALL

Bei **Unfällen ohne Personenschaden** kommt die Polizei nicht zur Unfallaufnahme. Die Unfallbeteiligten tauschen die Versicherungsdaten untereinander aus und machen, falls notwendig, Bilder vom Unfallort.

Bei Unfällen mit Personenschadem erreicht man über die **Notrufnummer 999** Polizei und Ambulanz.

Das Mitführen von Warndreieck und Warnweste ist keine Pflicht, kann aber im eigenen Interesse nicht schaden. Es empfiehlt sich die **Internationale Versicherungskarte** (grüne Karte) mitzuführen und sich einen **Europäischen Unfallbericht** (z. B. als PDF vom ACE) auszudrucken.

Als ADAC-Mitglied kann man gebührenfrei den **Pannendienst** der Automobile Association anrufen: Tel. 0800 887766. Österreichische ÖAMTC-Mitglieder wählen die Servicenummer 0043 12512000 und Mitglieder des Schweizer Automobilclub ACS Tel. 0041 44 2833377.

PARKEN UND RASTEN

Das **Parken** ist nur da erlaubt, wo es per Schild (weißes P auf blauem Hintergrund) angezeigt wird. Bei einer **doppelten gelben Linie** am Straßenrand sind Halten und Parken verboten. Eine **einfache gelbe Linie** bedeutet: Parkverbot zu den auf dem Schild ausgewiesenen Zeiten, kurzes Halten ist gestattet. Steht auf einem Schild „permit holder only“, sind die Parkplätze für Anwohner reserviert. Auf bezahlpflichtigen Parkflächen muss ein Parkschein am Automaten gezogen und hinter die Windschutzscheibe gelegt werden. Bezahlt werden kann ausschließlich in Pfund oder per Handy.

Ein Wohnmobil zählt als Pkw und darf nicht auf den für Busse ausgewiesenen Plätzen parken. **Parkvergehen** werden in den großen Städten und den touristischen Hochburgen streng geahndet und nicht selten werden Falschparker mit einer Parkkralle „gesichert". In Edinburgh und Glasgow kostet Falschparken ca. 60 Pfund!

Rastplätze an Autobahnen oder Schnellstraßen sind eher selten und meist handelt es sich um einfache Haltebuchten direkt am Straßenrand. Lediglich im Süden gibt es einige wenige Rastplätze neben der Autobahn. Darunter sogar welche mit Gastronomie und Hundeauslaufzonen sowie schönen Einkaufsmöglichkeiten, wo Produkte aus der Region und Souvenirs angeboten werden.

POST

Postämter in Schottland haben meist Montag bis Freitag von 9 bis 17.30 und Samstag von 9 bis 12.30 Uhr geöffnet. Ähnlich wie in Deutschland übernehmen auf dem Land Geschäfte ihre Aufgabe.

Man erkennt Poststellen gut am Schild mit dem ovalen roten Kreis und der auffälligen gelben Schrift. **Briefkästen** sind wie in England knallrot, eckig oder rund wie eine Tonne mit Dach!

Für Briefe bis zu 20 g und Postkarten zahlt man £ 1,85 **Porto.**

REISEZEIT

Die Schotten würden sagen „If you don't like the weather, wait a minute". („Wenn du das Wetter nicht magst, warte eine Minute.")

Die **Temperaturen** fallen in Schottland im Winter nicht unter 0 Grad, im Sommer wird es aber auch nur selten wärmer als 18 bis 20 Grad. **Regen** in allen Varianten (strömender Regen, Schauer, Nieselregen) gehört oft zum schottischen Tag wie Sonnenauf- und -untergang. Es gibt aber auch komplett regenfreie Tage! Regen- und windfeste Kleidung gehört auf jeden Fall ins Reisegepäck. Während es an der Westküste viel häufiger windig bis stürmisch und regnerisch ist, scheint die Sonne an der Ostküste häufiger und das Klima ist milder.

Vor längeren Wanderungen in den Highlands sollte man sich unbedingt über das Wetter in den Bergen infomieren! Hervorragende **Wetterinformationen** für die Highlands bietet der Mountain Weather Information Service: www.mwis.org.uk.

Die **besten Reisezeiten** sind April, Mai, Juni, September und Oktober. Dann gibt es die wenigsten Regentage und es ist nicht so überlaufen wie in der Ferienzeit im Juli und August.

SICHERHEIT

Schottland ist ein sicheres Reiseland mit einer niedrigen Kriminalitätsrate. In den größeren Städten wie Edinburgh oder Glasgow gibt es wie in allen Großstädten vermehrt Taschendiebe, daher sollte man hier verstärkt auf seine Wertgegenstände aufpassen. Im Zweifel erreicht man die Polizei unter der Tel. 999.

Überfälle auf Wohnmobilfahrer sind dem Autor keine bekannt.

SPRACHE

Die offizielle Sprache in Schottland ist **Englisch.** Das ursprünglich aus dem Keltischen kommende **Gälisch** wird nur noch vereinzelt in den Highlands und auf den Hebriden gesprochen, doch auch in Schottland besinnt man sich wieder auf seine Traditionen und viele Vereine bemühen sich darum, den Kindern und Jugendlichen die gälische Sprache wieder näherzubringen. Auf den Orts- und Hinweisschildern findet man ebenfalls noch einige gälische Begriffe. So zum Beispiel:

Ben = Berg (z. B. Ben Nevis)
Burn = Bach (z. B. Bannockburn)
Close = Eingang zu ...
Firth = Flussmündung (z. B. Firth of Forth)
Glen = Tal (z. B. Glencoe)
Loch = See (z. B. Loch Ness)

STRASSEN UND BESCHILDERUNG

019ws©Torsten Berning

Autobahnen werden in Großbritannien mit **M** gekennzeichnet. Die erlaubte Höchstgeschwindigkeit ist 70 mph bzw. 112 km/h. Abschnitte, in denen schneller gefahren werden darf, sind gesondert ausgewiesen. Mit **A** gekennzeichnete Straßen sind Hauptverkehrachsen und entsprechen den deutschen Bundesstraßen. Die bedeutensten Routen, **primary roads,** haben eine oder zwei Ziffern (z. B. A3 oder A14) und grüne Schilder mit gelben Nummern. Die untergeordneten haben drei oder vier Ziffern (z. B. A8018) und weiße Schilder mit schwarzer Schrift. Die erlaubte Höchstgeschwindigkeit ist hier 60 mph bzw. 96 km/h. Schnellstraßenabschnitte mit höherer Geschwindigkeit werden mit Beginn und Ende gesondert ausgewiesen. Lokale Verbindungen und regionale Straßen sind mit **B** gekennzeichnet und entsprechen den deutschen Landstraßen. Sie werden immer mit drei oder vier Ziffern bezeichnet (z. B. B3505) und haben ebenfalls weiße Schilder mit schwarzer Schrift.

Neben diesen Hauptkategorien gibt es noch **C** oder **D Roads.** Hier herrscht nur wenig Verkehr. Auf allen **B, C** oder **D** Roads gilt als Höchstgeschwindigkeit 60 mph bzw. 96 km/h oder weniger, was dann gesondert angezeigt wird.

Abseits all dieser Straßen kann man noch auf die Kennzeichnung **U** treffen, was so viel wie „unclassified" heißt.

Innerorts gelten 30 mph bzw. 48 km/h als Höchstgeschwidigkeit, es gibt aber auch ausgewiesene Zonen mit 15 oder 20 mph, also 24 oder 32 km/h.

In den nördlichen **Highlands** gibt es keine Autobahnen. Und unabhängig von der Kennzeichnung können die dortigen Straßen als **single track road** ausgeführt sein, also schmale Straßen, die nur breit genug für ein Fahrzeug sind. Sie verfügen dann über Ausweichbuchten, sogenannte **passing places,** an denen man nicht nur den Gegenverkehr vorbei, sondern auch schnellere Fahrzeuge überholen lassen kann. Davon sollten auch langsam fahrende Wohnmobilisten Gebrauch machen, wenn sie im Rückspiegel sehen,

Hinweisschild in Englisch und Gälisch an der Route zur Nordwestküste

dass bereits mehrere Fahrzeuge hinter ihnen sind. Der Schotte quitiert dies meist mit einem kurzen Hupen oder freundlichem Winken.

STROM

Schottland verfügt über ein **240-Volt-Stromnetz** (50 Hz). Für die dreipoligen Steckdosen (Typ G) wird ein Adapter benötigt.

Auf den Campingplätzen sind in den Sanitäranlagen für Frauen selten Steckdosen, z. B. für den Fön, zu finden. Bei den Herren gibt es aber immer Steckdosen für den Rasierapparat.

TANKEN

Unleaded ist normales, bleifreies Benzin, Super mit ca. 95 Oktan heißt **Unleaded Premium** und mit 98 Oktan **Super Unleaded.**

Das **Netz an Tankstellen** ist gut ausgebaut, die Dichte und Preise variieren aber von Region zu Region stark. Im Süden Schottlands gibt es an jedem Ort und an jeder Hauptstraße eine Tankstelle, selten sind sie mehr als 50 km auseinander. In den Highlands und auf den Inseln kann es vorkommen, dass die nächste Tankstelle 100 km entfernt ist. Sonntags haben in den dünn besiedelten Regionen der Highlands die meisten Tankstellen zu. Eine Übersicht der **LPG-Gastankstellen** findet sich unter www.lpgmap.co.uk.

An der Nordküste und in den Städten ist **Treibstoff** günstiger als an der Westküste und in den Highlands. An den großen Supermärkten wie Morrisons, Tesco oder Asda ist das Tanken am preiswertesten. Nicht alle Tankstellen akzeptieren **Kartenzahlung,** d. h. man sollte immer Bargeld zur Verfügung haben. Für die seltenen 24-Stunden-Tankstellen benötigt man eine Kreditkarte.

Aus Sicherheitsgründen ist die Mitnahme von gefüllten **Reservekanistern** auf den Fähren verboten.

Landesvorwahlen

- **Deutschland:** 0049
- **Österreich:** 0043
- **Schweiz:** 0041
- **Schottland:** 0044

TELEFON, HANDY UND INTERNET

Die **Landesvorwahl** von Schottland ist die 0044. Bei einem Anruf aus dem Ausland entfällt die 0 der folgenden Ortsvorwahl. **Ortsvorwahlen** müssen zudem innerhalb des Ortes wie in Deutschland nicht mitgewählt werden.

Das Telefonieren mit dem **Handy** (auf Englisch *mobile phone*) ist problemlos möglich. Roaminggebühren wurden innerhalb der EU abgeschafft und auch nach dem Brexit erheben die meisten Provider keine, aber man erkundigt sich besser vor der Reise. Alternativ holt man sich eine britische „Pay as you go“-SIM-Karte. Allerdings bekommt man dann eine neue britische Rufnummer, es sei denn, man verfügt über ein Dual-SIM-Handy.

In den Highlands kann es vorkommen, dass man schlechten oder gar keinen **Handyempfang** hat. Diese „weißen Flecken“ sind allerdings eher selten und oft ist der Empfang ein paar Meter weiter schon wieder vorhanden.

Cafés, Pubs und Shoppingzentren bieten meist freien **WiFi-Zugang** und auch in allen öffentlichen Bibliotheken ist der Internetzugang kostenlos.

Der kleine Küstencampingplatz Silversands Caravan & Campsite (14) bei Arisaig

020ws ©Torsten Berning

ÜBERNACHTEN

CAMPING

In Schottland gibt es mehr als 200 offizielle Campingplätze und eine Anzahl privater Plätze, die meist keine Website haben und ausschließlich über Schilder am Straßenrand werben. Einge der großen Camping- und Holiday-Parks haben sich zu Marketinggemeinschaften zusammengeschlossen, decken dabei viele Regionen ab. Durchschnittlich zahlt man in der Vor- und Nachsaison für einen Platz inklusive 2 Personen und Strom 32 €, in der Hochsaison (Juli/August) entsprechend mehr.

Der britische **Caravan & Motorhome Club** (www.caravanclub.co.uk) betreibt auch in Schottlands eine Anzahl Plätze. Einige von ihnen dürfen nur von Wohnmobilen genutzt werden, denn auch die Briten haben entdeckt, dass der Platzbedarf und der Aufwand für den Betrieb geringer ist als bei Caravans. Statt einer Mitgliedschaft wird auch die Rabattkarte **Camping Key Europe** akzeptiert. Diese ist beim ADAC erhältlich (www.adac-shop.de unter „Vignetten"), kostet für Nichtmitglieder 18 € und ist für ein Jahr gültig. Auch die aus den Niederlanden stammende **CampingCard ACSI** findet in Schottland immer Akzeptanz und sollte daher nicht fehlen (www.campingcard.com, ab 23,95 €).

Oftmals gibt es in den regionalen oder lokalen **Tourismusbüros** Prospekte und Hinweise auf Plätze, besonders landwirtschaftliche Campingplätze an Mühlen oder Bauernhöfen. Der Standard der Plätze ist sehr hoch, allerdings gilt das auch für die Preise. Selbst ältere Anlagen sind meistens in einem guten Zustand.

Es ist möglich, dass eine Extragebühr für das Aufbauen von Vorzelt oder Markise verlangt wird. Deshalb bitte darauf achten, ob in der Preisliste das Wort „awning" auftaucht.

STELLPLÄTZE

Den klassischen Wohnmobil-Stellplatz wie in Deutschland gibt es Schottland eigentlich nicht. Allerdings fangen einige Campingplätze damit an, **gesonderte vergünstigte Bereiche** mit verkleinerten Stellflächen und besonderer Befestigung für das Gewicht der Wohnmobile zu erstellen.

Das Angebot **Brit Stops** (www.britstops.com, Übersicht und Karte mit 1100 Anbietern für £ 35), bei dem über kostenlose Stellplätze für eine Nacht informiert wird, ist für Schottland nicht zu empfehlen, da sich die meisten Übernachtungsplätze in England befinden. Die Erlaubnis, eine Nacht kostenlos **auf Parkflächen von Pubs oder Restaurants** zu übernachten, erhält man in Schottland auf Nachfrage aber meist auch so.

FREIES STEHEN

Offiziell ist **freies Stehen verboten,** allerdings wird eine Übernachtung in der Vor- und Nachsaison an vielen Stellen geduldet und im Norden oder Nordwesten Schottlands gibt es Landstriche, an denen einen fast niemand begegnet. Dies gilt vor allen Dingen für eine Hebriden-Insel wie Lewis oder Uig. Sollte man eine freie Übernachtung einlegen, gilt aber auf jeden Fall, **keine Anzeichen von Camping** zu zeigen. Das Ausfahren der Markise und der Aufbau von Tischen und Stühlen sollte unterbleiben. Wenn Schilder eine Übernachtung explizit untersagen, sollten man dies auch befolgen.

UHRZEIT

Die Zeitverschiebung in Großbritannien beträgt **minus eine Stunde.** Ist es in Deutschland 14 Uhr, zeigt die Uhr in Schottland 13 Uhr und das im ganzen Jahr, weil es auch in Großbritannien Sommer und Winterzeit gibt.

⊡ *Kitesurfer in der schottischen Brandung*

URLAUBSAKTIVITÄTEN

WASSERSPORT

Mit 10.000 km Küste und unzähligen Lochs (Seen) und Flüssen ist Schottland ein Eldorado für Wassersportler aller Art. Ob surfen auf den Atlantikwellen, Fluss-Rafting oder mit dem Kajak die Inseln an der Westküste umfahren, Wasserski, Kayaking und Tauchen – in Schottland wird jeder Wassersportfreund fündig.

Im ganzen Land findet man **Wassersportzentren** mit einer großen Auswahl an Aktivitäten. Die notwendige Ausrüstung kann dort ausgeliehen werden und Anfänger können sich von erfahrenen Guides in den Sport einführen lassen. Über eines sollte man sich jedoch im Klaren sein, bei **Wassertemperaturen** um 12 Grad (im Sommer!) betreibt man Wassersport besser nicht im T-Shirt. Ein Neoprenanzug, Haube und Handschuhe sind ein Muss.

Tipps und Informationen erhält man auf der Website www.visitscotland.com/de-de/see-do/active/watersports und in den Broschüren „Scotland Watersports“ und „Sail Scotland“ von Visit Scotland (www.visitscotland.com). Der **Surf-Hotspot** ist die Hebrideninsel Tiree. „Hawaii des Nordens“ wird sie wegen ihrer weißen Sandstrände, den überdurchschnittlich vielen Sonnenstunden und dem fast permanent wehenden Wind genannt.

Die Strände um Thurso genießen bei **Wellenreitern** einen internationalen Ruf. Das „right-hand reef break“ bei Thurso East, ein Riff an dem die Wellen sich brechen, ist weltbekannt.

An St. Abb’s Head, gerade mal eine Stunde von Edinburgh entfernt, werden **Taucher** ihre wahre Freude haben. Wegen dem extrem sauberen Wasser und einer reichhaltigen Flora und Fauna wurde hier das erste britische Meeresreservat angelegt. Zu Europas spektakulärsten **Wracktauchgebieten** zählen die Orkney-Inseln. In der Bucht von Scapa Flow tummeln sich erfahrene Taucher, um die versunkenen Kriegsschiffe der deutschen Marine zu erkunden.

Für Schnorchler wurde extra ein **Snorkel Trail** an der Nordwestküste Schottland eingerichtet. Der Scottish Wildlife Trust hat die Schnorchelgebiete angelegt, um auch dem „Nichttaucher“ die faszinierende Unterwasserwelt näherzubringen.

Erfahrene **Segler** fühlen sich an der Westküste in der Gegend um Oban und Crinan in ihrem Element. In den vielen Marinas kann man Boote, auch mit Skipper, mieten und Führerscheine für alle möglichen Bootstypen erwerben. Informationen erhält man von der Royal Yachting Association (www.rya.org.uk).

Der River Tay bei Pitlochry, der River Tummel in Aviemore und der River Garry bei Fort William sind für **Wildwasser-Rafting** bekannt.

Things to do

- Fish & Chips in Zeitungspapier eingewickelt auf einer Mauer im Hafen sitzend essen
- Chips mit Essig probieren
- Highland Games anschauen
- den heiligen Golfrasen von St. Andrews berühren (s. S. 181)
- dem Dudelsack spielenden Schotten im Pub ein Pint ausgeben

RADFAHREN

In Großbritannien gibt es das gut ausgebaute und ausgeschilderte Fahrradwegenetz **National Cycle Network.** In Schottland kann man auf ca. 3400 km Landstraßen und Fahrradwegen sowie auf ca. 800 km an verkehrsfreien Wegen entlang Kanälen, Eisenbahntrassen und durch Wälder die Gegend erkunden. Gekennzeichnet sind die Wege durch blaue Schilder oder Aufkleber mit roten Zahlen. Nicht alle Strecken sind für ungeübte Fahrer oder auch für Kinder geeignet. Auf der Website des National Cycle Network (www.sustrans.org.uk) finden sich viele **Tourenvorschläge** mit Angaben zu Streckenlänge und Schwierigkeitsgrad sowie Informationen über den Streckenverlauf.

So ist z. B. die Tour 7 entlang des Forth & Clyde Canal eine wunderbare flache, verkehrsfreie Familienstrecke. An dieser Route liegt das berühmte Falkirk Wheel, das den Forth & Clyde Canal mit dem Union Canal verbindet.

021ws ©Torsten Berning

022ws©Dennis Hardley

Aber auch für sportliche und sehr sportliche Fahrradfahrer und Mountainbiker hat Schottland geeignete Fahrradwege. Die Fahrradroute **Hebridean Way** ist eine Insel-Hopping-Tour auf den leicht hügeligen Straßen der Äußeren Hebriden. Wer es noch sportlicher möchte, der versucht sich an der bergigen Landschaft von Applecross in den Highlands.

Fahrradgeschäfte, Reparaturservice und Fahrradverleih findet man in allen größeren Städten wie Glasgow, Edinburgh, Inverness, Kilmarnock Sterling u. a.

WANDERN

Wandern ist in Schottland ein Volkssport. Ob es ein längerer Spaziergang sein soll oder eine mehrtägige Wandertour, ob auf gut ausgeschilderten Wanderwegen oder querfeldein – Schottland bietet sowohl für geübte Wanderer als auch für Einsteiger faszinierende Strecken durch eine atemberaubende Landschaft.

Ob man sich für einen flachen Küstenabschnitt oder für eine echte Bergtour entscheidet, **festes Schuhwerk,** einen **Pulli** und ausreichenden **Regenschutz** sollte man immer dabei haben. Ein wenig **Proviant, Wasser,** eine gute Karte **und** ein **Kompass** sollten auch nicht fehlen.

Das Wetter kann sehr schnell umschlagen und Handyempfang ist gerade in den Highlands auch nicht garantiert.

Es gibt unzählige Wanderstrecken, größtenteils abseits der Straßen und gut ausgeschildert. Auf den längeren Routen, den **Great Trails,** findet man zwischendrin oft Informationseinrichtungen, Unterstände und Picknickplätze sowie Hinweise zu den nächsten Schutzhütten. Unter **www.scotlandsgreattrails.com** findet man aufgeteilt in Süd-, Mittel- und Nordschottland vorgegebene Routen mit vielen Tipps und Variationsmöglichkeiten oder man stellt sich eine individuelle Route inkl. Orientierungskarte zusammen.

Selbstverständlich sind auch **Hunde** auf allen Wegen herzlich willkommen – aber bitte darauf achten, dass sie keine Wildtiere stören oder gar jagen.

⊡ *Wandern ist in Schottland zu jeder Jahreszeit ein Vergnügen*

VERKEHRSREGELN

In Schottland gilt wie in ganz Großbritannien **Linksverkehr.** Es wird auf der linken Straßenseite gefahren und auf der rechten Seite überholt. Beim Abbiegen gilt „nach rechts schauen und links fahren“. Eine **Vorfahrtsregelung** nach dem Motto „rechts vor links“, bzw. in diesem Fall umgekehrt, gibt es nicht. Die Hauptstraße oder größere Straße hat immer Vorfahrt.

In Schottland gibt viele **Kreisverkehre** *(roundabouts),* die oft auch mehrspurig sind. Möchte man an der nächsten Ausfahrt bereits wieder rausfahren, ordnet man sich ganz links ein. Möchte man die übernächste Ausfahrt nehmen, in der Mitte, und für alle dahinter kommenden Ausfahrten fährt man auf der rechten Spur. Im *roundabout* haben diejenigen Vorfahrt, die bereits im Kreis fahren. Wer nicht so genau weiß, welche Ausfahrt die Richtige ist, sollte lieber noch ein bis zwei Runden im Kreis fahren und sich peu à peu auf die auf die richtige Spur vorarbeiten. Besondere Konzentration ist auch geboten, wenn man von einem Parkplatz oder einer Haltebucht fährt: rechts gucken, links fahren! Im ersten Moment mag sich das Fahren im Linksverkehr ein wenig schwer anfühlen. Man gewöhnt sich aber sehr schnell daran und fährt schon bald wie ein echter Schotte.

Je weiter man in den Norden Schottlands kommt, desto weniger Autobahnen und Schnellstraßen wird man finden. In den Highlands und auf den Inseln ist die übliche Straße eine **single track road,** eine einspurige Straße mit Ausweichbuchten. An diesen *passing places* lässt den Gegenverkehr oder schneller fahrende Fahrzeuge vorbei. Man verständigt sich oft per Handzeichen oder Lichthupe. Der „Vorbeigelassene“ bedankt sich immer per Handzeichen bei dem, der stehengeblieben ist! Auch wenn die Schotten auf den Straßen gern schnell unterwegs sind – **Zuvorkommenheit** und **Freundlichkeit** sind ein Gebot. Selten wird gehupt oder geschimpft.

131ws©Torsten Berning

Schilder wie dieses weisen auf eine schmale Straße mit Ausweichbuchten hin

131ws©Torsten Berning

Kreative Verkehrsschilder „made in Scotland“

Auf den Straßen in ländlichen Gegenden trifft nicht selten auf freilaufende Schafe, Hühner, Rinder oder Pferde. Die **Tiere** führen hier ein freies Leben und haben ein Recht, auf der Straße zu sein. Man sollte daher besonders vorsichtig über Kuppen oder in uneinsehbare Kurven fahren.

Eine Meile sind umgerechnet 1,6 km. Wenn das **Tempolimit** also 30 mph vorgibt, darf man 48 km/h fahren, bei 60 mph 96 km/h und bei 70 mph 112 km/h.

Da wir mit unseren kontinentalen Wohnmobilen „auf der falschen" Seite fahren, blenden unsere **Schweinwerfer** den Gegenverkehr. Beim ADAC oder auf der Fähre gibt es für ein paar Euro Aufkleber (Abkleber) für die Frontscheinwerfer. Das Abkleben der Scheinwerfer und ein **Länderkennzeichen** (Aufkleber) sind Pflicht. Eine Nichtbeachtung kann mit einem Bußgeld geahndet werden.

VER- UND ENTSORGUNG

Die Ver- und Entsorgung findet nahezu ausschließlich auf den **Campingplätzen** statt. Es kann allerdings durchaus passieren, dass ein riesiger Holiday Park keine spezielle Entsorgungsstelle für Wohnmobile hat. Oftmals gibt es in einsamen Gegenden die Möglichkeit, an einer **Tankstelle** nachzufragen. In Großbritannien ist es auch bei Wohnmobilfahrern gang und gäbe, sein Grauwasser wie bei einem Wohnwagen aufzufangen und dann ähnlich wie die Chemietoilette zur Entsorgung zu bringen. In keinem Fall sollte man einfach das Abwasserventil öffnen! Dies schadet allen Wohnmobilisten!

WOHNMOBILE MIETEN

Wer kein Wohnmobil sein Eigen nennt, kann auch vor Ort in Schottland eines mieten. Die beiden bekanntesten Verleiher sind **McRent** und **bunk Campers.** Sie verfügen über eine große Auswahl an neuwertigen Wohnmobilen in allen Größen. Edinburgh als Start- und Zielpunkt ist sehr zu empfehlen. Die Preise beginnen je nach Saison bei ca. £600 pro Woche.

› **Mc Rent,** www.mcrent.co.uk, Tel. 0044 (0)1506 859771
› **bunk Campers,** www.bunkcampers.com, Tel. 0044 (0)2890 813057

ROUTE 1

GALLOWAY UND DAS ROBERT BURNS LAND

026ws©TreasureGalore - stock.adobe.com

1 cm = 7,5 km
© Reise Know-How 2023
Trossachs
Loch Ard
Aberfoyle
Thornhill
Doune
Dunblane
Bridge of Allan
Alva
Dollar
Tillicoultry
Glendevon
Ben Cleuch
Stirling
Alloa
Tullibody
Saline
Kincardine
Clackmannan
Culross
Grangemouth
Bo-Ness
Linlithgow
Hopetoun House
Falkirk
Denny
Kilsyth
Lennoxtown
Fintry
Kippen
Arnprior
Balfron
Killearn
Blanefield
Drymen
Cashell
Luss
Loch Lomond
Gartocharn
Alexandria
Dumbarton
Helensburgh
Garelochhead
Carrick
Loch Long
Ardentinny
Inverchaolain
Newton
Kilmun
Younger Botanic G.
Kilcreggan
Dunoon
Gourock
Greenock
Port Glasgow
Inverkip
Colintraive
Port Bannatyne
Rothesay
Bute
Innellan
Wemyss Bay
Kilmacolm
Houston
Johnstone
Milngavie
Kirkintilloch
Clydebank
Cumbernauld
Slamannan
Shieldhill
Armadale
Bathgate
Livingston
Coatbridge
Airdrie
St. Mungo's Cathedral
GLASGOW
Paisley
Barrhead
Lochwinnoch
Largs
Millport
Kingarth
Fairlie
Hunterston
Kilbirnie
Beith
Dalry
Lugton
Newton Mearns
East Kilbride
Hamilton
Motherwell
Wishaw
Shotts
Whitburn
West Calder
Rootpark
Carluke
Kilncadzow
Carnwath
Elsrickle
Lanark
New Lanark
Stonehouse
Strathaven
Stewarton
Fenwick
Kilwinning
Ardrossan
Saltcoats
Stevenston
West Kilbride
Corrie
Irvine
Kilmarnock
Darvel
Drumclog
Galston
Lesmahagow
Rigside
Biggar
Wiston
Coulter
Symington
Troon
Prestwick
Tarbolton
Mauchline
Muirkirk
Glenbuck
Douglas
Lamlash
Whiting Bay
Firth of Clyde
Ayr
Ochiltree
Catrine
Lugar
Cumnock
New Cumnock
Crawfordjohn
Abington
Crawford
Elvanfoot
Leadhills
Dunure
Culzean Castle
Maybole
Dalrymple
Coylton
Skares
Rankinston
Kirkconnel
Sanquhar
Mennock
Turnberry
Kirkoswald
Crosshill
Patna
Dalleagles
Dalmellington
Straiton
Dailly
Girvan
Dalquhairn
Drumlanrig Castle
Durisdeer
Carronbridge
Thornhill
Beattock
Moffat
Lendalfoot
Pinmore
Barr
Loch Doon
Carsphairn
Penpont
Closeburn
St. Ann's
Colmonell
Galloway Forest Park
Kirkland
Parkgate
Ballantrae
Barrhill
St. John's Town of Dalry
Dunscore
Dalwinton
Lockmaben
Clatteringshaws Loch
Holywood
Duncow
Bargrennan
Corsock
Shawhead
Hightae
New Galloway
Parton
Dumfries
Collin
Cairnryan
Crockeford
Beeswing
Mouswald
Loch Ryan
New Luce
Newton Stewart
Palnure
Laurieston
Castle Douglas
New Abbey
Glencaple
Dunragit
Kirkcowan
Torhouse Stone Circle
Creetown
Gatehouse of Fleet
Threave Gardens
Ringford
Dalbeattie
Caerlaverock Castle
Cummertrees
Glenluce
Wigtown
Cairnholy
Gelston
Palnackie
Kirkbean
Caulkerbush
Whaunphill
Elrig
Ardwell
Luce Bay
Logan Gardens
Carleston
Sorbie
Wigtown Bay
Kirkcudbright
Borgue
Auchencair
Dundrennan
Solway Firth
Silloth
Beckfoot
Mawbray
Allonby
Aspatria
Port William
Monreith
Whithorn
St. Ninians Cave
Isle of Whithorn
Burrow Head
Drummore
Mull of Galloway
Maryport
Flimby
Dearham

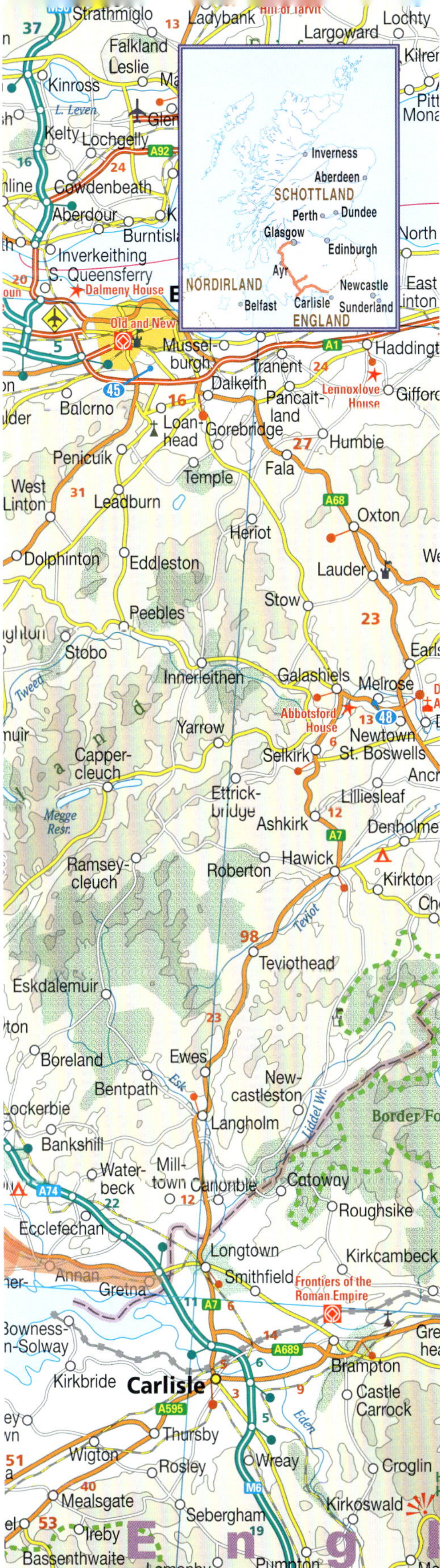

ROUTENÜBERSICHT

Die Tour startet 16 Kilometer nördlich von Carlisle am Grenzübergang bei Gretna, besser bekannt als Gretna Green, und führt dann durch den Landstrich der Southern Uplands. Diese grüne Oase wird an den Wochenenden auch gern von den Großstädtern aus Glasgow zur Erholung und Entspannung angesteuert. Die südliche Küste zwischen Nordkanal und Irischer See beheimatet auch die u. a. wegen ihrer waghalsigen Motorradrennen bekannte Isle of Man.

Die Council Area Dumfries and Galloway wird wegen der Vielzahl ihrer Gärten auch die Schottische Riviera genannt. Der zweite Spitzname der Gegend ist Robert Burns Land. In Dumfries und Ayr erfährt man viel über Burns, einen der bekanntesten Poeten des Landes, der im Alter von nur 37 Jahren verstorben ist.

Am Rand des Galloway Forest Park vorbei geht es über Ayr und Troon bis nach Glasgow, wo einen ein schöner citynaher Stellplatz erwartet.

Ein landschaftlich besonders reizvoller Abschnitt ist die A 713 Galloway Tourist Route, die von Castle Douglas nach Ayr befahren wird.

Strecke:
Grenzübergang Gretna – **Annan** (15 km, s. S. 42) – **Powfoot** (5 km, s. S. 43) – **Dumfries** (43 km, s. S. 44) – **Castle Douglas** (32 km, s. S. 46) – **New Galloway** (24 km, s. S. 47) – **Abstecher Drumlanrig Castle** (60 km, s. S. 48) – **Ayr** (43 km) – **Troon, Adrossan** (37 km, s. S. 52) – **Glasgow** (56 km, s. S. 54)

Streckenlänge
ohne Abstecher 255 km
mit Abstecher 315 km

« *Kapitelstartseite: Blick über Glasgow*

025ws©Torsten Berning

Nicht, dass man die Grenze in **Gretna** verpassen könnte, aber so richtig spürt man sie gar nicht. Ein kleines altes Zollabfertigungsgebäude erinnert daran, dass hier nicht immer eine offene Durchfahrt war. Nur wenige Meter weiter führt eine entsprechende Beschilderung zum Parkplatz des **Old Blacksmith's Shop.** Ein Gesetz aus dem Jahre 1856 erlaubte dem Schmied, in seiner Werkstatt rechtskräftige Ehen zu schließen. Die Anwesenheit von zwei Zeugen und dem liebenden Paar waren völlig ausreichend, um den Bund fürs Leben mittels eines Hammerschlags auf den Amboss zu besiegeln. 1940 wurde das skurrile Gesetz aufgehoben und die Bewohner begannen, die einstige Zufluchtsstätte der Verliebten touristisch zu vermarkten. Der riesige Parkplatz zeigt, dass sie dies bis zum heutigen Tage erfolgreich schaffen. Doch Vorsicht: Kitsch und Kommerz prägen die gesamte Atmosphäre, wenn die Besucherströme während der Hauptsaison zum „Ehelichen" aus Spaß antreten!

ANNAN

(15 km – km 15)

Vom Parkplatz an der Schmiede geht es rechts zur Glasgow Road und der Auffahrt zur A75 Richtung Dumfries. Bereits an der zweiten Abfahrt kann man diese Richtung Annan verlassen und folgt direkt der Beschilderung „Zentrum". Das kleine Städtchen mit seinen ca. 8.900 Einwohnern befindet sich am Ufer des gleichnamigen Flusses nahe der Nordküste des **Solway Firth** in der Grafschaft Dumfriesshire. Der Solway Firth ist ein Meeresarm, der sich in das Landesinnere erstreckt und gleichzeitig die Einmündung des Flusses in das Meer ist (auch als Fjord bekannt).

Zum Parken nutzt man in Annan den großzügigen Parkplatz, der in unmittelbarer Nähe des **Annan Museum** angezeigt wird. Ein Rundgang bis zum **Riverwalk** gibt einen ersten Eindruck vom Stadtbild und den umliegenden Wiesen. Zurück geht es entlang der Hauptstraße, an der man von der Apotheke bis zum Bäcker alles findet. Ein Blick in die Auslagen der Geschäfte ist allemal lohnenswert und selbst der Gang in die Metzgerei kann so manche Überraschung parat halten, denn viele Gerichte werden vor Ort zubereitet oder das gewünschte Fleisch aus großen Abschnitten im Laden zerlegt.

Zurück am Wohnmobil verlässt man den Parkplatz nach rechts auf die B721, überquert die Brücke über den Annan, um dann 500 m links der B724 folgend zum Campingplatz in der Queenberry Bay ❶ zu kommen.

Sehenswertes

- **Annan Museum,** Bank Street, Annan DG12 6AA, Tel. 01461 201384, www.annan.org.uk, geöffnet: April–Oktober Di.–Sa. 11–16 Uhr, Eintritt frei. Die Ausstellung zeigt eine sehenswerte Mischung aus Kultur und Geschichte bis in die Bronzezeit. Wechselnde Sonderausstellungen.

Gastronomie

- **The Cafe Royal,** 95 High St, Annan DG12 6DJ, Tel. 01461 202865, www.thecaferoyal.co.uk. Tolle Auswahl an schottischen Speisen wie Haggis und große Frühstücksauswahl. Alle Speisen werden zu guten Preisen frisch zubereitet.

Einkaufen

- **Tesco-Supermarkt mit Tankstelle,** am Kreisel bei der Ortseinfahrt, nicht zu verpassen. Großes Sortiment und günstige Kraftstoffpreise.

Hochzeit für Kurzentschlossene – bis 1940 konnte man hier rechtskräftig heiraten

024ws©Torsten Berning

POWFOOT

(5 km – km 20)

Der kleine Flecken Powfoot besteht aus drei Straßen, dem Golfklub mit Hotel und dem **Queensberry Bay Leisure Park** ❶. Von Annan geht es nach drei Kilometern auf der B724 nach links und man folgt der guten Beschilderung bis zur Einfahrt auf den Campingplatz. Ruhig und mit direktem Blick in die Bucht des Solway Firth steht man hier fast am Strand! Sollte zu viel Wind sein, ist es im hinteren Teil geschützter. Bei Ebbe kann man endlos durch den Sand und die Dünen laufen – traumhaft für Mensch und Hund. Auf dem Platz ist für Groß und Klein Abwechslung geboten. Es gibt einen Spielplatz und Tiere zum Streicheln, aber auch einen Wellnessbereich mit Spa, Massageangebot und Sauna.

Das Areal ist von saftigen Wiesen mit Feldwegen umgeben und selbst den benachbarten **Golfplatz** quert ein öffentlicher Fußweg. Dies ist in Schottland, der Wiege des Golfsports, übrigens nichts Besonderes. Golf ist ein Volkssport für jedermann und außer in den Privatklubs ist man immer herzlich willkommen. Auch die Gastronomie des Golfklubs ist für Gäste geöffnet und bietet kulinarische Spezialitäten der Region zu erschwinglichen Preisen, denn was der Golfer bei der Spielgebühr ausgibt, möchte er beim Essen gern sparen.

Die Golfplätze befinden sich überwiegend in landschaftlich reizvoller Umgebung ohne Nachbarschaft und die Wege führen direkt an der Küste entlang mit Blick auf das Meer. Auf Nachfrage ist manches Mal sogar das Übernachten mit dem Wohnmobil auf dem Parkplatz gestattet.

Wenn man selbst Golfer ist, wird es noch einfacher. Wer abends kommt, um morgens zu spielen, darf eigentlich ausnahmslos auf dem Klubgelände verweilen bzw. auch nach der Runde die sanitären Anlagen nutzen um dann seinen Weg fortzusetzen!

⌃ *Das beschauliche Annan animiert zu einer Pause*

❶ Queensberry Bay Leisure Park

GPS 54.97475, -3.348

Wohnmobilstellplätze mit direktem Strandblick oder windgeschützter im hinteren Teil. Der Platz liegt absolut ruhig abseits jeglicher Straßen. Der Platz verfügt über einen großzügigen Spielbereich mit Streichelzoo für Kinder. Außerdem gibt es ein Spa und eine Massagepraxis. **Lage/Anfahrt:** in Powfoot Annan in der Queensberry Bay. Asphaltierte Zufahrt, zum Teil einspurig mit Ausweichplätzen. Keine Höhen- und Gewichtsbeschränkungen; **Platzanzahl:** 80; **Untergrund:** Wiese; fest; **Service:** Strom, Trinkwasser, Abwasser, Chemie-WC, WiFi; **Sicherheit:** beleuchtet; **Preise:** £30 inkl. 2 Personen, Strom, Wasser, Hund £2, Dusche £1; **Standdauer:** unbegrenzt; **Geöffnet:** ganzjährig; **Kontakt:** Queensberry Bay Holiday Park, Powfoot Annan, Dumfriesshire, DG12 5PN, Tel. 01461 7002205, www.queensberrybay.co.uk

DUMFRIES

(43 km – km 63)

Die Bucht von Powfoot hat nur eine Zufahrt, die man nach links auf die Landstraße 724 verlässt, um nach ca. 4 km linker Hand in die L 725 (auch als B 725 ausgezeichnet) einzubiegen. Diese führt einen von Süden her entlang der verträumten Wetlands (Marschland) nach Dumfries. Das Schild zur Ruine des **Caerlaverock Castle** an der Strecke ist nicht zu übersehen. Der ehemalige Herrschaftssitz des Maxwell-Clans wurde in der jetzigen Form um 1270 erbaut und ist die einzige dreieckige Wasserburg Schottlands. Der mächtige Clanführer Sir John Maxwell hielt im Jahr 1300 während des schottischen Aufstands gegen die englische Oberherrschaft einer langen Belagerung durch König Eduard I. stand. Mit nur 60 Mann stellte er sich lange gegen die Ritter des Königs mit ihren mehr als 2000 Gefolgsleuten.

Die wechselvolle Geschichte der Burg endete 1603 mit der Vereinigung des schottischen und des englischen Königreichs. 1946 stellte der Duke of Norfolk sie unter staatliche Aufsicht. Nach umfangreichen Erhaltungsarbeiten steht sie bis heute unter der Obhut von Historic Scotland und ist ganzjährig zu erkunden! Besonders zu beachten sind die teilweise bis zu 4 Meter breiten Mauern, die lange als uneinnehmbar galten und erstmals im 16. Jahrhundert von moderneren Kanonen durchschlagen wurden!

› **Caerlaverock Castle,** GPS 54.9758403, -3.5242080, Dumfries DG1 4RU, www.caerlaverockestate.co.uk, Eintritt: Erwachsene £6, Kinder £4, geöffnet: täglich 10–16 Uhr

❷ Caerlaverock Castle Corner Camp Site

GPS 54.97233, -3.53294

Einfacher Stellplatz inmitten der Natur. Sehr freundliche Besitzerin. Gemütliche, große und gerade Plätze unter Bäumen. Das Castle erreicht man in 10 Minuten zu Fuß. Wer es ruhig und naturbelassen mag, ist hier gut aufgehoben. Hunde auf dem Platz bitte an der Leine führen. **Lage/Anfahrt:** an der Zufahrtsstraße zum Caerlaverock Castle. Kleine asphaltierte Straße auf dem Weg zum Castle. Hinweisschild ist nicht zu übersehen; **Platzanzahl:** 10; **Untergrund:** Schotter, Wiese; **Sicherheit:** umzäunt; **Preise:** £10 (Spende); **Max. Stand:** unbegrenzt; **Geöffnet:** ganzjährig; **Kontakt:** Glencaple, Caerlaverock Castle, Dumfries DG1 4RU, Tel. 01387 216215

Von der **Caerlaverock Castle Corner Camp Site** ❷ führt die Straße entlang am Fluss Nith, der in den Solway Firth mündet, bis nach **Dumfries,** größte Stadt und Verwaltungssitz der Council Area von Dumfries and Galloway. Bis 1889 war Dumfries Verwaltungssitz der Grafschaft Dumfriesshire und hat heute ca. 32.000 Einwohner.

Dumfries ist auf den ersten Blick keine Schönheit, abseits der Innenstadt gibt es aber durchaus sehenswertes Gassen und alte ursprüngliche Häuser, in denen die Schotten seit Generationen leben.

Das bedeutendste Ereignis fand hier bereits im Jahr 1306 statt als **Robert the Bruce,** schillernde Persönlichkeit und späterer König der Schotten, mit seinem Begleiter Sir Roger de Kirkpatrick den Verräter John III. Comyn, Lord of Badenoch, zur Strecke brachte. Robert the Bruce war ein Urururururenkel König Davids I. und begründete damit seinen Anspruch auf den schottischen Thron, den er 1306 bestieg und bis zu seinem Tode im Jahr 1329 innehatte.

1296 leisteten er und sein Vater dem englischen König Edward I. einen Treueschwur, den er jedoch trotz Erneuerung bereits ein Jahr später brach. Wechselvolle Jahre mit unzähligen Schlachten um die Unabhängigkeit Schottlands waren die Folge. Nach der Schlacht von Falkirk im Jahr 1297 übernahmen Robert und John III. Comyn gemeinsam das Amt des **Guardian of Scotland** vom legendären William Wallace (in „Braveheart" von Mel Gibson verkörpert). Die beiden wurden sich nie wirklich vertraut und gründeten zwei Lager. 1305 schmiedete Robert the Bruce Pläne für eine Verschwörung gegen den englischen König, die Comyn verriet. Das Ganze endete 1306 auf der Flucht mit dem Mord an besagtem Verräter auf Caerlaverock Castle! 1796 verstarb in Dumfries zudem der Schriftsteller und Poet **Robert Burns** (s. S. 50). An sein kurzes Leben – er wurde nur 37 Jahre alt – erinnert das Museum in seinem alten Wohnhaus.

Sehenswertes

- **Dumfries Museum and Camera Obscura,** The Observatory, Rotchell Rd, Dumfries DG2 7SW, www.dumgal.gov.uk/article/15737/Dumfries-Museum-and-Camera-Obscura, geöffnet: April–September Mo.–Sa. 10–17, So. 14–17 Uhr, im Winter Di.–Sa. 10–13 Uhr, 14–17 Uhr. Eintritt: Museum frei, Camera Obscura £ 4. Mit der 1836 installierten Camera Obscura kann man vom obersten Stockwerk mit einer speziellen Kamera-Optik über ganz Dumfries und das umliegende Land blicken – faszinierend! Weiterhin gibt es eine schöne Sammlung an mittelalterlichen Schriften, zeitgenössischen Bildern und Alltäglichem aus dem Lauf der Jahrhunderte.
- **Robert Burns House,** Burns St, Dumfries DG1 2PS, www.robertburns.org, geöffnet: ganzjährig Mo.–Sa. 10–17 Uhr, So. 14–17 Uhr, Eintritt frei. Das Museum bietet Informationen über einen außergewöhnlichen Menschen, der in diesem Haus die letzten drei Jahre seines Lebens verbracht hat.

Information

- **VisitScotland Information Centre,** 64 Whitesands, Dumfries DG1 2RS, Tel. 01387 253862, www.visitscotland.com
- **Information Galloway Forest Park** (s. S. 47): St Johns Town of Dalry, Castle Douglas, DG7 3UP, www.forestryandland.gov.scot

Hier verbrachte Robert Burns seine letzten Lebensjahre (s. S. 50)

027ws ©Torsten Berning

Gastronomie

Indische Restaurants sind in Großbritannien weit verbreitet und gut frequentiert. Besonders zum Lunch sind sie sehr beliebt, denn sie haben spezielle Mittagsangebote und ein gutes Preis-Leistungs-Verhältnis.

› **Daksh Indian Restaurant,** 55–57 Queen St, Dumfries DG1 2JW, Tel. 01387 253876, www.dakshindian.co.uk, geöffnet: Mi.–So. 12–14, 17–22 Uhr. Lunch-Menü ab £ 7, Speisen am Abend £ 5–18.

Einkaufen, Parken/Übernachten

Alle Geschäfte des täglichen Lebens befinden sich in der **High Street** mitten im Zentrum. Der große Zentralparkplatz befindet sich mittig zwischen Brooms Road (A756) und Shakespeare Street (A781), ab Zufahrt zur Stadt als „City Parking“ ausgeschildert. Wohnmobile aller Größe finden hier Platz.

Nur 150 m entfernt über die Shakespeare Street kann man bei schlechtem Wetter im **Loreburne Shopping Centre** seine Einkäufe überdacht tätigen. Die Parkplätze White Sands und Dock Park sind 300 m entfernt am Ufer des Flusses Nith.

P 1 **City Parking,** GPS 55.06680, -3.60657

P 2 **White Sands West,** GPS 55.06693, -3.61213, White Sands, DG1 2PG Dumfries. Parken entlang der Riverside, nur 500 m vom Zentrum. Wenn dieser Platz belegt ist, gibt es 500 m weiter den **Dock Park.** Hier ist es auch in der Nacht ruhiger. Beide Plätze sind gerade und asphaltiert, auch für Wohnmobile über 7 m sehr gut zu befahren. Übernachten wird hier geduldet, es gibt keinerlei Ver- und Entsorgung. Das Parken ist kostenlos.

Die Ruine des Threave Castle befindet sich auf einer Insel im Fluss Dee

CASTLE DOUGLAS

(32 km – km 95)

Von Dumfries folgt man südwestlich der A75 und erreicht nach 20 km Castle Douglas. Die kleine Siedlung ist durch die Ruine des **Threave Castle** (GPS 54.9392, -3.9697) bekannt, das bis Mitte des 15. Jahrhunderts Stammsitz der Familie Douglas war. Die Burg befindet sich westlich des Orts auf einer Insel im Fluss Dee und hatte ursprünglich den Namen „Trief“ („Heimstatt“), ein Begriff aus dem Altwalisischen, das bis zum 7. Jahrhundert die Sprache der Region war. Man kann die Ruine vom 1. April bis 31. Oktober täglich von 10 bis 16.30 Uhr besichtigen. Der Eintritt beträgt £ 6 für Erwachsene, Kinder von 5 bis 15 Jahren zahlen £ 3,60.

Weitere Beachtung sollte in Castle Douglas der wunderschönen alten **Viehmarkthalle** gelten, die um 1900 erbaut wurde und 1990 in die höchste schottische Denkmalkategorie (A) aufgenommen wurde.

In nordwestlicher Richtung geht es jetzt auf die A713 Richtung New Galloway. Schon nach wenigen Kilometern verbreitert sich der Lauf des River Dee zusehends und wird dann nahtlos zum 9 Meilen langen Süßwassersse **Loch Ken.** Er gehört zur historischen Grafschaft Kirkcudbrightshire und liegt in den Glenkens. Natur- und vor allem Wassersportfreunde kommen hier besonders in den Sommermonaten voll auf ihre Kosten.

Wer mit Kindern oder Jugendlichen unterwegs ist, sollte unbedingt einen Stopp am **Galloway Activity Centre** einplanen. Das Angebot an Sport- und Outdooraktivitäten ist einfach riesig: Segeln, Stand-Up-Paddeling, Windsurfen, Kayaking, Klettern und Mountainbiking – um nur einige zu nennen. Um hierher zu kommen, folgt man einfach nach drei Vierteln der Strecke der Beschilderung nach links. Das Centre ist sehr idyllisch am breitesten Teil des Loch Ken gelegen. Die großzügigen Parkflächen und das Waterfront Cafe sind nicht zu übersehen. Es gibt viele Kursangebote, man kann sich aber auch

182ws©Bill Spiers, stock.adobe.c.om

nur Equipment oder ein Kanu ausleihen. Das Waterfront Cafe bietet einfache Speisen oder auch Frühstück an. Auf Nachfrage kann man hier die Nacht mit dem Wohnmobil verbringen, sodass ein 2-Tages-Aufenthalt durchaus denkbar und lohnenswert ist!

P 3 **Galloway Activity Centre,** GPS 55.037184, -4.100795, Castle Douglas DG7 3NQ, Tel. 01556 502011, www.lochken.co.uk

NEW GALLOWAY

(24 km – km 119)

Jetzt aber wieder zurück zum Abzweig auf die A713, der eigentlichen Route nach Ayr.

Die **Galloway Tourist Route** (oder „Galloway Nature Street“), wie die gut 150 km lange Strecke zwischen Gretna und Ayr genannt wird, führt nun 84 Kilometer zum Teil durch den **Galloway Forest Park.** 1947 gegründet, wird der Park oft als die „Highlands der Lowlands“ bezeichnet. Mit 78.000 Hektar ist er der größte Park Großbritanniens. Er ist perfekt für die ganze Familie: Man kann Rad fahren, angeln oder kurze Wege durch bezaubernde Wälder spazieren. Allein entlang dem Loch Ken gibt es mehrere **Parkplätze mit Picknickbänken,** die zu einer Rast einladen. Hier kann man mit dem Fernglas die Tierwelt beobachten und das schillernde Farbenspiel der Natur genießen.

Der beste Anlaufpunkt für alle Aktivitäten ist **New Galloway.** Bereits von Weitem sieht man die Ken Bridge und dann den Abzweig der A712 nach links in den Ort. Das **Visitor Centre** befindet sich ca. drei Kilometer hinter dem Ort auf der rechten Seite und verfügt über einen großzügigen Parkplatz. Hier erhält man Auskunft im Überfluss und sogar eine spontane Übernachtung ist möglich. Die Lage am Ufer des Clatteringshaws Loch macht es zudem zu einem idealen Ausgangspunkt für Exkursionen aller Art. Hierzu gehören u. a. Wanderungen und Radtouren um den See, ein Besuch eines Rotwildgeheges oder eine geführte Tour mit dem Ranger.

Information

P 4 **Visitor Centre Clatteringshaws Loch,** GPS 55.06043, -4.26994, New Galloway, DG7 3SQ, Tel. 01644 420285, www.forestryandland.gov.scot, geöffnet: März–Oktober Mo.–So. 10.30–16.30, Juli/August bis 17.30 Uhr

029ws©Torsten Berning

❸ Ken Bridge Hotel & Campsite

GPS 55.08066, -4.13036

Freie Plätze ohne Einteilung. Da in der Nacht kaum Verkehr herrscht, ist Entspannung trotz Straßennähe garantiert. Keine Hunde erlaubt. **Lage/Anfahrt:** direkt an der Kreuzung A 713/A 712 vor der Ken Bridge und der Ortseinfahrt nach New Galloway. Großzügige, befestigte Parkfläche mit Zufahrt zur Campsite; **Platzanzahl:** 20; **Untergrund:** Wiese; fest; **Service:** Strom, Trinkwasser, Abwasser, Chemie-WC, WiFi; **Sicherheit:** beleuchtet; **Preise:** £22/Fahrz. und 2 Personen, alles inklusive; **Max. Stand:** unbegrenzt; **Geöffnet:** ganzjährig; **Kontakt:** Dave und Sue Paterson, New Galloway, DG7 3PR, Tel. 01644 420211, www.kenbridgehotel.co.uk

Flusslandschaft an der Galloway Tourist Route

Drumlanrig Castle beeindruckt von innen und außen

ABSTECHER DRUMLANRIG CASTLE MIT BUCCLEUCH COLLECTION

(hin- und zurück 60 km)

Mit insgesamt 60 km ist dieser Umweg nicht gering, lohnt sich aber nicht nur für Kunstliebhaber, sondern für die ganze Familie. Von der Ken Bridge Campsite ❸ geht es links ab für 4 km auf die A713, um dann gleich im nächsten Ort, St. John's Town of Dalry, der A702 nach rechts zu folgen. Diese Straße muss man nicht mehr verlassen, bis man vor Burnhead dem Schild nach links zum Drumlanrig Castle folgt.

Drumlanrig Castle ist eines der wenigen Renaissanceschlösser Schottlands mit opulenter Bauausstattung und einem kompletten Vierkantinnenhof. Die Familie der **Dukes of Buccleuch and Queensberry,** die einst hier ihren Stammsitz hatte, ist der größte private Landbesitzer Großbritanniens. Auch nach den Gebietsreformen des 20. Jahrhunderts nennt das Adelshaus immer noch 100.000 ha sein Eigen und gilt als eines der einflussreichsten Großbritanniens.

030ws©Torsten Berning

Die Gemäldegalerie **Buccleuch Collection** beherbergt unter anderem Bilder von van Dyck, Gainsborough, Holbein und Rembrandt. Nicht zu verachten ist aber auch die Sammlung an Familienportraits aus mehr als 300 Jahren. Sie sind Beispiele vieler Epochen der Malkunst und stammen teilweise ebenfalls von namhaften Künstlern ihrer Zeit. Nachdem 2003 ein Werk von Leonardo da Vinci im Wert von £50 Millionen gestohlen wurde, ist die Besichtigung der Galerie nur noch in Verbindung mit einer Führung möglich. Die „Madonna mit Garnspindel" wurde zwar vier Jahre später in einer Anwaltskanzlei sichergestellt, hängt heute aber in der Nationalgalerie in Edinburgh.

Während der Führung erfährt man viel über die mehr als 600-jährige Geschichte des Adelshauses. Die gesamte Ausstattung mit edlen Wandverkleidungen und wertvoller Möblierung ist beeindruckend. Spektakulär sind auch die vielen Silberarbeiten aus dem 17. Jahrhundert, darunter zwei Sekretäre aus der Meisterhand des Franzosen André-Charles Boulles.

Bereits in der Zufahrt zum Parkplatz wird der Eintritt kassiert. Die Parkflächen sind großzügig und schön gelegen. Im Anschluss bietet sich ein Rundgang durch die weitläufige, malerische Parkanlage an. Hier befinden sich ein Shop und ein Café. Für die Kinder gibt es einen Abenteuerspielplatz zum Austoben!

P 5 Drumlanrig Castle, GPS 55.275089, -3.809447, Tel. 01848 331555, www.drumlanrigcastle.co.uk, geöffnet: Ostern–Ende September, Führungen von 11–16 Uhr. Die Öffnungszeiten des Schlosses können stark variieren und sollten vor dem Besuch online oder telefonisch in Erfahrung gebracht werden. Eintritt: Garten und Spielplatz Erw. £6, Kinder £4, Schloss und Garten Erw. £15, Kinder £7.

AYR

(43 km – km 162)

Die Fahrt ab der Ken Bridge Campsite 3 auf der weiteren Strecke der A713 entlang der verwunschenen Wälder Galloways ist ein wirklicher Genuss und durch die Parkplätze am Wegesrand ergibt sich immer die Möglichkeit für einen spontanen Halt. Auch das **Earlstoun Loch** und das **Carsfad Loch** laden zum Verweilen ein. Oft hat man die Gelegenheit, Anglern, eigentlich Fliegenfischern, bei ihrem Hobby zuzuschauen, welchem sie mit

Robert Burns

Robert Burns wurde am 25. Januar 1759 in Ayr im Stadtteil Alloway geboren und verstarb mit nur 37 Jahren am 21. Juli 1796 in Dumfries (s. S. 45). Er verfasste zahlreiche Gedichte, politische Texte, Erzählungen und Lieder. Sein bekanntestes Lied ist „Auld Lang Syne", das gern zum Jahreswechsel gesungen wird.

Burns gilt neben Sir Walter Scott als größter schottischer Dichter. Bis heute wird ihm in seiner Heimat eine fast kultische Verehrung zuteil, etwa im Rahmen der alljährlichen Burns Night am 25. Januar, wenn das Burns Supper serviert wird. Da wird dann laut vorgelesen, traditionell und einfach über mehrere Gänge gegessen und natürlich auch Whisky getrunken. Leider frönte Burns diesem Laster wohl selbst etwas zu viel und verstarb später an einer eher belanglosen Infektion.

Das Museum in Ayr (s. S. 51) gedenkt diesem außergewöhnlichen Menschen und gewährt den Besuchern dabei viele Einblicke in die schottische Seele, ihre Lebensweise und Traditionen. Zum Museumsgelände gehört auch das Geburtshaus von Burns, das u. a. mit Soundinstallationen aufwartet.

entspannter Ruhe Stunde um Stunde frönen. Zwischen New Galloway und Ayr gibt es keine weitere offizielle Übernachtungsmöglichkeit, sodass man am besten den zentral gelegenen **Craigie Gardens Caravan Club** 4 in Ayr ansteuern sollte.

Sicherlich hat der Zahn der Zeit am Glanz so mancher Gebäude genagt, aber dem Charme der **Hafenstadt Ayr** tut dies keinen Abbruch. Sie befindet sich am Firth of Clyde, einem Meeresarm, in den auch der Fluss Ayr mündet. Die Hauptstadt der gleichnamigen Grafschaft hat ca. 47.000 Einwohner und ist **Sitz des römisch-katholischen Bistums** mit der Bischoffskirche St. Margaret's Cathedral. 1315 tagte hier unter Robert the Bruce das erste schottische Parlament.

Ayr ist **Universitätsstadt** und die Pferderennbahn jedes Jahr im April Austragungsort des Rennens **Scottish Grand National.** Berühmtester Sohn der Stadt ist der Dichter und Poet **Robert Burns,** der 1759 im Stadtteil Alloway geboren wurde. Ihm ist ein ganzes Museum gewidmet. Überhaupt lässt er sich aus dem Straßenbild gar nicht wegdenken: Ob als Statue oder in seinem Lieblingspub, man wird ihm überall begegnen!

Die Stadt hat einen weitläufigen **Stadtstrand** mit riesigen Wiesen und Picknickmöglichkeiten. Am besten holt man sich in einem der Lokale Fish and Chips und steuert ein gemütliches Plätzchen mit Meerblick an, um sie dort zu verspeisen – herrlich!

South Ayrshire ist mit seinen 40 Plätzen ein wahres **Golfparadies.** Dazu gehören berühmte Anlagen wie Royal Troon, Turnberry oder Kilmarnock (www.kbgc.co.uk), die allesamt schon Spielort der British Open („The Open") waren. Zahlreiche Legenden dieses

031ws©Torsten Berning

Hier sollte man unbedingt einkehren und ein Scottish Ale genießen

Sports wandelten durch diese Hallen. Das längste Loch Nr. 6 misst in **Royal Troon** (www.royaltroon.co.uk) immerhin 540 Meter. Im Klubhaus ist man auch als Besucher – in angemessener Kleidung – zum Hightea willkommen. Der Klub liegt 15 Kilometer nördlich von Ayr (vorbei am Flughafen Glasgow Prestwick).

Das **Turnberry Golf Resort** (www.turnberry.co.uk) ist im Besitz von Trump Immobilien und gilt als einer der schönsten Plätze Großbritanniens. Für eine 18-Loch-Runde auf dem dortigen Ailsa-Champions-Kurs muss man pro Person immerhin eine Spielgebühr ab £ 325 bezahlen.

Die gesamte Anlage erstreckt sich über mehr als 600 Hektar und über 50 Gärtner *(green keeper)* sind für die Pflege einer solchen Anlage zuständig. Durch den besonderen Boden, die intensive Düngung und die Bewässerung muss hier nämlich täglich der Rasen gemäht werden, um ihn so extrem kurz zu halten. Während der Hochsaison im Sommer werden die Grüns, die Spielflächen auf denen die Bälle in das Loch müssen, sogar morgens und abends gemäht!

Sehenswertes

› **Robert Burns Birthplace Museum,** Murdoch's Lone, Alloway, Ayr KA7 4PQ, Tel. 01292 443700, www.nts.org.uk/visit/places/robert-burns-birthplace-museum, geöffnet: 3. Jan.–31. März täglich 10–16.30, 1. Apr.–31. Okt. 10–17 Uhr, Eintritt: Erw. £ 11,50, Kinder £ 7,50, Familien £ 27

Information

› **Infos** www.visitscotland.com. Eine Vielzahl anInformationen und Broschüren erhält man auch an der Craigie Gardens Caravan Club Site (4).

Gastronomie

› **Rabbie Burns Fish & Chips,** Wellington Lane, Ayr KA7 1HA. Gute Portionen zu guten Preisen. Frischer Fisch und ein toller Blick auf das Meer, hier direkt an der Promenade. Riesige Picknickarea und weiter Auslauf auch für Hunde. Große Parkstreifen an der Seafront, auch für Wohnmobile geeignet.

› **The Tam O'Shanter Inn,** 230 High St, Ayr KA7 1RQ, Tel. 01292 611 684. Hier trank schon Robert Burns mit seinem Freund Tam O'Shanter. Aus Burns' Feder stammt auch das berühmte Lied, das die Schotten über Tam O'Shanter singen. Auf der einen Seite des Lokals gibt es Pub Food vom Feinsten. Hier sind auch Hunde erlaubt. Auf der anderen ist ein ein Restaurantteil. Jeden Samstag ist ab 19 Uhr Livemusik.

032ws ©Torsten Berning

▷ *Blick auf die Hauptstraße von Ayr*

4 Craigie Gardens Caravan Club Site

GPS 55.45983, -4.61519

Sehr schön angelegte Campinganlage des Caravan Club. In ca. 10 Minuten gelangt man über den Fußweg am Fluss Ayr in die Innenstadt. Nach dem Überqueren der Brücke befindet man sich schon in der High Street. Wenn man dieser nach rechts folgt, kommt man nach zwei Kilometern an die Esplanade, die Promenade direkt am Meer und Hafen. Der Campingplatz hat einen schönen alten Baumbestand und viel freie Flächen in Flussnähe, die zum Joggen oder als Auslauf für den Hund sehr schön sind. Man benötigt die Rabattkarte Camping Key Europe des ADAC oder eine Mitgliedschaft im Caravan & Motorhome Club (s. S. 33). **Lage/Anfahrt:** etwas abseits der Hauptstraße, aber sehr gut ausgeschildert, Richtung Uni und Sportpark. Bis an das Ende der Straße und dort durch das Tor. Unbedingt vor der Schranke halten und anmelden; **Untergrund:** Asphalt, Schotterrasen, Rasengitter; fest; **Service:** Strom, Trinkwasser, Abwasser, Chemie-WC, WiFi; **Sicherheit:** umzäunt; **Preise:** ab £28 inkl. 2 Personen, Strom, Ver- und Entsorgung; **Max. Stand:** unbegrenzt; **Geöffnet:** März–November; **Kontakt:** Craigie Road, Ayr KA8 0SS, Tel. 01342 326944, www.caravanclub.co.uk

TROON, ADROSSAN

(37 km – km 199)

Die Städte Troon (14.000 Einwohner) und Adrossan (11.000 Einwohnern) „hängen aneinander“, sodass man sie in einem Durchgang durchfahren kann. Beide Städte stehen stark unter dem Einfluss von Glasgow (s. S. 54) und beide haben einen Hafen: Troon für die Fischerei und Adrossan für die Fähre nach Arran.

Offizielle Wohnmobil-Stellplätze gibt es nicht, wer also übernachten möchte, muss auf einen der Campingplätze ausweichen. In Saltcoats vor Adrossan (die Orte gehen direkt ineinander über, ohne dass man dies bemerkt) bietet sich der **Sandylands Holiday Park** 5 an. Die Plätze sind klein, der Preis aber auch! Alternativ bietet sich bei der Weiterfahrt nach Glasgow hinter dem Abzweig der A737 zur A760 der **Stellplatz Castle Semple Visitor Centre** (s. S. 53) am Castle Semple Lochwinnoch an. Es handelt sich dabei um die hinteren Parkreihen, auf denen das Wohnmobil quer geparkt wird. Eine Tafel zeigt grafisch die Parkordnung an und erlaubt das Parken bei Nacht. Am Abend ist von der Straße nichts zu hören, aber im Sommer ist am Ruderklub sehr lange Betrieb. Wer sich dafür entscheidet, hier zu nächtigen, sollte am nächsten Morgen erst ab 9 Uhr Richtung Glasgow aufbrechen, wenn der Frühverkehr abgeklungen ist.

Sehenswertes

Bei der Anfahrt zum Fährhafen von Adrossan kommt man im kleinen Vorort Irvine direkt am großzügig angelegten **Scottish Maritime Museum** vorbei. Der Abstecher lohnt: Viele Exponate aus der Geschichte der Seefahrt haben hier ihren Platz gefunden. Große Hallen und das Freigelände laden dazu ein, erkundet zu werden. Zu sehen sind technische Ausstellungsstücke von Motoren bis hin zu ganzen Schiffen, die auch betreten werden können. Sehr schön, nicht nur für Kinder: Hier darf man viel anfassen und ausprobieren. Für das leibliche Wohl sorgt, gut ausgeschildert, Puffers Café auf dem Nachbargrundstück.

› **Scottish Maritime Museum,** GPS 55.609319, -4.6766, Linthouse Building, Harbour Road, Irvine KA12 8BT, Tel. 01294 278283, www.scottishmaritimemuseum.org,, geöffnet: jeden Tag von 10–17 Uhr, Eintritt Erw. £8,50, Kinder 3–17 Jahre £4

Information

› **Ayrshire and Arran Tourist Board,** 62 Bank Street, KA1 1ER Kilmarnock, Tel. 01563 539090, www.ayrshire-arran.com. Zentrale Informationsstelle für das gesamte North Ayrshire.

Gastronomie

› **La Dolce Vita,** 9–13 Highstreet, Lochwinnoch PA12 4DB, oberhalb des Stellplatzes, ca. 400 m Fußweg,

033ws©Torsten Berning

Tel. 01505 843372, geöffnet: täglich 9.30–23 Uhr. Imbissrestaurant mit guter Küche. Pizza, Burger, Chips, Salate, Frühstück und Nachspeisen zu einem guten Preis-Leistung-Verhältnis

Einkaufen

P 6 Asda Adrossan Supermarket, Harbour Rd, Ardrossan KA22 8BZ, GPS 55.638814, -4.815681, geöffnet: Mo.–Sa. 7–23 Uhr, So. 8–22 Uhr, www.storelocator.asda.com. In der Zufahrt zum Fährhafen gelegen und somit hervorragend aus allen Richtungen ausgeschildert. Große Parkfläche, am Rand für Wohnmobile jeder Größe. Günstige Tankstelle, perfekt für einen Versorgungseinkauf.

Parken/Übernachten

P 7 Stellplatz Castle Semple Visitor Centre, GPS 55.79744, -4.61974, Lochwinnoch PA12 4 EA, ca. 1 km nach dem Abzweig der A737. Kostenloser Wohnmobil-Stellplatz am Visitor Centre und Ruderclub Lochwinnoch. Normal befahrbare Straße. Parkplatz mit hohen Schwellen (Vorsicht!).

5 Sandylands Holiday Park

GPS 55.6339, -4.76847

Abgetrennter Bereich für Wohnmobile. Schöne Stellplätze mit Moorblick. Der Service und die Freundlichkeit eines Holiday Resorts. **Lage/Anfahrt:** zwischen Seaview und Blakley Road, von drei Seiten ausgeschildert. Großzügige Zufahrt, ohne Beschränkungen möglich. Wartebereich vor der Rezeption; **Platzanzahl:** 25; **Untergrund:** Rasengitter; fest; **Service:** Strom, Trinkwasser, Abwasser, Chemie-WC, WiFi; **Sicherheit:** umzäunt, beleuchtet; **Preise:** ab £ 25 inkl. 2 Personen, weitere Preise auf Anfrage, in der Vor- und Nachsaison Angebote ab £ 20 (alles inklusive); **Max. Stand:** unbegrenzt; **Geöffnet:** ganzjährig; **Kontakt:** James Miller Cres, Saltcoats KA21 5 JN, Tel. 01294 469411, www.park-resorts.com

Toller Stopp an einem Regentag: das Scottish Maritime Museum

034ws©VisitScotland/Kenny Lam

GLASGOW

(56 km – km 255)

Wie auch die Städte des „Kohlenpotts" in den vergangenen Jahrzehnten eine gehörige Wandlung vollzogen haben, so ist es in Großbritannien nicht anders. Industriereviere wie Glasgow oder Birmingham werden grüner und umweltfreundlicher und machen sich nicht nur für ihre Einwohner, sondern auch für Touristen schick.

Zunächst sprechen einige nackte Zahlen für die größte Stadt Schottlands. Offiziellen 600.000 Einwohner im Kern stehen der Greater Glasgow Urban Area 1.750.500 Menschen gegenüber. Damit ist Glasgow nach London und Birmingham die **drittgrößte Stadt des Vereinigten Königreichs.** Sie liegt am Fluss **Clyde** und gehört zu den 32 Council Areas des Landes. Im Gegensatz zur schottischen Hauptstadt Edinburgh gilt Glasgow als „Arbeiterstadt". Dabei gibt es eine Kathedrale aus dem 12. Jahrhundert, dazu noch vier Universitäten, das Royal Conservatoire of Scotland und die Glasgow School of Art.

Mit der Entschlammung und Vertiefung des Clyde wurden die Schiffe, die flussaufwärts kamen, immer größer. Der Schiffsverkehr machte Glasgow im Zentrum des British Empire zu einem Hauptumschlagplatz im Handel mit den Kolonien. Vor allen Dingen der Import von Tabak und Zucker wurde durch das Tor zum Atlantik enorm erleichtert. Dazu kam dann noch der Überfluss an Eisen und Kohle aus Lanark, der den Grundstein für den Industrie- und Werftbau bildete.

Der Beiname „zweite Stadt des Empire" beflügelte Glasgow, auch kulturell neue Wege zu gehen. Zahlreiche Galerien siedelten sich an und außergewöhnliche Gebäude

Modernes Flair am alten Hafenpier

wie die Glasgow School of Art entstanden. Aus dem Grau in Grau, vergleichbar mit dem deutschen „Kohlenpott", wurde mit dem Fortschritt und Zerfall der alten Schwerindustrien eine blühende, lebendige Stadt!

Heute zeigt sich die Stadt in einem völlig neuen Gewand. Modern und weltoffen empfängt Glasgow seine Gäste aus aller Welt und hat auch shoppingtechnisch einiges zu bieten. Am Wochenende fahren die Einwohner ins Grüne, denn direkt vor den Toren der Stadt sind Freiräume für Freizeit und Lebensgenuss entstanden. Man verbringt seine Freizeit mit der ganzen Familie bei Outdoor-Aktivitäten im **Loch Lomond & The Trossachs National Park** und auch seinen Urlaub in der vielseitigen Heimat.

Es ist empfehlenswert, bereits bei der Einfahrt in die Metropolregion einen Übernachtungspunkt anzusteuern, denn einen Tagestrip ist Glasgow mindestens wert! Man hat die Wahl, „fast mittendrin" (**Red Deer Village Holiday Park** 7) oder etwas außerhalb der Stadt bei Bothwell (**Strathclyde Country Park Caravan Club Site** 6) zu übernachten. Der Stellplatz am Red Deer Holiday Village hat sich sensationell für Besucher herausgeputzt. Wenn man im ersten Augenblick den Eindruck hat, das Navi habe einen falsch geführt, dann ist man genau richtig: Also an der Rezeption anmelden (bis 20 Uhr) und den Wohnmobilstellplatz auf der zweiten Ebene ansteuern. Vom S-Bahnhof, der nur 5 Minuten Fußweg entfernt ist, kommen zwei Erwachsene für £ 4 (Hin- und Rückfahrt) bequem in 15 Minuten mitten ins Zentrum von Glasgow und steigen an der S-Bahn-Station High Street aus.

Sehenswertes

Die Glasgower Innenstadt präsentiert sich sehr kompakt und lässt sich wunderbar zu Fuß erobern. Als Ausgangspunkt wählt man die S-Bahn-Station High Street (beim Verlassen des Gebäudes liegt das Zentrum vor einem) oder die nächste Station, Queen Street, denn sie ist nur 200 m vom zentralen **George Square** entfernt. Die Innenstadt teilt sich dann quasi links und rechts vor einem auf.

› **Gallery of Modern Art,** Royal Exchange Square, Glasgow G1 3AH, www.glasgowlife.org.uk, geöffnet: Mo.–Mi., Sa. 10–17, Do. 10–20, Fr., So. 11–17 Uhr, Eintritt frei. Über moderne Kunst gehen die Meinungen immer auseinander. Das Gebäude und die Präsentationsarten sind aber allemal ein Blick wert. Hinzu kommt: Der Eintritt ist frei und es gibt keine langen Wartezeiten.

› **Glasgow Cathedral,** Castle St, Glasgow G4 0QZ, www.glasgowcathedral.co.uk, geöffnet: April–September Mo.–Sa. 9.30–17, So. 13–16.30, Oktober–März Mo.–Sa. 10–15.30 Uhr, So. 13–15.30 Uhr, Eintritt frei. Die St. Mungo's Cathedral, die zur refor-

035ws©Torsten Berning

Der Dichter Sir Walter Scott thront über dem George Square im Herzen von Glasgow

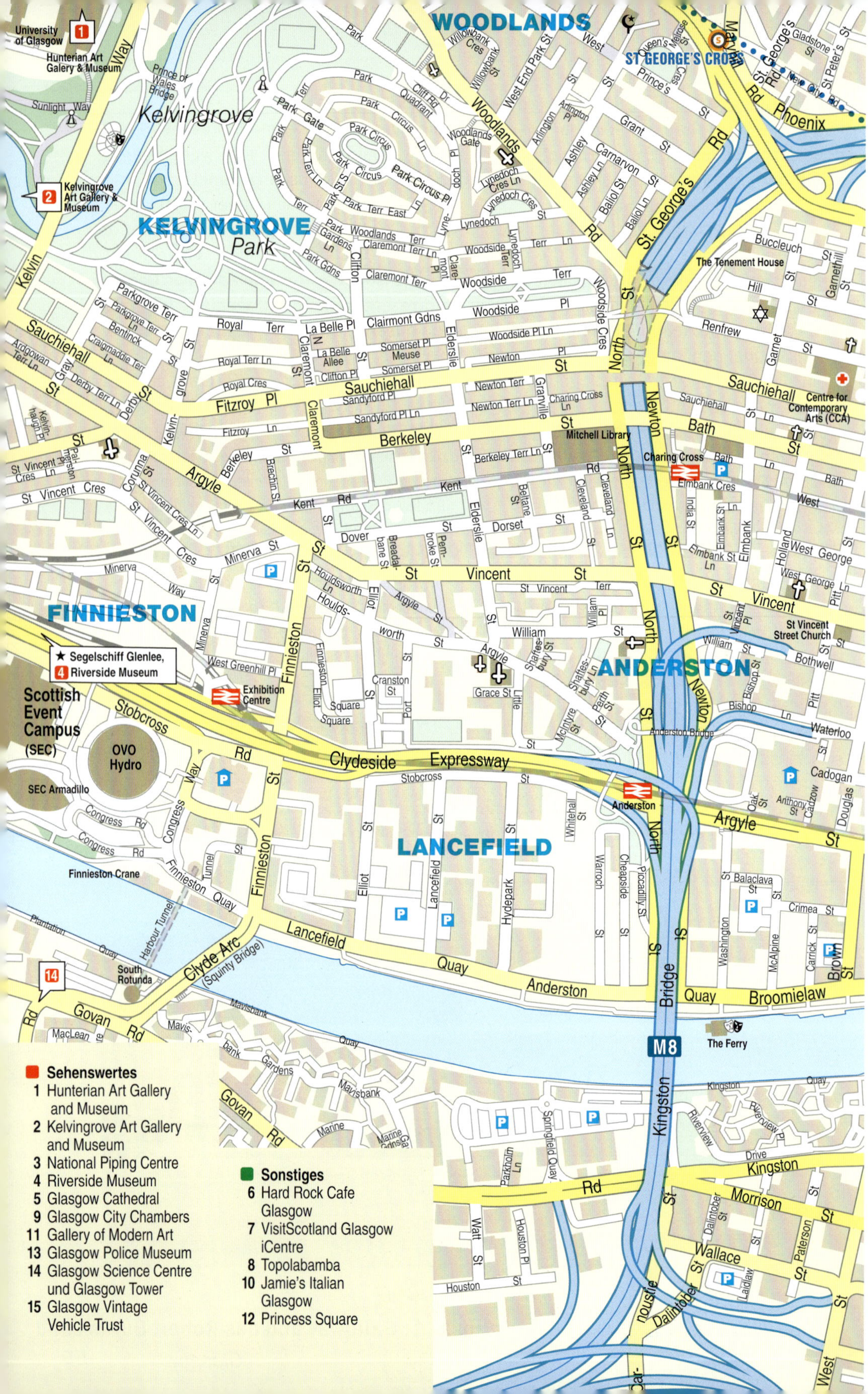

■ **Sehenswertes**
1 Hunterian Art Gallery and Museum
2 Kelvingrove Art Gallery and Museum
3 National Piping Centre
4 Riverside Museum
5 Glasgow Cathedral
9 Glasgow City Chambers
11 Gallery of Modern Art
13 Glasgow Police Museum
14 Glasgow Science Centre und Glasgow Tower
15 Glasgow Vintage Vehicle Trust

■ **Sonstiges**
6 Hard Rock Cafe Glasgow
7 VisitScotland Glasgow iCentre
8 Topolabamba
10 Jamie's Italian Glasgow
12 Princess Square

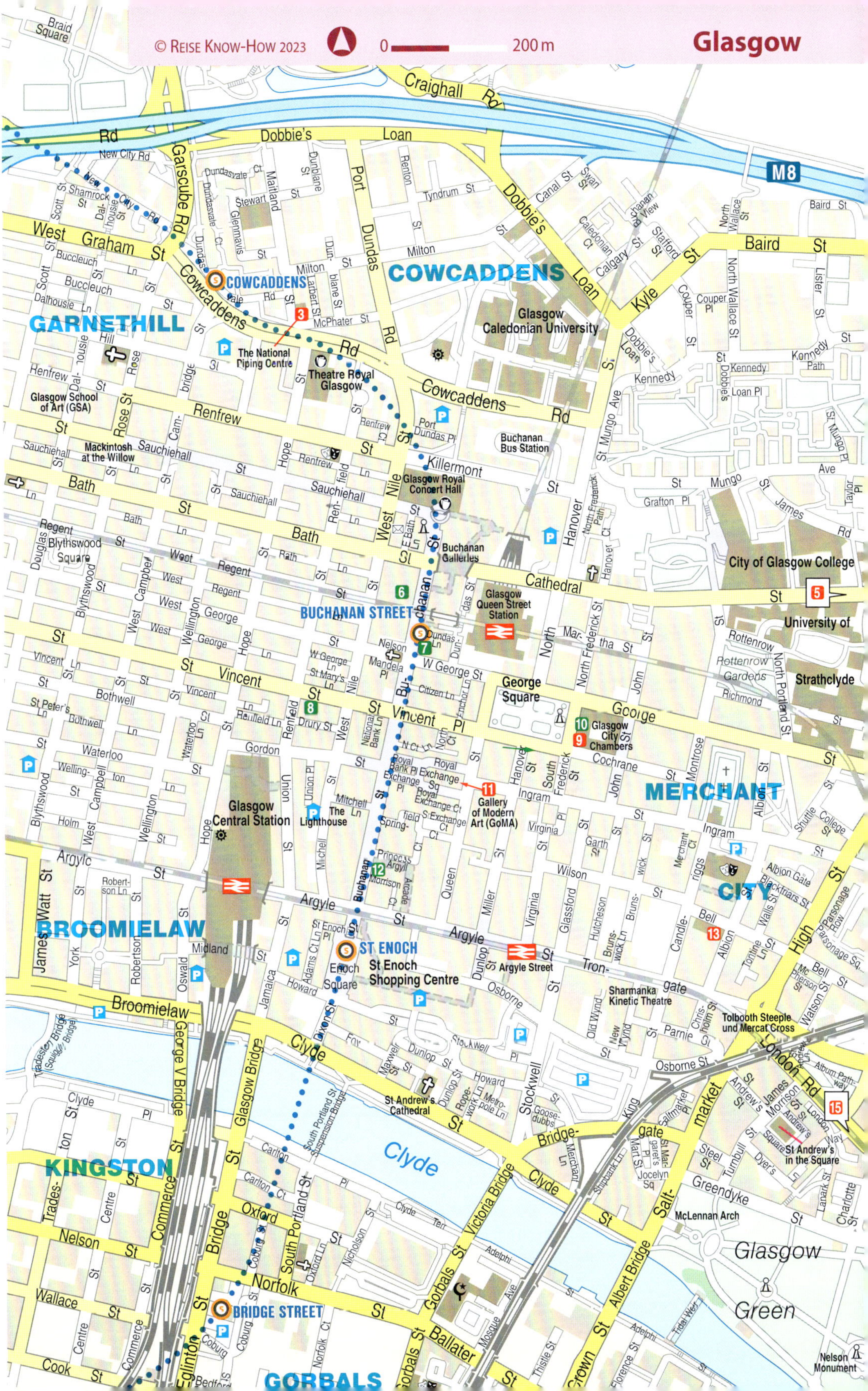

© Reise Know-How 2023
0
200 m
Glasgow
M8
COWCADDENS
GARNETHILL
BUCHANAN STREET
ST ENOCH
BRIDGE STREET
BROOMIELAW
KINGSTON
MERCHANT
CITY
GORBALS
The National Piping Centre
Theatre Royal Glasgow
Glasgow School of Art (GSA)
Mackintosh at the Willow
Glasgow Caledonian University
Buchanan Bus Station
Glasgow Royal Concert Hall
Buchanan Galleries
Glasgow Queen Street Station
City of Glasgow College
University of Strathclyde
George Square
Glasgow City Chambers
Gallery of Modern Art (GoMA)
Glasgow Central Station
The Lighthouse
St Enoch Shopping Centre
Argyle Street
Sharmanka Kinetic Theatre
Tolbooth Steeple und Mercat Cross
St Andrew's Cathedral
St Andrew's in the Square
McLennan Arch
Glasgow Green
Nelson Monument
Clyde

mierten Church of Scotland gehört, ist dem Stadtpatron St. Mungo gewidmet, dessen Grab sich in der Krypta befindet. Das Gotteshaus war ursprünglich Sitz der Erbischöfe von Glasgow, trägt den Titel Kathedrale heute aber nur noch ehrenhalber. Auch wenn die Kirche bereits 1197 geweiht wurde, ist nicht alles im Inneren historisch. So beherbergt St. Mungo's zum Beispiel eine der schönsten britischen Sammlungen an Buntglasfenstern der Nachkriegszeit.

› **Glasgow City Chambers,** George Square, Glasgow G2 1DU, www.glasgow.gov.uk, geöffnet: Mo.-Fr. 8.30-17 Uhr, kostenlose Führungen Mo.-Fr. 10.30 und 14.30 Uhr, Tickets erhält man 30 Minuten vor Beginn der Führungen am Information Desk nach dem Prinzip „first come - first served". Das eindrucksvolle Rathaus Glasgows überblickt den George Square, den nach King George III. benannten zentralen Platz der Stadt, der eine wichtige Sammlung an Statuen und Monumenten aufweist. Sie sind u. a. Robert Burns, James Watt, Sir Robert Peel und Sir Walter Scott (die 24 m hohe Säule in der Platzmitte) gewidmet. Die City Chambers gingen aus einem Architektenwettbewerb hervor, den der relativ unbekannte William Young gewann. Von 1883 bis 1888 wurde gebaut und am 22. August 1888 konnte das Rathaus von Queen Victoria eröffnet werden. Die erste Ratssitzung fand allerdings erst ein Jahr später statt. Wer ganz genau hinschaut, kann hoch oben über dem Eingang des Rathauses die Figuren „Truth", „Riches" und „Honour" von James Alexander Ewing (1843-1900) entdecken, wobei die Skultur „Truth" auch „Glasgow's Statue of Liberty" genannt wird, da sie ihrem Vorbild in New York (bis auf den Maßstab) sehr ähnlich sieht. Das nicht minder spannende Innere des Gebäudes kann auf geführten Touren besichtigt werden.

› **Glasgow Police Museum,** 30 Bell St, Glasgow G1 1LG, www.policemuseum.org.uk, geöffnet: Mo.-Sa. 10-16.30, So. 12-16.30 Uhr, Eintritt frei. Ein seltenes Thema für ein Museum und vielleicht deshalb so interessant. Es gibt Infos zu 100 Jahren Polizeigeschichte in Schottland. Berühmte Detectives und ihr spektakulärsten Fälle werden ebenso präsentiert wie Uniformen und Ausrüstungen von anno dazumal bis heute. Sehr kinderfreundlich und teilweise etwas skurril mit britischem Humor.

› **Glasgow Science Centre und Glasgow Tower,** 50 Pacific Quay, Glasgow G51 1EA, www.glasgowsciencecentre.org, geöffnet: Ende März-Ende Oktober tägl. 10-17, Anfang November-Ende März Mi.-Fr. 10-15, Sa., So. 10-17 Uhr., Eintritt Museum: Erwachsene ab £ 12,50, 3-15 Jahre ab £ 10,50, Planetarium, IMAX-Kino und Glasgow Tower kosten extra (Infos siehe Website). Sehr schön am Ufer und den alten Hafenanlagen des River Clyde gelegen ist der Glasgow Tower mit seinen 300 m Höhe schon von Weitem nicht zu übersehen. Das Science Centre, ein Wissenschafts- und Technologiemuseum mit interaktiven Ausstellungen, beherbergt außerdem ein Planetarium, ein IMAX-Kino und Cafés. Hier kann man problemlos den ganzen Tag verbringen.

› **Glasgow Vintage Vehicle Trust,** 76-136 Fordneuk St, Glasgow G40 3AH, www.gvvt.org, nur bei Events geöffnet (Termine siehe Website), Eintritt meist Erwachsene £ 5, Kinder £ 3, Familienticket £ 12. Der Verein kümmert sich in den alten Betriebshallen der Bridgeton Bus Garage liebvoll um Oldtimerbusse und Nutzfahrzeuge. Es gibt Veranstaltungen, Mitmachaktionen und Feste mit Livemusik.

› **Hunterian Art Gallery and Museum,** University of Glasgow, 82 Hillhead St, Glasgow G12 8QQ, www.gla.ac.uk/hunterian, geöffnet: So. 11-16, Di.-Sa. 10-17 Uhr, Eintritt frei, Sonderausstellungen: £ 6, Kinder £ 3. Das Hunterian ging aus der Sammlung des Anatomen William Hunter hervor und verteilt sich über mehrere Gebäude. Zu sehen sind nicht nur die große Kunstkollektion und der Skulpturengarten, sondern auch Ausstellungen zur Zoologie, Anatomie, Archäologie und Geologie, wissenschaftliche Instrumente und eine Münzsammlung sowie die Mackintosh Collection, die sich mit dem Architekten, Designer und Künstler Charles Rennie Mackintosh (1868-1928) beschäftigt.

› **Kelvingrove Art Gallery and Museum,** Argyle St, Glasgow G3 8AG, www.glasgowlife.org.uk/museums/venues/kelvingrove-art-gallery-and-museum, geöffnet: Mo.-Do., Sa. 10-17, Fr., So. 11-17 Uhr, Eintritt frei. Das Kelvingrove Art Gallery and Museum besitzt eine der größten städtischen Kunstkollektionen Europas. Zu sehen ist bedeutende europäische Kunst, z. B Werke schottischer Maler, französischer Impressionisten, aber auch der

Alten Meister. Zudem gibt es eine beeindruckende Sammlung an Waffen und Rüstungen und eine naturwissenschaftliche Ausstellung. Das Museum ist das meistbesuchte Museum des Vereinigten Königreichs außerhalb von London.

› **National Piping Centre,** 30–34 McPhater St, Glasgow G4 0HW, Tel. 0141 3535551, www.thepipingcentre.co.uk, geöffnet: Mo.–Do. 9–19, Fr. 9–17, Sa. 9–12 Uhr, Eintritt: £4,50, Kinder bis 15 Jahre £2,50. Hier widmet sich alles dem Thema Dudelsack. Lernen Sie den Unterschied zwischen Great Highland Bagpipes, schottischen Smallpipes oder irischen Uileann Pipes kennen. Das National Piping Centre ist eine echte Institution in Glasgow. Für das leibliche Wohl sorgt das Restaurant vor Ort.

› **Riverside Museum,** Pointhouse Place, Glasgow G3 8RS www.glasgowlife.org.uk/museums/venues/riverside-museum, geöffnet: Mo.–Do., Sa. 10–17, Fr., So. 11–17 Uhr, Eintritt frei. Das Riverside Museum beherbergt die Sammlung des Glasgow Museum of Transport. In einem architektonisch spannenden Gebäude der Stararchitektin Zaha Hadid begibt man sich auf eine interaktive Zeitreise durch die Verkehrsgeschichte Schottlands. Zu sehen sind unter anderem Automobile, Lokomotiven und einige der ersten Busse und Straßenbahnen des Landes.

Information

› **VisitScotland Glasgow iCentre,** 156a/158 Buchanan St, Glasgow G1 2LL, geöffnet: Mo.–Sa. 10–17 Uhr, Do. bis 20 Uhr, So. 11–17 Uhr, www.visitscotland.com, nur ca 250 m vom George Square entfernt

Gastronomie

› **Jamie's Italian Glasgow,** 7 George Square, Glasgow G2 1DY, Tel. 0141 4042690, www.jamieoliver.com/italian/, geöffnet: Mo.–Mi. 12–22, Do. bis 22.30, Fr./Sa. bis 23 und So. bis 21 Uhr. Filiale der Restaurantkette von Jamie Oliver, dem verrückten Koch aus Großbritannien. Unbedingt probieren, es lohnt sich. Frisches Essen, toller Service, sehr kinderfreundlich!

› **Hard Rock Cafe Glasgow,** 179 Buchanan St, Glasgow G1 2JZ, www.hardrock.com, So.–Do. 12–23, Fr., Sa. 11–24 Uhr. Es gibt sie immer noch, die Sammler der weltberühmten T-Shirts, sonst würden sie uns nicht in den Fußgängerzonen dieser Welt begegnen. Die Gerichte im Restaurant sind qualitativ hochwertig, ab £3 gibt es Starter, die Burger und Salate beginnen bei £8.

› **Topolabamba,** 89 St Vincent St, Glasgow G2 5TF, www.topolabamba.com, So.–Do. 12–23, Fr., Sa. 12–24 Uhr. Kein normales Tex-Mex, sondern mexikanische Küche mit Pep. Große Auswahl an Tacos, Taquitos, Quesadillas, Burritos, Salaten etc. Alles frisch zubereitet und mit guter Laune serviert. Tolle Cocktails, auch ohne Alkohol. Zur Happy Hour von 16 bis 18 Uhr gibt es den Taco, ebenfalls frisch zubereitet, für £1! Sehr freundliche und fröhliche Bedienungen. Zu empfehlen auch mit Familie, Hund und für Liebhaber der vegetarischen Küche.

Metropole der Fußball-Kathedralen

Glasgow besitzt drei Fußballstadien. Der ***Hampden Park,*** *der 1867 eröffnet wurde, gilt als das älteste Fußballstadion der Welt und war lange Zeit auch das größte. Dem Länderspiel Schottland gegen England wohnten am 17. April 1937 149.547 Zuschauer bei! 1962 verlor Eintracht Frankfurt gegen Real Madrid das Endspiel im Europapokal immerhin noch vor 127.000 Zuschauern. Heute bietet das Stadion für die Heimspiele des FC Queen's Park noch 51.866 Sitzplätze. Im* ***Celtic Park*** *(60.832 Plätze, eröffnet 1892) trägt Celtic Glasgow seine Spiele aus und im* ***Ibrox Stadium*** *(50.817 Plätze, eröffnet 1899) spielen die Glasgow Rangers.*

Für Fußball- oder Sportinteressierte bietet jeder dieser Sporttempel eine ***Stadiontour*** *an. Zunächst ist man erstaunt, dass es keine Zäune vor den Zuschauertribünen gibt, lediglich die Fangnetze hinter den Toren. Trotz aller Euphorie der Fans geht es hier sehr diszipliniert zu, selbst bei den berühmten Stadtduellen zwischen Celtic und den Rangers!*
Unter www.hampdenpark.co.uk, www.celticfc.net und www.rangers.co.uk findet man alle Informationen zu Tickets oder Stadionführungen.

Einkaufen

› **Princess Square,** 48 Buchanan St, www.princessquare.co.uk, geöffnet: Mo.–So. Das vierstöckige Gebäude aus dem Jahr 1841 ist mit seiner Architektur und Ausstattung unbedingt einen Besuch wert! Die Mischung aus 25 Geschäften und vielen Restaurants, Bars und Cafes in Verbindung mit den langen Öffnungszeiten der Gastronomie bis 23 Uhr machen es besonders attraktiv für einen Bummel.

7 Red Deer Village Holiday Park

GPS 55.88523, -4.14389

Wohnmobilstellplatz in einem stadtnahen Holiday Village. Sehr ruhig gelegen, Grillmöglichkeit. Große asphaltierte Buchten mit eigener Grünfläche und erstklassige Sanitäranlagen, S-Bahnhof nur 5 Minuten Fußweg entfernt. Für zwei Erwachsene kostet das Returnticket £ 4 (15 Minuten bis ins Zentrum von Glasgow). **Lage/Anfahrt:** ruhig auf einer Anhöhe abseits vom Verkehr. Einspurige Einfahrt, die sich gut befahren lässt, dann Auffahrt zur 2. Ebene; **Platzanzahl:** 30; **Untergrund:** Asphalt, Wiese; fest; **Service:** Strom, Trinkwasser, Abwasser, Chemie-WC, WiFi; **Sicherheit:** umzäunt, beleuchtet; **Preise:** ab £ 28 inkl. 2 Personen und WiFi, Strom £ 8,95; **Max. Stand:** unbegrenzt; **Geöffnet:** ganzjährig; **Kontakt:** 1 Stepps Road, Glasgow G33 6FQ, Tel. 0141 7794159 (Rezeption bis 20 Uhr), www.reddeervillageholidaypark.co.uk

036ws©Torsten Berning

6 Strathclyde Country Park Caravan Club Site

GPS 55.80392, -4.0466

Als Motorhome Club Site angelegter Platz. Etwas außerhalb an der Umgehungsstraße an einem See gelegen. **Lage/Anfahrt:** etwas weiter außerhalb direkt an einer Bundesstraße und in Autobahnnähe. Gute Anfahrt über Autobahn und Bundesstraße. Freizeitgelände mit ausgebauten Wegen; **Platzanzahl:** 107; **Untergrund:** Asphalt, Rasengittersteine, Wiese; fester Untergrund; **Service:** Strom, Trinkwasser, Abwasser, Chemie-WC, WiFi; **Sicherheit:** umzäunt, beleuchtet; **Preise:** ab £ 23 inkl. 2 Personen und aller Kosten; **Max. Stand:** unbegrenzt; **Geöffnet:** ganzjährig; **Kontakt:** Bothwellhaugh Road, Bothwell, Glasgow G71 8NY, Tel. 01698-853300, www.caravanclub.co.uk, Rezeption bis 19 Uhr

In Glasgow endet die erste Route der Schottland-Tour, die in nördlicher Richtung mit der Einfahrt in die Midlands ihre Fortsetzung findet (s. S. 61).

ROUTE 2

DIE GIPFEL DER MIDLANDS

037ws©VisitBritain/Joe Cornish

1 cm = 7,5 km
© Reise Know-How 2023
Amisdale
Cluanie Inn
Dalreichart
Dundreggan
Whitebridge
Armadale
Airor
Knoydart
Inverie
Kinloch Hourn
Loch Cluanie
Loch Quoich
Point of Sleat
Loch Nevis
Sound of Sleat
Ardochy Ho
Coille Mhorgil
Loch Garry
Mallaig
Bracorina
Morar
Murlaggan
Traigh Ho
Ardechive
Loch Lochy
Loch Arkaig
Arisaig
Rubh' Arisaig
Bunarkaig
Sound of Arisaig
Glenfinnan
Spean Bridge
Roybridge
Inverailort
Glenuig
Moidart
Drumsallie
Corpach
Caledonian Canal
Loch Eil
Neptun's Staircase
Monessie Falls
Fersit
Ben Alder Lodge
Loch Shiel
Kentra
Fort William
Aryhoulan
Ben Nevis
1343
Loch Treig
Ben Alder
1148
Loch Ericht
Salen
Ardslignish
Strontian
Corran
Inchree
Onich
Loch Leven
Kinlochleven
Loch Sunart
Liddesdale
Ballachulish
Drimnin
Kilmalieu
Loch Linnhe
Kentallen
Altnafeadh
Blackwater Reservoir
Rannoch Station
Kilichonan
Loch Rannoch
Fiunary
Larachbeg
Lochaline
Castle Stalker
Portnacroish
Elleric
Dalness
Sound of Mull
Garmony
North Shian
Druimavuic
Guatachulain
Loch Tulla
Gruline
MULL
Craignure
Achnacroish
Lismore
Loch Etive
Black Mount
Bridge of Orchy
Loch Lyon
Loch Bà
Connel
Bonawe
Uluvalt
Kerrera
Oban
Ben Cruachan
1126
Taynuilt
Drishaig
Tyndrum
Killin
Falls of Dochart
Croggan
Lochbuie
Cleigh
Dalmally
Arches
Firth of Lorn
Kilninver
Annat
Crianlarich
Ardchyle
Lochearnhead
Seil
Belvicar
Gladich
Falls of Falloch
Loch Avich
Inverarnan
Loch Lomond
Strathyre
Luing
Dalavich
Inveraray Castle
Toberonochy
Arduaine
Loch Awe
Inveraray
Cairn
Stronachlachar
National Park
Loch Lubnaig
Scarba
Brig o' Turk
Loch Katrine
Trossachs
Aird
Ford
Furnace
Strachur
Ardgoil
Arrochar
Tarbet
Kinauchdrachd
Kilmartin
Loch Goil
Loch Ard
Aberfoyle
Thornhill
Crinan
Argyll
Newton
Invernoaden
Carrick
Loch Long
Luss
Cashell
Ardlussa
Lochgair
Lochgilphead
Cowal
Loch Eck
Garelochhead
Loch Lomond
Drymen
Arnprior
Ardentinny
Younger Botanic G.
Balfron
Ardrishaig
Otter Ferry
Kilmun
Kilcreggan
Gartocham
Killearn
Fintry
Keillmore
Loch Fyne
578
Auchenbreck
Helensburgh
Alexandria
Blanefield
Lenoxtown
Sound of Jura
Lagg
Achahoish
Tighnabruaich
Dunoon
Gourock
Dumbarton
Milngavie
Kirkintilloch
Colintraive
Greenock
Port Glasgow
Kilberry Stones
Tarbert
Port Bannatyne
Inverkip
Clydebank
Portavadie
Innellan
Firth of Clyde
Kilberry
Kennacraig
Bute
Rothesay
Wemyss Bay
Kilmacolm
Houston
St. Mungo's Cathedral
Skipness
Johnstone
Paisley
Largs
Lochwinnoch
GLASGOW
Gigha I.
Clachan
Claonaig
Sound of Bute
Millport
Barrhead
Kingarth
Lochranza
Fairlie
Kilbirnie
Beith
Lugton
Newton Mearns
East Kilbride
Ardminish
Hunterston
Dalry
Tayinloan
Grogport
Pirnmill
Corrie
West Kilbride
Stewarton
Kilwinning
Carradale
High Dougarie
Ardrossan
Ferrwick
Strathaven
Glenbarr
Saltcoats
Stevenston
Grampian
Inverness
Aberdeen
SCHOTTLAND
Perth
Dundee
Glasgow
Edinburgh
Ayr
NORDIRLAND
Belfast
Carlisle
Newcastle
Sunderland
ENGLAND

169ws©Gary Ellis Photography, stock.adobe.com

ROUTENÜBERSICHT

Direkt nach Verlassen der Metropolregion Glasgow geht es übergangslos vom Loch Lomond & the Trossachs National Park zu den Grampian Mountains, die sich bis an die südliche Spitze der Speyside erstrecken. Die Gipfelhöhen würden jedem Alpenbewohner nur ein müdes Lächeln entlocken, für das United Kingdom ist der Ben Nevis mit seinen 1345 Metern aber der höchste Berg und sein Anblick für Urlauber aus Cornwall das Höchste der Gefühle!

Die Ausläufer des Loch Fyne führen nach Inveraray und weiter nach Oban an die Ufer des Firth of Lorn. Ein Stück oberhalb sieht man bei Fort William wie das Loch Linnhe und das Loch Lochy durch Neptune's Staircase miteinander verbunden werden. Von dort führt die traumhafte Route der A830 durch das Tal zu Füßen des 964 m hohen Sgurr Thuilm und vorbei am Glenfinnan Monument. Der Glenfinnan Viaduct, über den in den Verfilmungen der Harry-Potter-Romane der Hogwarts Express zur Zauberschule fährt, lockt die Touristen an. Doch nur wenige Kilometer entfernt, am kleinen Campingplatz von Arisaig, hat die schottische Welt wieder ihren Frieden gefunden, denn am Ende in der Sackgasse wartet nur die Fähre von Mallaig zur Isle of Skye.

Strecke

Glasgow (s. S. 54) – **Loch Lomond, Luss** (46 km, s. S. 64) – **Inveraray** (49 km, s. S. 66) – **Oban** (61 km, s. S. 69) – **Abstecher Glencoe und Rannoch Moor** (28 km, s. S. 71) – **Fort William** (72 km, s. S. 72) – **Abstecher Ben Nevis** (25 km, s. S. 73) – **Mallaig** (72 km, s. S. 76)

Streckenlänge

ohne Abstecher 303 km
mit Abstecher 356 km

Grandioser Blick über das beeindruckende Loch Lomond (s. S. 64)

Kapitelstartseite: Der Ben Nevis, Großbritanniens höchster Gipfel

Über die Autobahn M8 und die A82 hat man den Großstadtdschungel von Glasgow schnell hinter sich gelassen. Bereits wenige Kilometer dahinter eröffnet sich einem das Grün des **Loch Lomond & The Trossachs National Park.** Auf dem Gebiet des Königreichs Großbritannien und Nordirland gibt es 14 Nationalparks, von denen sich nur zwei in Schottland befinden. (Der zweite ist der Cairngorms National Park.) Der Loch Lomond & The Trossachs National Park mit seinen grandiosen Berg-, See- und Waldlandschaften bietet eine ausgezeichnete Infrastruktur zum Wandern, Bergsteigen, Mountainbiken, Reiten, Golfen, Schwimmen, Kanufahrten etc. Prinzessin Anne eröffnete ihn am 24. Juli 2002. Der Nationalpark unterteilt sich geografisch in **vier Regionen:** Loch Lomond, die Trossachs, Breadalbane und Argyll Forest. Mit 71 km² ist das **Loch Lomond** der größte See Schottlands. Längs des gesamten Westufers führt die A82 von Balloch an der Südspitze nach Ardlui im Norden. Der See liegt eingebettet in die südlichen Ausläufer der Highlands.

Der Loch Lomond and the Trossachs National Park ist ein gewichtiger Faktor für den Tourismus in Schottland, da die Mehrheit der Touristen die landschaftliche Schönheit als Hauptgrund für ihren Besuch angibt. Die **Trossachs** sind eine ganz besondere Gegend. Man nennt sie auch „Highlands in Miniatur", ein romantisches Gebiet, das sich östlich von Loch Lomond und westlich von Stirling erstreckt, mit Seen, Wäldern, zerklüfteten Hügeln und hübschen Orten, in denen Gastfreundschft groß geschrieben wird. Auch Sir Walter Scott besuchte diese Gegend regelmäßig und in seiner Begeisterung schrieb er 1810 sein berühmtes Gedicht „Das Fräulein vom See". So wurde ein Mädchen von hier sein erster internationaler Bestseller!

Im Visitor Centre erhält man kostenlose Wandervorschläge, Informationen zu geführten Wanderungen, Touren mit einem Parkranger oder auch eine Übersicht zu speziellen Kinderprogrammen. Wer eine Wanderung durch die unberührte Natur des Nationalparks unternimmt, wird übrigens schnell feststellen, dass selbst die sanftesten Hügel zu einer echten Herausforderung werden können, denn die nahen Strömungen des Atlantiks bewirken oft unberechenbare **Wetterumschwünge,** wie man sie sonst nur von Hochgebirgen kennt. Deshalb sollte man sich auch in Schottland niemals überschätzen und mit der nötigen Vorbereitung auf Tour gehen!

P **8 VisitScotland Balloch iCentre,** GPS 56.003423, -4.5834521, Old Station Building, Balloch Rd, Balloch G83 8LQ, geöffnet: 9.30–16 Uhr

9 Wanderparkplatz am Ben Aán, GPS 56.23227, -4.40598. In den Trossachs nahe Loch Lomond stellt man das Wohnmobil auf diesem Wanderparkplatz am Ben Aán an der A821 ab und begibt sich zu Fuß auf den teils sehr steilen Aufstieg zum Gipfel. Nach ca. einer Stunde wird man mit einer großartigen Aussicht belohnt. Die Wanderung ist auch für lauffreudige Hunde gut geeignet.

LOCH LOMOND, LUSS

(46 km – km 46)

Von Glasgow aus erreicht man das Örtchen **Luss** über die A82. Es liegt auf einer Landzunge im See und hat eine große *picknick area* mit Holztischen und Bänken sowie Grillplätzen. Vervollständigt wird das Angebot durch ein Café und eine Tankstelle. An manchen Tagen stehen hier reihenweise Reisebusse!

Am Schiffsanleger kann man mit der Luss Explorer einen **Bootstrip über das Loch Lomond** unternehmen. Eine Rundfahrt mit mehreren Stationen dauert ab zwei Stunden und kostet £ 13 für Erwachsene, £ 9 für Kinder oder £ 42 für eine Familienkarte. Vom See aus hat man einen wunderschönen Blick in die Natur und kann mit ein bisschen Glück auch einen Adler entdecken! Eine der Seeinseln beherbergt sogar Wallabies, eine kleine Art von Kängurus, die das Britische Königshaus als Gastgeschenk aus Australien bekam. Sie haben sich der Witterung angepasst und sind vom Wasser aus gut zu sehen.

› Weitere Infos: www.cruiselochlomond.co.uk

Direkt mit Seeblick kann man wenige Kilometer weiter am **Luss Camping & Caravanning Club** 8 stehen. Er bietet schöne Stellplätze bis an die Seelinie, allerdings lässt sich die Geräuschkulisse des nahen Verkehrs nicht leugnen. Die Campsite ist etwas in die Jahre gekommen, aber immer gut gebucht und nicht gerade günstig. Alternativ kann man 25 km weiter, gleich nach dem Abzweig auf die A83 (Richtung des nächsten Routenziels Inveraray), die **Glen Loin House Camp Site** 9 am Ende des Loch Long ansteuern.

8 Luss Camping & Caravanning Club

GPS 56.10524, -4.63863

Stellplätze direkt an der Seelinie. **Lage/Anfahrt:** direkt auf einer Landzunge an der A82; großzügige asphaltierte Zufahrt; **Platzanzahl:** 15; **Untergrund:** Wiese, fester Untergrund; **Service:** Strom, Trinkwasser, Abwasser, Chemie-WC; **Sicherheit:** umzäunt; **Preise:** ab £ 29 inkl. 2 Personen und Strom; **Max. Stand:** unbegrenzt; **Geöffnet:** ganzjährig; **Kontakt:** Luss, Loch Lomond, Alexandria G83 8PG, Tel. 01436 860658, www.lusscampsite.co.uk, Rezeption Mo.–Fr. 8–17.30 Uhr, Sa./So. 9–13 Uhr

Entspannung pur: eine Bootsfahrt über das Loch Lomond

9 Glen Loin House Camp Site

GPS 56.20658, -4.74426

Kleine Campsite mit extra ausgewiesenen Wohnmobilstellplätzen, schön am Ende des Loch Long gelegen, Tankstelle vor Ort. Ganz einfacher Platz für eine Übernachtung. **Lage/Anfahrt:** direkt auf einer Landzunge an der A82; großzügige asphaltierte Zufahrt; **Platzanzahl:** 15; **Untergrund:** Wiese; fest; **Service:** Strom, Trinkwasser, Abwasser, Chemie-WC; **Sicherheit:** umzäunt; **Preise:** ab £ 11/Fahrz. inkl. 2 Personen und Ver- und Entsorgung, ohne Strom; **Max. Stand:** unbegrenzt; **Geöffnet:** ganzjährig; **Kontakt:** Glenloin House, Arrochar G83 7AJ, Tel. 01301 702239, Rezeption an der Tankstelle Mo.–So. 8–18 Uhr

INVERARAY

(49 km – km 95)

Inveraray wird im Westen von den Trossachs, im Osten vom **Argyll Forest** und im Norden vom Tal **Glencoe** (s. S. 71) eingerahmt. Vom Stellplatz Glen Loin House Camp Site 9 geht die Panoramafahrt zunächst entlang der A83 nach Inveraray. Unterwegs sollte man den ein oder anderen Fotostopp einlegen.

Recht hübsch anzusehen sind die weißen Häuser entlang der Seefront am **Loch Fyne,** die sich in der Hauptstraße von Inveraray mit Geschäften, Pub und Café fortsetzen. Das 500-Seelen-Dorf wirkt viel größer, endet aber mit den drei Straßen zur Durchfahrt. Es gibt das alte Gerichtsgebäude **Inveraray Jail** mit Gefängniszellen aus drei Epochen, am Pier den alten Segler „Artic Penguin“, in dem das **Maritime Museum** untergebracht ist, und 2,5 km vor dem Ort das **Inveraray Castle.** 1743 ließ der dritte **Duke of Argyll** das alte Fischerdorf nämlich kurzerhand niederreißen und beauftragte den Architekten Roger Morris damit, die heutige Dorfstruktur mit den weißen Häusern und das hochherrschaftliche Schloss in einem Zug neu zu bauen. In dem prachtvollen Palast residiert heute der zwölfte Duke of Argyll, das Oberhaupt des Campbell-Clans.

Die schönen Parkplätze verlocken zu einer Übernachtung, aber leider ist dies nicht erlaubt. Stattdessen sollte man den 3 km südlich gelegenen **Argyll Caravan Park** 10 ansteuern, der einen tollen Panoramablick über das Loch Fyne bietet.

Unbedingt merken: Im Juli finden hier die **Highland Games** statt, die Traditionsveranstaltung schlechthin. Man misst sich im Baumstammwerfen, Seilziehen, Steinstoßen, Hammerwerfen und Dudelsackspielen und die Mädchen tanzen den Highland Fling. Bei diesem Tanz liegen gekreuzte Schwerter auf dem Boden, die nicht berührt werden dürfen. Das Ganze wird von Schiedsrichtern beäugt und bewertet. Die Spiele sind ein großer Spaß für das Publikum und König Malcom soll sie vor rund 1000 Jahren als sportliche Ertüchtigung für seine Leute ersonnen haben. Sie finden zwischen Mai und September in ganz Schottland statt.

040ws©VisitBritain/Andrew Pickett

⑩ Argyll Caravan Park

GPS 56.20225, -5.1093

Weitläufiger Platz mit Blick auf das Loch Fyne. Großzügige Plätze, Grillmöglichkeiten, landschaftlich sehr schön und ruhig. Spielplatz und Schlechtwetterzone mit kostenlosen Freizeitaktivitäten wie Billard etc. **Lage/Anfahrt:** an der A83 südlich von Inveraray; asphaltierte, einspurige Wege ohne jede Beschränkung; **Platzanzahl:** 60; **Untergrund:** Asphalt, Schotter, Wiese; fest; **Service:** Strom, Trinkwasser, Abwasser, Chemie-WC, WiFi; **Sicherheit:** umzäunt, beleuchtet; **Preise:** £ 29 inkl. 2 Personen und Strom, Ver- und Entsorgung, Duschen etc.; **Max. Stand:** unbegrenzt; **Geöffnet:** ganzjährig; **Kontakt:** Inveraray PA32 8XT, Tel. 01499 302285, www.argyllcaravanpark.com, Rezeption an der Einfahrt, Zufahrt bis 22 Uhr

Sehenswertes

- **Inveraray Castle,** PA32 8XE, Tel. 01499 302203, www.inveraray-castle.com, geöffnet: April–Oktober täglich 10–17 Uhr, Eintritt erw. £ 16, Familien £ 47, Parkgebühr £ 5. Es besteht die Möglichkeit, nur das Café oder den Souvenir Shop zu besuchen.
- **Inveraray Jail,** PA32 8TX, Tel. 01499 302381, www.inverarayjail.co.uk, geöffnet: April–Oktober täglich 9.30–18 Uhr, November–März 10–17 Uhr, Eintritt Erw. £ 13,50, Kinder £ 8,25. Hier werden die sich wandelnden Haftbedingungen einer humaner werdenden Gesellschaft im Lauf der Jahrhunderte dokumentiert.
- **Heritage Maritime Museum,** PA32 8UY, Tel. 01499 302213, geöffnet: April–Oktober täglich 10–17 Uhr, Eintritt Erw. £ 5, Kinder £ 2,50. Im alten Segelschiff „Arctic Penguin" wird die Geschichte der Seefahrt präsentiert.

Information

- **VisitScotland Inveraray iCentre,** Front St E, Inveraray PA32 8UY, Tel. 01499 302063, www.visitscotland.com

Gastronomie

- **The George,** 1 Main Street, unmittelbar am Kreisel der Durchgangsstraße, Tel. 01499 302111, www.thegeorgehotel.co.uk, geöffnet: täglich 12–21 Uhr. Das urige The George aus dem Jahre 1777 ist Hotel, Restaurant und Pub in einem. Pub und Restaurant sind getrennte Teile, Hunde dürfen in den Pub. Gute Küche von Pub Food bis zum mehrgängigen Menü mit schottischen Gerichten. Die Fish & Chips sind zu empfehlen, die Außenterrasse ebenfalls.

5 km südlich vom Agryll Caravan Park befindet sich das **Auchindrain Township,** ein Museumsdorf mit alten Highland-Höfen. In diesem authentischen Highland-Dorf bekommt man eine Ahnung davon, wie beschwerlich früher das Leben in den Highlands war.

◁ *Tänzerinnen und Dudelsackspieler vor der Kulisse des Inveraray Castle*

P 10 Auchindrain Township, GPS 56.179378, -5.176189, Inveraray, Argyll PA32 8WD, Tel. 01499 500235, www.auchindrain.org.uk, geöffnet: 1. März–31. Oktober tägl. 10–17 Uhr, Eintritt: £3 für Erwachsene, £2 für Kinder. Da die Straße recht befahren ist, sollte man nicht mit dem Fahrrad vom Caravan Park aus fahren!

P 11 Parkplatz Dunardy Bridge, GPS 56.06228, -5.50001, direkt an der B841 von Cairnbaan nach Crinan, breite *single track road* mit großen Ausweichbuchten. Ruhig gelegener Picknick-Parkplatz am Crinan Canal mit der Möglichkeit, Müll zu entsorgen. Sonst keine Ver- und Entsorgung. Übernachtung kostenlos, max. Stand: 1 Nacht.

Für die **Weiterfahrt** nach Oban gibt es **nun zwei Möglichkeiten.** Auf der **südlichen Route** folgt man zunächst weiter der A83 bis Lochgilphead und biegt dann rechts auf die A816 ab. Zwei Kilometer weiter beginnt in Cairnbaan ein kleines Abenteuer entlang des **Crinan Canals.** Man fährt auf die B841 und folgt ihr über eine Brücke auf die *single track road* entlang des Verbindungskanals.

Der etwa 14 km (9 Meilen) lange Kanal durchschneidet Knapdale nördlich der Halbinsel Kintyre und verbindet den Jura-Sund im Westen mit Loch Gilp, einem kleinen Nebenarm des Firth of Clyde, im Osten. Der Kanal beginnt im Osten im Ort Ardrishaig und verläuft zunächst parallel zum Meer nach Norden. Danach zweigt er nach Nordwesten, passiert bei Cairnbaan den höchsten Punkt und endet nahe dem namensgebenden Dorf Crinan. Die Höhendifferenz wird durch insgesamt 15 Schleusen überwunden. In der Mitte, an der Schleuse bei **Dunardy Bridge,** gibt es einen wunderschönen, befestigten Parkplatz. Hier kann man ein ausgedehntes Picknick machen oder eine ruhige Nacht verbringen. Am Abend machen auch Boote fest und die Kapitäne der Land- und Wasserwege kommen schnell ins Gespräch! Wunderbar kann man mit dem Fahrrad bis nach Crinan fahren oder mit dem Hund nach Herzenslust spazierengehen.

Ein lohnenswerter Fotostopp: der Blick auf Kilchurn Castle *(s. S. 69)*

Einen Kilometer hinter dem Picknick-Parkplatz geht es rechts über die Bellanoch Bridge auf die B8025. Hier sieht man schon auf einen Kilometer Entfernung, ob einem jemand entgegenkommt! An der Strecke ist ein Parkplatz der **Moine Mhor National Nature Reserve.** Wenn man den Motor abschaltet und aussteigt, wird man nichts hören als die Geräusche der Natur. Einige Besucher bezeichneten es als stillsten Ort der Welt!

Kurz darauf kommt man wieder auf die A816, die auf direktem Weg nach Oban führt. Allerdings sollte man sich noch zu einem Stop in **Kilmartin** entschließen, denn hier gibt es eine Kirche und das Heimatmuseum von Kilmartin zu sehen, in dem zeitgenössische Exponate das Leben und Arbeiten der Menschen in verschiedenen Epochen verdeutlichen (geöffnet täglich 10–17 Uhr, Eintritt £6, Kinder £3). In der Kirche, die erstmals 1323 erwähnt wurde, gibt es ein altes Keltenkreuz und Grabplatten, die alle zwischen 600 und 800 Jahre alt sind. Ein mystischer Ort mit ungewohnten Eindrücken aus einer Welt vor unserer Zeit. Der Blick vom Friedhof und der Kirche in das Tal ist wunderschön. Die Gletscher der Eiszeit schnitzten es vor über 11.000 Jahren in die Landschaft von Argyll. Ein breiter Fluss, der sich aus dem nahen Loch Awe ins Meer von Crinan ergoss, sorgte für den Feinschliff. Sie bereiteten den Boden für menschliche Kulturen lange vor unserer Zeitrechnung. Parken kann man bequem im Ort rechts vor dem Gemeindehaus. Der Parkplatz ist ausgeschildert und bei der Größe des Ortes (100 Einwohner) nicht zu verfehlen.

P 12 Parkplatz Kilmartin, GPS 56.132952, -5.485430

041ws©British Tourist Authority/Dennis Hardley

Für die **Nordroute nach Oban** verlässt man Inveraray am Ortsausgang links auf die A819. Die nächsten 25 Kilometer kann man einfach nur genießen, einsame Täler und Wälder sind die Begleiter. Bevor man auf Höhe des alten Cladich House ankommt, lichtet sich der Wald und der Blick öffnet sich auf Loch Awe und **Kilchurn Castle.** Einzige Gelegenheit für einen Fotostopp ist der kleine Parkplatz auf der linken Fahrbahnseite. Kurz darauf kommt man an die Kreuzung mit der A85. Der eigentliche Parkplatz für Kilchurn Castle wäre eigentlich linker Hand Richtung Oban, ist aber für Wohnmobile zu unbefestigt! Hier empfiehlt es sich, rechts abzubiegen und den Parkplatz am Dalmally Golf Club zu nehmen. Von hier kann man am Golfplatz entlanggehen und dann den Weg zur Burg nehmen.

Die Ruine von Kilchurn Castle ist ein begehrtes Fotomotiv. Die Besichtigung ist kostenlos und vom 1. April bis 30. September von 9.30 bis 17.30 Uhr und den ganzen Oktober von 10 bis 16 Uhr möglich. Zur Weiterfahrt nach Oban folgt man dann 40 km der A85.

OBAN

(64 km – km 159)

Im Gälischen heißt es der Ort t-Òban, was so viel bedeutet wie „kleine Bucht". Die Stadt hat 8500 Einwohner. Die kleine Insel Kerrera ist vorgelagert, sodass Oban sich durch eine sehr geschützte Lage auszeichnet.

Bis ins 19. Jahrhundert hinein war Oban ein kleines Fischerdorf. Mit der Ära der Dampfschiffe und dem Anschluss an die Eisenbahn der West Highland Line 1880 wuchs der Ort zum Zentrum der Westküste und zum **Hauptfährhafen für die Inneren und Äußeren Hebriden.** Es gibt unter anderem Verbindungen zu den Inseln Mull, Colonsay, Coll, Tiree, Barra und South Uist.

Die **Meeresbuchten** rund um Oban mit ihren **Granitfelsen** ziehen viele Touristen und Tiefseeangler an. „One of the finest spots we have seen", nannte Königin Victoria die Stadt 1847 – vielleicht ein wenig dick aufgetragen!

Oban ist Sitz des römisch-katholischen **Bistums Argyll and the Isles** und die 3600 Kilometer lange **Transatlantische Telefonlei-**

tung zwischen Oban und Clarenville in Neufundland wurde am 25. September 1956 in Betrieb genommen.

Der **McCaig's Tower** oberhalb der Stadt ist ein nicht fertiggestellter Nachbau des Kolosseums in Rom. Der ortsansässige Bankier John Stuart McCaig ließ das Monument 1897 bauen, um die einheimischen Arbeiter während der arbeitsarmen Wintermonate zu beschäftigen und seiner Familie ein Denkmal zu setzen. Der geplante Turm im Inneren des Bauwerks wurde nie fertiggestellt, da alle Mitglieder der Familie bis 1904 starben oder verarmten. Seit einigen Jahren ist der Innenraum als Parkanlage hergerichtet und die Aussichtsplattform kann bestiegen werden.

In Oban selbst kann man gemütlich an der Promenade spazierengehen und ein Eis essen, während man das Meer beobachtet.

⑪ Oban Caravan & Camping Park

GPS 56.38885, -5.5175

Übersichtlicher, einfacher Campingplatz in erhöhter Lage mit schöner Aussicht. Kleiner Shop vorhanden. **Lage/Anfahrt:** außerhalb des Orts der Straße Richtung Fähre folgen. Auf keinen Fall die Straße von der anderen Seite aus nehmen! *Single track road* mit Verkehr, bitte langsam fahren. Sehr steile Zufahrt zur Rezeption, am besten ohne Halt in einem Zug nach oben fahren. **Platzanzahl:** 60; **Untergrund:** Asphalt, Schotter; **Service:** Strom, Trinkwasser, Abwasser, Chemie-WC, WiFi; **Sicherheit:** umzäunt; **Preise:** £30 inkl. 2 Pers., Strom, Dusche, Ver- und Entsorgung, weitere Pers £2,50; **Max. Stand:** unbegrenzt; **Geöffnet:** April-Oktober; **Kontakt:** Gallanach Road, Oban PA34 4QH, Tel. 01631 562425, www.obancaravanpark.com, Einfahrt 12-20 Uhr

047ws©Torsten Berning

Gastronomie

Durch die Meeresnähe ist Oban natürlich auf Meeresfrüchte und Fisch spezialisiert. Ob von den einheimischen Fischern beim Hochseeangeln gefangen oder Meeresfrüchte aus den Netzen an der Küste – in Obans Restaurants kommt nur das Frischeste auf die Teller. Mehrfach preisgekrönt und kaum zu übersehen ist das **Restaurant Ee-Usk** direkt am Hafen. Die außergewöhnlichen und mit Liebe zum Detail gekochten Gerichte sind ein einziger Gaumenschmaus!

Ein Besuch in der **Oban Distillery** lohnt sich für jeden durstigen Gast. Viele gönnen sich einen Whisky im Besucherzentrum, bevor sie die Fähre auf eine der Inseln nehmen.

› **Ee-Usk,** North Pier, Oban, Argyll PA34 5QD, Tel. 01631 565666, https://eeusk.com, geöffnet: 12-15 (Winter 14.30) und 17.45-21.30 Uhr (Winter 21 Uhr), Kinder unter 12 Jahren dürfen nur zum Lunch ins Restaurant

› **Oban Distillery,** Oban, Argyll PA34 5NH, Tel. 01631 572004, www.malts.com/en-row/distilleries/oban, geöffnet: Dez., Jan., Februar 12-16.30, März, April, Okt., Nov. 9.30-17, Mai-Sept. 9.30-19.30, Touren ab £22

Die beiden **Campingplätze** liegen außerhalb des Stadtzentrums, der **Oban Caravan & Camping Park** ⑪ südlich und der **North Ledaig Caravan Park** ⑫ nördlich. Der kleinere Oban Caravan & Camping Park befindet sich auf einer Anhöhe mit Blick auf den **Sound of Kerrera** vor der Insel Kerrera. Eine einspurige Zufahrt mit steilem Anstieg führt hinauf. Eine kleine Fähre zur Insel Kerrera, die im 20-Minuten-Takt verkehrt, ist fußläufig vom Campingplatz aus erreichbar. Natürlich lässt sich die kleine Insel auch auf vier Rädern erkunden, viel schöner ist allerdings eine Wanderung oder auch eine Fahrradtour. In der

Einsamkeit und Ruhe ist beides ein Erlebnis. Auf dem Weg vom Campingplatz zum Fähranleger, kommt man am Tauchzentrum vorbei. Es gibt ein sehenswertes **Höhlentauchrevier,** das man auf geführten Tauchgängen erkunden kann.

Der North Ledaig Caravan Park liegt nördlich der A85, der 828 folgend hinter der Connel Bridge und dem Regionalflughafen, von dem allerdings nicht viel zu hören ist. Stellplätze mit Wasserblick sind eigentlich fast Standard. Einzig die Wege zu den Sanitäranlagen können zu einer Wanderung werden!

12 North Ledaig Caravan Park

GPS 56.47727, -5.39854

Weitläufige, durchorganisierte Freizeitanlage mit gut befestigten Stellplätzen, in der Wasserlinie bis 8 Meter Länge. Teilweise lange Wege zu den zwei Sanitäranlagen. Restaurant und Einkaufsmöglichkeit vor Ort. Bushaltestelle direkt vor der Tür. **Lage/Anfahrt:** an der A828 Richtung Fort William, direkt hinter dem Flughafen links; perfekte Zufahrt, große Wartezone vor der Rezeption; **Platzanzahl:** 300; **Untergrund:** Asphalt, Rasengitter; fest; **Service:** Strom, Trinkwasser, Abwasser, Chemie-WC; **Sicherheit:** umzäunt, beleuchtet; **Preise:** £30 inkl. 2 Pers. und Strom, Kinder bis 14 Jahre frei; **Max. Stand:** unbegrenzt; **Geöffnet:** ganzjährig; **Kontakt:** Connel, Oban PA37 1RU, Tel. 1631 710291, https://northledaigcaravanpark.com, Rezeption an der Einfahrt 9–13, 14–19 Uhr

In der Nähe von Oban bzw. auf dem Weg nördlich auf der A829 Richtung Fort William warten noch weitere Überraschungen! Los geht es mit **Dunstaffnage Castle,** das 1220 auf einer Felsplatte mit Blick auf den Firth of Lorn erbaut wurde. 1309 wurde die Burg von Robert the Bruce eingenommen und blieb für viele Jahre in königlichem Besitz. Heute glänzt die Ruine mit sehr gut erhaltenen **Steinmetzarbeiten,** die sich über Jahrhunderte ihre Schönheit bewahrt haben. Der Anbau der Burg ist in Privatbesitz. Die gesamte Anlage versprüht mit der Lage am See und Wald mit Parkanlage ihren eigenen Charme. Der Parkplatz ist großzügig und kostenlos, auch Hunde dürfen mitgenommen werden.

P 13 **Dunstaffnage Castle,** GPS 56.452011, -5.439986, www.historicenvironment.scot/visit-a-place/places/dunstaffnage-castle-and-chapel, geöffnet: April–Oktober täglich 10–17, November–März Sa.–Mi. 10–16 Uhr, Eintritt: Erwachsene £7, Kinder von 5–15 Jahren £4

Der Straße folgend kann man das nächste Highlight gar nicht verpassen. Kurz nach Portnacrodish steht **Castle Stalker** auf einer kleinen Insel mitten im Loch Linnhe. Es diente bereits für den Monty-Pythons-Kultfilm **„Die Ritter der Kokosnuss“** als Kulisse für Außenaufnahmen. Mit Vorankündigung wird man auf den großen und gut befestigten Parkplatz des Cafés Castle Stalker View gelotst.

1320 als kleine Festung entstanden, wurde die Burg 1440 als viergeschossiger Turmbau ausgebaut. Eine Besichtigung nimmt mindestens zwei Stunden in Anspruch und kostet für Erwachsene £20, für Kinder £10 (Familienkarte mit bis zu drei Kindern £50). Die Tour muss telefonisch vorgebucht werden. Auf der Internetseite werden die verfügbaren Termine bekanntgegeben.

› www.castlestalker.com

ABSTECHER GLENCOE UND RANNOCH MOOR

(hin und zurück 28 km)

Bevor es über die Brücke von Ballachulish nach Fort William geht, sind es rechts auf der A82 nur wenige Meilen zum Visitor Centre des Glencoe, einem göttlichen **Tal** mit steil aufsteigenden Hängen, Heidebewuchs im Sommer und im Winter mit einer großen Auswahl an Abfahrtspisten für Skibegeisterte! **Wanderwege** sind gut ausgeschildert und nach Schwierigkeitsgraden eingestuft. So gibt es auch Empfehlungen für familienfreundliche Routen, die man auch gut mit kleineren Kindern gehen kann. Ganz in der Nähe befindet sich zudem ein Campingplatz (⑬).

P 14 Glencoe Visitor Centre des National Trust Scotland, GPS 56.671365, -5.082339, an der A82, Glencoe Village, PH49 4HX, Tel. 0844 4932222, www.nts.org.uk/visit/places/glencoe, geöffnet: April–Oktober täglich 9.30–17.30 Uhr, November–März Do.–So. 10–16 Uhr, Parken für Wohnmobile £5, wegen Übernachtung vor Schließung anfragen. Viele Infos zur Flora und Fauna sowie zur Geologie. Auch geführte Wandertouren durch das Glencoe können hier gebucht warden.

⑬ Glencoe Camping and Caravanning Club Site

GPS 56.67295, -5.08324

Gut ausgestatter Campingplatz, der auf die Bedürfnisse seiner Gäste eingestellt ist. **Lage/Anfahrt:** direkt an der A82 Richtung Fort Williams beim Glencoe Visitor Centre; asphaltierte Anfahrt; **Platzanzahl:** 107; **Untergrund:** Asphalt, Wiese; fest; **Service:** Strom, Trinkwasser, Abwasser, Chemie-WC; **Sicherheit:** umzäunt; **Preise:** ab £27 inkl. 2 Personen, Strom, Ver- und Entsorgung; **Max. Stand:** unbegrenzt; **Geöffnet:** erstes April- bis letztes Oktoberwochenende; **Kontakt:** Glencoe, Ballachulish PH49 4LA, Tel. 01855 811397, www.campingandcaravanningclub.co.uk, Rezeption an der Einfahrt täglich 9–18 Uhr. Statt einer Mitgliedschaft wird auch die ADAC-Rabattkarte Camping Key Europe akzeptiert (s. S. 33).

Wenn man stattdessen das einsamste der schottischen Hochmoore erleben möchte, muss man nur 7 km fahren, um in das 342 m ü.M. liegende **Rannoch Moor** zu kommen. Diese karge, ja fast unwirtliche Landschaft ist von vielen Tümpeln durchsetzt und mit dem typisch puscheligen Wollgras überzogen. Eine spannende Natur in der man gerade in der Vor- und Nachsaison die Einsamkeit genießen kann. An manchen Tagen trifft man hier lediglich Schafe und mit etwas Glück auch einen Hirsch, der sein Revier durchstreift!

P 15 Rannoch Moor, GPS 56.629169, -4.775705

042ws©Torsten Berning

Wenn der Tag länger wurde als geplant, kann man wunderbar unmittelbar beim Glencoe-Visitor Centre nächtigen.

FORT WILLIAM

(72 km – km 231)

Auf der Hauptroute erreicht man nun Fort William, die mit 5800 Einwohnern größte Stadt der westlichen Highlands. Sie liegt am Ufer des **Loch Linnhe** am südlichen Ende des Great Glen, des „Großen Tals“. Durch die Nähe zum Ben Nevis, dem höchsten Berg Großbritanniens, ist Fort William eine **touristische Hochburg** mit Einkaufsstraße, Hotels und Bars. Es ist der Zielpunkt eines der bekanntesten Fernwanderwege Schottlands, des **West Highland Way.** Außerdem ist hier auch der Startpunkt des **Great Glen Way,** der unter anderem Loch Ness passiert und nach Inverness führt. Der unmarkierte **Cape Wrath Trail** beginnt ebenfalls in Fort William und führt in den äußersten Nordwesten Schottlands.

In der Fußgängerzone von Fort William

Die Stadt und ihre Umgebung waren Drehorte in Filmen wie „Braveheart“, „Highlander“, „Restless Natives“ und „Rob Roy“.

Rund 16 km von Fort William entfernt (erreichbar über die A82) bietet der Adventure-Park **Vertical Descents** Wildwasserspaß auf einem der spektakulärsten und wildesten Flüsse Schottlands. Canyoning, Abseilen über Wasserfälle, Felsformationen als Rutsche in natürliche Wildwasserpools und Wildwasseryakking (Yaks sind aufblasbare Kanus für zwei Personen) - alles, was nass und Spaß macht. Die notwenige Ausrüstung wird selbstverständlich zur Verfügung gestellt und erfahrene Guides stehen immer zur Seite.

Ein Kombitag für Paare (1 Day Package) beinhaltet Canyoning, Rafting und Yakking und kostet £ 100 pro Person.

› **Vertical Descents,** Inchree Falls, Inchree, Fort William PH33 6SE, Tel. 01855 821593, www.verticaldescents.com, ganzjährig geöffnet

› **The Volunteers Arms,** 47 High Street, Fort William PH33 6DH, www.thevolley.co.uk, geöffnet: Mo.-Mi. 11-24, Do./So. 11-1, Fr./Sa. 11-2 Uhr. Urgemütliche Kneipe mit kleiner Pub-Food-Speisekarte. Am Wochenende Livemusik.

ABSTECHER BEN NEVIS

(hin und zurück 25 km)

Der mit 1345 Metern **höchste Berg Großbritanniens** übt eine ganz besondere Anziehungskraft aus. In Fort William sind die Vorboten kaum zu übersehen. Skisportgeschäfte und eine Gondel der Seilbahn gehören in das Stadtbild, genauso wie eine Apres-Ski-Bar oder das Café mit dem Glühwein. Die 12 Kilometer lange Fahrt in das wildromantische Tal Glen Nevis sollte man auf keinen Fall versäumen.

Die **Gondelbahn** der Nevis Range ist die einzige ihrer Art in Großbritannien. Sie wurde auf dem Berg Aonach Mor, nur 11 km nördlich von Fort William, ursprünglich als Transportmöglichkeit für Skifahrer auf die Piste gebaut, wird aber auch gern von Kletterern als Abkürzung benutzt, um zu den vielen schwierigen Winterrouten zu gelangen, oder auch von Paraglidern und Drachenfliegern auf ihrem Weg zu den Wolken. Für das Bergwandern gilt das Gleiche wie in den Alpen, man sollte auf alle Wetterumschwünge vorbereitet sein. Auch Mountainbiker kommen in diesem Revier voll auf ihre Kosten, nicht ohne Grund findet hier einmal jährlich im Juni ein Downhill Worldcup statt.

043ws©Torsten Berning

So kommt man bequem auf den höchsten Gipfel Großbritanniens

› **Nevis Range Mountain Gondola,** Torlundy, Fort William, PH33 6SQ, Tel. 01397 705825, www.nevisrange.co.uk, ganzjährig 10-17 Uhr, Hochsommer bis 21 Uhr, Preise ab £ 19 (einfach), Familienticket ab £ 90, Hunde kostenlos

Nach der Ausfahrt aus Fort William Richtung der A830 sieht man nur wenige Kilometer entfernt in Banavie ein Hinweisschild zu

044ws©Torsten Berning

„Neptune's Staircase" („Neptuns Treppe"). Die Zufahrt in den Caledonian Canal wird durch acht Schleusen auf 450 Meter zu einer harten Prüfung für die Schiffsführer. In den 60 Meter langen Becken müssen sie ihre Schiffe ohne Motorkraft fortbewegen. Früher sparte diese **Schleusentreppe** den Handelsschiffen den großen Umweg über die Nordspitze Schottlands. Heute nutzen nur noch Freizeitkapitäne die Schleusen und viele Neugierige schauen sich das interessante Schauspiel an. Der riesige Parkplatz kann spielend 50 Wohnmobile aufnehmen und zwei Cafés sorgen für eine Erfrischung.

Man fährt nun auf der A830 weiter in Richtung Mallaig. In Glenfinnan sind gleich zwei Sehenswürdigkeit zu finden: Der **Glenfinnan Viaduct** wurde 1897/1898 erbaut und ist Teil der Eisenbahnstrecke West Highland Line, die 1901 eröffnet wurde. Die Brücke ist 380 Meter lang und besteht aus 21 bis zu 30 Meter hohen Bögen. Bei ihrer Erbauung galt die Brücke als technisches Meisterwerk, denn sie wurde ausschließlich aus Beton gefertigt. Der Konstrukteur Robert McAlpine erhielt dafür nicht nur den Ritterschlag, sondern von der Bevölkerung auch den Spitznamen „Concrete Bob".

⌃ *Bekannt als „Hogwarts Express": der Jacobite Steam Train*

› *Strahlender Sonnenschein an Loch Shiel*

Zunächst fuhren hautsächlich Güterzüge über die Brücke, mit denen vor allem Fisch transportiert wurde, heute verkehrt hier von April bis Oktober der **Jacobite Steam Train,** ein dampfbetriebener Museumszug von Fort William nach Mallaig. Dabei passiert er noch weitere markante Punkte wie den Ben Nevis und das Loch Morar.

Der Zug wird vielen bekannt vorkommen, denn in den Verfilmungen der „Harry Potter"-Romane fährt er als **Hogwarts Express** über den Glenfinnan Viaduct. Diese Tatsache zieht allerdings auch Scharen von Schaulustigen an, die sich in den Hügeln positionieren, um der schwarzroten Museumslok bei ihrer Fahrt zuzuschauen.

- **Glennfinnan-Viadukt,** A830, Glenfinnan
- **Jacobite Steam Train,** Fort William bis Mallaig, 1. Mai–27. Oktober Mo.–Fr., 2. Juni–30. September auch Sa./So., Hin- und Rückfahrt (2. Klasse) Erw. £57, Kinder £33, Infos zu Fahrtzeiten: www.westcoastrailways.co.uk/jacobite/jacobite-steam-train-details.cfm

Das **Glenfinnan Monument,** das sich vor der Kulisse des **Loch Shiel** erhebt, wurde 1815 gebaut und markiert die Stelle, an welcher der Prinz Charles Edward Stuart (Bonnie Prince Charlie) zu Beginn der zweiten Jakobiterrevolte die Standarte seines Vaters hissen ließ, um seine Anrechte auf den schottischen Thron zu bekunden. Dies war der Beginn der Rebellion, die allerdings acht Monate später in der Schlacht bei Culloden niederge-

045ws©Torsten Berning

schlagen wurde. Auf dem Monument ist ein Highlander im Kilt zu sehen, der stellvertretend für die Clansmänner steht, die bei der Verteidigung des Thronanwärters ihr Leben ließen. Von oben hat man einen wundervollen Ausblick und im örtlichen Museum kann man sich eingehender über die Ereignisse informieren.

P 16 Glenfinnan Visitor Centre and Monument, GPS 56.870570, -5.435305, Nov.-Febr. 10-16, März-Juni 9-18, Juli/Aug. 9-19, September-Oktober 9.30-18 Uhr, Eintritt: Erw. £5, Kinder £3, Familien £12, Parken für Wohnmobile £6, weitere Infos: www.nts.org.uk/visit/places/glenfinnan-monument

Der Parkraum am Glenfinnan Monument ist sehr begrenzt. Man sollte nicht am Straßenrand stehenleiben, denn das hat schon einigen Wohnmobilbesatzungen einen abgefahrenen Spiegel oder eine Beule gekostet. Hinter dem ersten Parkplatz kommt noch ein kleiner weiterer, auf dem man in Längsrichtung an der Seite stehen kann!

Auf dem Weg zur Fähre zur Isle of Skye gibt es auf der Höhe von Arisaig eine Ansammlung schöner Küsten-Campingplätze. Einer der letzten ist der einfach gehaltene **Silversands Caravan & Campsite** 14. Am Abend empfängt einen ein Schild mit der Aufschrift „Suchen Sie sich einen Platz nach Wahl und schlafen Sie gut, bis morgen früh!" Man hat einen wunderbaren Blick auf das Wasser und es gibt freie Wahl der Stellplätze ohne feste Einteilung. Man kann angeln, am Strand laufen oder für £20 neun Löcher auf dem benachbarten Golfplatz spielen. Am nächsten Morgen sind es dann nur wenige Kilometer in den Fährhafen von Mallaig.

14 Silversands Caravan & Campsite

GPS 56.93958, -5.86124

Kleine familiäre Campsite in Ufernähe mit schönem Blick. Keine festen Plätze, am Abend meist ein Schild mit dem Hinweis, man möge sich einen Platz suchen (es kommt dann jemand). **Lage/Anfahrt:** an der A830 hinter dem Weiler Arisaig links einbiegen; breite Zufahrt, gut befestigt; **Untergrund:** Asphalt, Schotter; fest; **Service:** Strom, Trinkwasser, Abwasser, Chemie-WC; **Sicherheit:** umzäunt; **Preise:** ab £20 inkl. 2 Personen, Strom etc.; **Max. Stand:** unbegrenzt; **Geöffnet:** März–Oktober; **Kontakt:** Portnaluchaig, Arisaig PH39 4NT, Tel. 01687 450269, www.wildlochaber.com

143ws©Torsten Berning

MALLAIG

(72 km – km 303)

Das Dorf mit 800 Einwohnern befindet sich in der Council Area Highland und ist ein wichtiger Fischerei- und Fährhafen. Mallaig wurde erst 1840 von Lord Lovat als reiner **Fischereihafen** gegründet. Seine rasch wachsende Bedeutung im 20. Jahrhundert verdankt der Ort in erster Linie dem Anschluss an das britische Eisenbahnnetz im Jahr 1901, indem die West Highland Railway von Fort William aus bis nach Mallaig ausgebaut wurde. Der in Mallaig angelandete Fisch konnte auf diese Weise schnell und kostengünstig abtransportiert werden. Die ortsansässigen Fischer sind heute auf den Fang von Garnelen und Hummern spezialisiert. In frühen Zeiten stand vor allem die Heringsfischerei im Zentrum.

1932 verkehrte die erste **Autofähre** von Mallaig nach Skye. Heute bestehen Fährverbindungen zu den Inseln Skye, Rùm, Canna, Eigg, Muck und South Uist sowie zur Halbinsel Knoydart. Der Fährhafen ist sehr übersichtlich und 30 Minuten vor der Abfahrt bekommt man bequem ein Ticket im Hafenbüro. Wer lieber auf Nummer sicher geht, kann auch schon in der Fußgängerzone von Fort Williams im Fährbüro oder online unter www.calmac.co.uk ein Ticket erwerben.

Die Überfahrt nach Armadale auf Skye dauert nur 30 Minuten und kostet für ein Wohnmobil bis 8 m Länge inkl. zwei Personen £ 33.

In Mallaig endet die von Touristen viel befahrene Panoramastraße **Road to the Isles,** die weitgehend parallel zur Bahnstrecke Fort William – Mallaig verläuft.

Das Dorf ist heute stark vom Tourismus geprägt. Im Dorfzentrum gibt es mehrere **Pubs, Restaurants** und **Läden.** Viele Passagiere des Jacobite Steam Train (s. S. 74), der im Ort für zwei Stunden hält, nutzen die Zeit für eine Besichtigung.

Mit dem Übersetzen der Fähre von Mallaig zur Isle of Skye endet die 2. Route bzw. beginnt die Route 3, die uns hoch in die Northwest Highlands entführt.

Der Hafen von Mallaig aus der Vogelperspektive betrachtet

ROUTE 3

ISLE OF SKYE UND DIE NORTHWEST HIGHLANDS

048ws©Helen Hotson - stock.adobe.com

1 cm = 7,5 km
© Reise Know-How 2023
Lewis
Laxay
Crossbost
Cromore
Gravir
Kebock Head
Lemreway
Kintarvie
Ardvourlie
Maaruig
Rhenigidale
Carnach
Scalpay
Shiant Islands
Eye Peninsula
Culkein
Stoer
Drumbeg
Lochinver
Loch Assynt
Inverpolly Lodge
Canisp 846
Loch Sionascaig
Inverpolly Nature Reserve
Polla
Elphin
Rubha Còigeach
Achiltibuie
Loch Lurgainn
Culnacraig
Dramunie
Loch Broom
Ullapool
Greenstone Point
Opinan
Gruinard Bay
Badcaul
Rubha Reigh
Cove
Laide
Inchina
Ardindrean
Dundonnell
An Teallach 1062
Melvaig
Loch Ewe
Poolewe
Inverewe Gardens
Fionn Loch
Auchindrean
Gairloch
Kerrysdale
Loch Maree
Falls of Measach
Corrie Halloch Gorge
Loch Fada
Sgurr Mòr 1110
Loch Fannich
Victoria Falls
Redpoint
Talladale
Loch Torridon
Wester Ross
Rubha na Fearn
Lower Diabaig
Beinn Eighe 1010
Kinlochewe
Inveralligin
Torridon
Achnasheen
Achana
Rubha Hunish
Flodigarry
Staffin
Idrigill
Uig
Culnaknock
Loch Snizort
Trotternish
The Storr 719
Waternish Point
Hallin
Claigan
Dunvegan Castle
Blackhill
Carbost
Charles Cave
Dunvegan
Portree
Bracadale
SKYE
Idrigill Point
Loch Bracadale
Fiskavaig
Sound of Raasay
Rona
Cuaig
Shieldaig
Brochel
Raasay
Inner Sound
Applecross
Beinn Bhan 895
Ardarroch
Oscaig
Toscaig
Lair
Coulags
Scardroy
Achintee
Lochcarron
Loch Carron
Loch Monar
North West Highlands
Crowlin Is.
Sconser
Scalpay
Sligachan
Dunan
Kyle of Lochalsh
Duirinish
Stromeferry
Sallachy
Loch Mullardoch
Balmacarra
Dornie
Eilean Donan Castle
Affric Lodge
Muchrach
Cannich
Carry
Luib
Broadford
Kyleakin
Eynort
Cuillin Hills
Bia Bheinn 928
Torrin
Red Hills
Bernera
Kylerhea
Morwich
Shiel Bridge
Soay
Cuillin Sound
Loch Scavaig
Elgol
Tarskavaig
Glenelg
The Saddle 1011
Cluanie Inn
Dalreichart
Isleornsay
Amisdale
Loch Cluanie
A'Chill
Armadale
Sound of Sleat
Airor
Kinloch Hourn
Knoydart
Inverie
Loch Quoich
Ardochy Ho
Rhum
Kinloch Castle
Askival 812
Harris
Point of Sleat
Loch Nevis
Coille Mhorgil
Loch Garry
Mallaig
Bracorina
Murlaggan
901
Cleadale
Traigh Ho
Morar
Ardechive
Lagga
Loch Arkaig
Loch Lochy
Arisaig
Rubh' Arisaig
Sound of Arisaig
Bunarkaig
Spean Bridge
Roybridge
Glenfinnan
Inverailort
Glenuig
Moidart
Drumsallie
Corpach
Loch Eil
Caledonian Canal
Neptun's Staircase
Monessie Falls
Fort William
Kentra
Loch Shiel
Aryhoulan
Salen
Ardslignish
Strontian
Corran
Inchree
1343 Ben Nevis
Onich
Loch Leven
Kinlochleven
Ballachulish
Loch Sunart
Liddesdale
Tobermory
Inverness
Aberdeen
SCHOTTLAND
Perth
Dundee
Glasgow
Edinburgh
Ayr
NORDIRLAND
Belfast
Newcastle
Carlisle
Sunderland
ENGLAND
A87
A887
A830
A82
A835

170ws©Francesco Bonino, stock.adobe.com

ROUTENÜBERSICHT

Mit dem Erreichen der Isle of Skye ist man an der Grenze der Inneren zu den Äußeren Hebriden und betritt ein neues Kapitel der Schottlandreise. Wenn es auch nicht möglich scheint, so erhält das Wort Einsamkeit ab hier eine neue Bedeutung. Der Hafen von Portree lädt zu Fish and Chips und der Old Man of Storr zu einer Wanderung ein. Der Hafen von Uig, Dunvegan Castle und der Naturcampingplatz an der Küste im Glen Brittle sind die nächsten Stationen, bevor die Skye Bridge wieder auf das Festland zurückführt.

Die Burg des „Highlanders" sollte der nächste Stopp vor der Weiterfahrt an die raue Westküste der nördlichen Highlands sein. Der Landstrich Wester Ross ist mehr als 163.000 ha groß und erstreckt sich nördlich von Lochalsh fast bis Ullapool. Er lädt nach jeder Kurve zu einem Picknick oder einer Wanderung ein. Der Ort Gairloch glänzt mit einem Campingplatz am Strand. Dahinter lockt der Inverewe Garden und am Loch Ewe gilt die Aufmerksamkeit einem der wichtigsten Marinestützpunkte des Zweiten Weltkriegs. Die einzige Straße führt dann an den Falls of Meassach vorbei zum bedeutenden Fischereihafen Ullapool.

Strecke:
Armadale und Drumfearn (24 km, s. S. 80) – **Portree** (56 km, s. S. 80) – **Abstecher Halbinsel Trotternish** (25 km, s. S. 81) – **Dunvegan** (34 km, s. S. 82) – **Carbost** (34 km, s. S. 83) – **Glenbrittle** (25 km, s. S. 84) – **Achnasheen** (78 km, s. S. 87) – **Gairloch** (52 km, s. S. 89) – **Ullapool** (90 km, s. S. 91)

Streckenlänge:
ohne Abstecher 393 km
mit Abstecher 418 km

⊡ *Blick auf Uig auf der Halbinsel Trotternish (s. S. 81)*

« *Kapitelstartseite: Eilean Donan Castle diente im Film „Highlander" als Kulisse (s. S. 86)*

Die **Hebriden,** im gälischen Na h-Eileanan Siar, werden in **Innere und Äußere Hebriden** unterschieden. Die Inneren Hebriden sind dabei dem Festland näher zugewandt und zu einer beliebten Feriendestination geworden. Getrennt werden die Inneren und Äußeren Hebriden vor allem durch die Meerengen **Little Minch** und **North Minch.** Die Äußeren Hebriden, auch „Westliche Inseln" genannt, gehören zur gleichen Inselkette im Atlantischen Ozean wie die Inneren Hebriden, liegen allerdings ca. 60 km weiter im Meer. Die Inselkette ist insgesamt ca. 208 km lang und verläuft in einem Bogen von Nord nach Süd. Die Äußeren Hebriden bilden einen eigenständigen Verwaltungsbezirk, während die Inneren zum Argyll & Bute Council gehören.

Die **Isle of Skye,** die über eine Brücke mit Schottlands Nordwestküste verbunden ist, zeichnet sich durch ihre zerklüftete Landschaft, ihre malerischen Fischerdörfer und ihre mittelalterlichen Burgen aus. Von den 10.000 Einwohnern teilen sich im Schnitt sechs Personen einen Quadratkilometer. Also ist reichlich Platz für alle, meint man, trotzdem kann es in der Hochsaison richtig voll werden, was soviel heißt wie „keine Unterkünfte mehr vorhanden". Der höchste Berg ist mit 993 m Höhe der **Sgurr Alasdair.** Die Küste der größten Insel der Inneren Hebriden (96 km lang und 1735 km²) wird von Halbinseln und schmalen Lochs eingekerbt, die sich vom bergigen Landesinneren bis hin zum Meer erstrecken. Die Inselhauptstadt ist **Portree.**

Achtung: In der calvinistischen Kirche auf der Insel Skye wird die **Sonntagsruhe** großgeschrieben. Kein Geschäft, kein Restaurant, kein Pub oder Schnellimbiss, keine Tankstelle, keine Touristinformation und keine öffentliche Toilette hat geöffnet! Auch fast alle B&B nehmen am Sonntag keine Gäste auf.

Einzig die Fährgesellschaft Calmac hat mit der alten Tradition gebrochen und es verkehren einige Fähren zur Insel. Für Wohnmobilfahrer gilt eigentlich für die gesamten Inseln und die Highlands: Sonntags haben die Tankstellen geschlossen!

ARMADALE UND DRUMFEARN

(24 km – km 24)

In **Armadale** angelandet ist für viele der erste Anlaufpunkt das **Armadale Castle and MacDonald Clan Centre.** Der Clan der MacDonald wird für immer mit der Rettung des jungen Prince Charles Edward Stuart (Spitzname Bonnie Prince Charlie) verbunden sein. Die junge Flora Mac Donald beschützte ihn nach der verheerenden Schlacht von Culloden vor den englischen Verfolgern. Ihr Grab in Kilmuir, im Norden der Insel, ist bis heute ein Wallfahrtsort der Schotten.

An der A851, der einzigen Straße, kann man die Abfahrt nach **Drumfearn** am Loch Eishort nicht verpassen. Malerisch stehen die alten Crofter Cottages (reetgedeckte Häuser in traditioneller Bauweise) in der Bucht. Nicht wundern, wenn man jemanden anspricht und die Antwort nicht versteht, denn fast 90 % der Bevölkerung spricht gälisch. Da hier eine Sackgasse ist, muss man zurück auf den Weg zur A87, die einen nach Portree führt. Der südliche Teil schlängelt sich wunderbar am Küstenverlauf entlang und man hat einen tollen Blick auf die kleinen Inseln Scalpay und Raasay. An einem normalen Tag kommt einem nicht viel Verkehr entgegen und beim bergauf und bergab sollte man die Eindrücke der Route einfach genießen.

PORTREE

(56 km – km 80)

Portree ist die kleine **Inselhauptstadt.** Nur rund 2100 Menschen leben hier, dennoch ist sie zu Recht der Mittelpunkt des Lebens auf Skye und teilt sie in Nord- und Südhälfte. Man kommt um Sie nicht herum, Verkehrsknotenpunkt, Start aller großen Buslinien auf dem zentralen Platz der Stadt, dem Somerled Square. Die bunten Häuser unten am Hafen beherbergen Geschäfte mit Souvenirs und

Kunsthandwerk von der Insel, einen Metzger, einige Restaurants und Pubs und man bekommt hier die angeblich besten Fish & Chips (im blauen Haus). Aber Vorsicht: freche Möwen versuchen ihren Anteil zu bekommen! Der ganze Ort versprüht haufenweise schottischen Charme.

Information

› **Tourist Information,** Bayfield House, Portree, IV51 9EL, Tel. 01478 612137, geöffnet: Mo.-Fr. 10-17, Sa. 10-15 Uhr

Gastronomie

› **The Isles Inn,** Sommerled Square, Portree, IV51 9EH, mitten im Zentrum, nur zu Fuß erreichbar, Tel. 01478 612129, geöffnet: Mo.-So. 11-23 Uhr. Uriger Pub in einem einfachen Gasthof mit alten Steinböden und Kamin. Günstiges Pub Food und legendäre Musikabende.

049ws©Torsten Berning

ABSTECHER HALBINSEL TROTTERNISH

(hin und zurück 25 km)

Nördlich der Hauptstadt geht es auf die Ringstraße A855 der **Halbinsel Trotternish.** Nach ca. 20 Minuten Wohnmobilfahrt erreicht man den wohl charakteristischsten Felsen der ganzen Insel: den **Old Man of Storr.** Wie ein versteinerter Riese ragt er 48 Meter aus dem Boden und thront wie ein Wächter in Form einer Felsnadel über die ihm zu Füßen liegenden Landschaft. Diesen Anblick sollte man sich auf keinen Fall entgehen lassen. Der Legende nach suchte eine Familie ihre entlaufene Kuh, als sie dabei auf der Flucht von einem Riesen versteinert wurden. Die den Old Man umgebenden Felsnadeln werden als seine Familie bezeichnet. Seine Frau ist aber schon vor Jahren eingestürzt und hat ihn einfach da stehengelassen, den armen Kerl. Der Weg zum Fels ist gut ausgeschildert und das Ziel natürlich gut von Weitem zu sehen. Es gibt einen **Parkplatz** und außerdem auch einen **Übernachtungsplatz.**

Sehr gutes Fish & Chips gibt es am Hafen von Portree. Vorsicht vor den frechen Möwen!

P **17 Parkplatz Old Man of Storr,** GPS 57.497564, -6.159081

18 Übernachtungsplatz Old Man of Storr, GPS 57.51281, -6.11522, direkt an der A855 nördlich von Portree. Logenplatz mit Platz für 5 Wohnmobile (fester Untergrund), Picknickbänken und Blick auf den Sound of Raasay. Von der Straße fährt man auf ein Teilstück der alten *single track road.* Langsam fahren, es gibt einige Schlaglöcher. Max. Stand: 1 Nacht.

Wenn einem die Wanderung Appetit auf mehr gemacht hat, kann man auf der A855 weiterfahren, denn es gibt im Norden, am Kilt Rock vorbei, noch mehr zu entdecken.

Ein Rundweg durch das **Quiraing-Gebirge** ist ca. 8,5 km lang und kann in gut drei Stunden gelaufen werden. An der Verbindungsstraße zwischen **Brogaig** und **Uig** befindet sich auf der Passhöhe ein Parkplatz (GPS

050ws©VisitScotland/Kenny Lam

57.630189, -6.278847). Ein Schild führt einen unterhalb der Felsen auf den Wanderweg. Bereits auf dem ersten Wegstück kommt man an der berühmten Felsformationen **„The Needle"**, eine rund 37 Meter hohe Felsnadel, und an **„The Prison"**, einer Felsformation, die einem mittelalterlichen Festungsbau ähnelt, vorbei. Der stellenweise steile Weg führt weiter durch die grandiose Landschaft des **Quiraing**, auf dessen Höhen man eine tolle Aussicht und eine geradezu berauschende Stille als Belohnung für die Anstrengung genießen kann. Die monumentale Landschaft wurde häufig als **Filmkulisse** genutzt. Unter anderem wurden hier Szenen für „Breaking the Waves", „Der Medicus" und „King Arthur: Legend of the Sword" gedreht.

DUNVEGAN

(34 km – km 114)

Nach der Rückkehr vom Old Man of Storr geht es bei Portree wieder auf die bekannte A87 und nach einigen Kilometern links zur A850.

Dunvegan ist ein sehr überschaubarer Ort, der sich vom ausgeschilderten **Parkplatz** aus gut zu Fuß erkunden lässt. Trotz seiner geringen Größe ist er der Knotenpunkt im Nordwesten der Insel. Im **Hafen** ankern noch einige Fischerboote und viele der schönen alten Cottages werden als Ferienhaus von Engländern genutzt.

Etwas Skurriles sieht man an der Hauptstraße: Das **Giant Angus MacAskill Museum** ist von April bis Oktober täglich zwischen 9.30 und 18 Uhr geöffnet und kostet £ 2 Eintritt. Es erinnert an den Riesen Angus MacAskill, der auf den Hebriden geboren wurde und stolze 2,36 Meter groß wurde. Im Museum ist alles sehr groß und man selbst daneben eher klein. Besonders Kinder amüsieren sich hier köstlich.

Der eigentliche Höhepunkt des Orts ist aber natürlich **Dunvegan Castle.** Wie ein Magnet zieht der 800 Jahre Familiensitz des Clans MacLeod die Besucher an, größte Burg der Hebriden Inseln und die am längsten durchgängig bewohnte Burg Schottlands sind nur als einige Superlativen zu nennen. Die Burg

⊡ *Atemberaubende Straße auf der Halbinsel Trotternish*

steht am Loch Dunvegan vor der Spitze der Küste, dem Dunvegan Head. Seit einer Umgestaltung durch den 25. Clan Chief in den Jahren 1840 bis 1850 hat die Burg ein eher romantisches Erscheinungsbild im **viktorianischen Stil.** Der riesige **Garten** ist dank des Golfstroms sehr üppig und artenreich.

Statt durch den Zugang von der Bucht, geht man heute einen Weg durch den Garten hinunter, der im Juni von blühenden Rhododendren gesäumt wird. In der Burg sind bedeutende Stücke wie ein Mieder von Flora MacDonald und eine Locke von Edward Charles Stuart, der „Bonnie Prince Charlie" genannt wurde, zu bewundern.

Da die Burg 1,5 km außerhalb des Orts ist, sollte man mit dem Wohnmobil den großen Parkplatz an der Burg ansteuern. Mit dem Wohnmobil nur nur fünf Minuten von der Burg entfernt gibt es zudem die **Kinloch Campsite** ⑮.

P 19 Dunvegan Castle, GPS 57.448011, -6.586408, Dunvegan IV55 8WF, nördlich vom Ortskern fährt man über eine asphaltierte Straße zum Parkplatz, Tel. 01470 521206, www.dunvegancastle.com, geöffnet: April–Mitte Oktober täglich 10–17.30 Uhr, im Winter nur auf Anmeldung, Eintritt Burg und Garten: Erwachsene £ 14 und Kinder £ 9, mit MacLeods Tables Cafe und Tourist Information

⑮ Kinloch Campsite

GPS 57.43191, -6.57981

Schöne familiengeführte Campsite direkt an der Bucht. Sehr gepflegt, tolle Aussicht und Wege in der Bucht, schön für Kinder und Hunde. **Lage/Anfahrt:** Knapp 3 km südlich von Dunvegan Castle, gute Zufahrt; **Platzanzahl:** 50; **Untergrund:** Schotter; fest; **Service:** Strom, Trinkwasser, Abwasser, Chemie-WC, WiFi; **Sicherheit:** beleuchtet; **Preise:** £ 28 inkl. 2 Personen, Strom, Ver- und Entsorgung, Hund £ 1,50; **Max. Stand:** unbegrenzt; **Geöffnet:** Ostern–Ende Oktober; **Kontakt:** Dunvegan, IV55 8WQ, Tel. 01470 508009, www.kinloch-campsite.co.uk, Rezeption an der Einfahrt

CARBOST

(34 km – km 148)

Das eigentliche Objekt der Begierde, wenn man Carbost hört, ist natürlich die **Talisker Distillery.** Um zu ihr zu kommen, folgt man einfach der A863 in südlicher Richtung, was auch nicht schwer ist, da es sich um die ein-

Fischerboote liegen geschützt in der Bucht bei Dunvegan

zige Südroute handelt. Überhaupt bewegt man sich jetzt durchweg in einem Gebiet von Kleinststraßen, die nahezu nur aus *single track roads* mit Ausweichbuchten bestehen. Auch ein Kontakt mit Tieren ist immer möglich, seien es Schafherden oder Kühe, aber auch Wildtiere. Daher gilt: am besten nicht in der Dunkelheit. Die Anfahrt zur Talisker Distillery ist gut ausgeschildert und endet an den gut ausgebauten Parkplätzen.

Die Talisker-Brennerei wurde 1831 von den Brüdern **Hugh und Kenneth MacAskill** in Carbost am Ufer des **Loch Harport** errichtet. Der Name leitet sich von dem Anwesen Talisker House ab, das einige Meilen westlich in den Bergen liegt. Die Distillery verfügt über ein gut ausgebautes Besucherzentrum und kann natürlich besichtigt werden. Zu sehen ist ein von Konstrukteur Abercrombie hergestellter **Spirit Receiver** in Form eines Fasses, in den ein Mitarbeiter das Destillat, das Herzstück des Whiskys, für die spätere Fassabfüllung leitet, sobald es zu laufen beginnt. Auch das **Fasslager** kann man bestaunen. Aufgrund des verwendeten **Torfs** zum Heizen der Kessel erhält der Whisky eine besonders torfige Note. Der Laie sagt auch schon mal, dass er „muffig" schmeckt. Für Talisker-Fans ist genau dies das Besondere!

P 20 Talisker, GPS 57.302338, -6.35675, Carbost IV47 8SR, www.malts.com/en-gb/distilleries/talisker, geöffnet: Jan.-März. Mo.-Fr. 10-16, April-Juni und Sept./Okt. Mo.-Sa. 9.30-17, So. 10-17, Juli/Aug. Mo.-Sa. 9.30-17.30, So. 10-17, Nov./Dez. Mo.-Sa. 10-16.30, So. 11-16.30 Uhr, Eintritt je nach Tour £ 10-40, Vorbuchung empfehlenswert

GLENBRITTLE

(25 km - km 173)

Mit dem Wohnmobil geht es die B8009 wieder 800 m zurück bis es im Knick steil rechts hoch geht. Die Straße hat nun gar keine Bezeichnung mehr, nur das Schild „Glenbrittle" leitet einen auf den richtigen Weg. Einige Kilometer weiter erreicht man den ausgeschilderten Parkplatz (57.2504751° N 6.2725281° W) der weltberühmten **Fairy Pools** der Isle of Skye. Die gesamte Landschaft mit dem Blick zu den Cuillins Mountains und den von Bächen durchzogenen Mooren und Wiesen verzaubern einen förmlich – gutes Schuhwerk anlegen, Kamera einpacken und die Eindrücke für die Ewigkeit bannen! Die kleinen Wasserfälle bieten im Zusammenspiel des Sonnenlichts mit dem Grün der Wiesen ein tolles Farbenspiel.

052ws©VisitScotland/Kenny Lam

Die Fortführung der Strecke im Auf und Ab der Täler endet in der Bucht von Glenbrittle am traumhaft gelegenen Naturcamping **Glenbrittle Campsite** ⑯. Wasser läuft in Bächen aus den Cuillins Mountains direkt bis an den Stellplatz und kann ohne Bedenken in der Trinkflasche landen!

⑯ Glenbrittle Campsite & Cafe

GPS 57.20192, -6.28622

Naturcampingplatz in einer Sackgasse, vorne die Bucht und hinten die Berge. **Lage/Anfahrt:** Zufahrt über eine gut ausgebaute *single track road;* **Platzanzahl:** 120; **Untergrund:** Schotter, Schotterrasen; fest; **Service:** Strom, Trinkwasser, Abwasser, Chemie-WC; **Preise:** £22 inkl. 2 Personen, Strom £10; **Max. Stand:** unbegrenzt; **Geöffnet:** 1. April–15. Oktober; **Kontakt:** Carbost, IV47 8TA, Tel. 01478 640404, www.dunvegancastle.com/glenbrittle/campsite/, Anmeldung im Café, täglich 8–20 Uhr

Auf der weiteren Route fährt man von der Glenbrittle Campsite ⑯ zurück zur B8009. Ihr folgt man nach rechts bis zur A863, auf der man (ebenfalls nach rechts abbiegend) die A87 erreicht. Letzterer folgt man bis zur **Skye Bridge.**

Der erste Ort auf der anderen Seite der Brücke ist **Kyle of Lochalsh.** 649 Einwohnern leben am Endpunkt der Bahnlinie von Inverness, die nach ihrem Ziel auch als Kyle of Lochalsh Line bezeichnet wird. Der Ort ist das Verkehrs- und Handelszentrum der Region und hat einen Hafen und einen Jachthafen. In Kyle of Lochalsh wird vorrangig Weideland bewirtschaftet und Lachszucht betrieben.

Ab hier kann man auch **auf die Route 5** (s. S. 103) **wechseln.** Damit ergibt sich für alle, die nicht über unbegrenzten Urlaub verfügen, die Möglichkeit, eine schöne und erholsame Schottland-Tour zu planen!

Auf der Route 3 weiter der A87 Richtung Inverness folgend, erreicht man **Balmacara.** Hier bietet es sich an, eine Übernachtung auf der kleinen und gemütlichen **Reraig Caravan**

Wanderung zur Südspitze von Loch Brittle

In Schottland werden die Buchten die sich vom Meer ihren Weg ins Landesinnere bahnen als Loch (also See) bezeichnet. So heißt die Bucht vor der Glenbrittle Campsite ⑯ Loch Brittle. Eine wunderschöne leichte, aber auch erlebnisreiche Tour ist der Weg an der Südspitze. Sie startet mit dem Aufstieg auf den Hügel hinter dem Sanitärgebäude. Oben angekommen führt der Weg, oder besser gesagt der ausgetretene Pfad, immer an der Küstenlinie entlang. Die Orientierung ist kinderleicht, da man im Rücken fast die ganze Zeit die Campsite sieht. Nach ca. 1,5 km kreuzt man einen Bachlauf, dem man folgen kann, bis er sich als Wasserfall in das Meer ergießt! Am nächsten großen Bachlauf bietet sich wieder ein Abstecher an. Diesmal geht man bergauf und kommt zunächst an die Reste eines alten Gebäudes und ein Stück oberhalb davon an den Lochan Coir a' Ghobhainn. Der See liegt einsam und die Stille ist beeindruckend, einzig Schafe und Lämmer bevölkern diesen Höhenzug. Südlich hiervon sieht man in Richtung Küste einen zweiten See. Dazwischen schlängelt sich ein kleiner Pfad, dem man folgen kann, bis man die abfallenden Klippen erreicht. Nun genießt man einfach den leichten Rückweg mit dem Blick auf die Campsite und die schwarzen Berge der Cuillins Mountains. Wenn man gerne einen dieser höheren Gipfel erklimmen möchte, sollte man im Café der Campsite fragen. Die Strecken sind fordernder als man denkt und werden von erfahrenen Bergwanderern, besonders wegen der Geröllfelder, als Schwierigkeitsstufe T4–T5 eingestuft.

Die Wanderung zur Südspitze kann man aber beruhigt mit Kindern ab ca. 6 Jahren antreten und Hunde haben in dieser freien Natur sowieso die reinste Freude!

◁ Sollte man nicht versäumen: die Fairy Pools der Isle of Skye

Site ⑰ einzuplanen. Die Zufahrt ist hinter dem Hotel Balmacara, wo man am Abend auch im Restaurant essen könnte.

⑰ Reraig Caravan Site

GPS 57.28264, -5.62619

Kleine, familiär geführte Campsite. **Lage/Anfahrt:** direkt an der A87; ausgebaute Zufahrt, Asphalt, keine Beschränkung; **Platzanzahl:** 30; **Untergrund:** Asphalt, Schotter, Rasengitter; fest; **Service:** Strom, Trinkwasser, Abwasser, Chemie-WC, WiFi; **Sicherheit:** umzäunt; **Preise:** £20/Fahrzeug, £5/Person, Strom £8; **Geöffnet:** 1: April–1. Oktober; **Kontakt:** Balmacara, Kyle of Lochalsh IV40 8DH, Tel. +44 7342 878776, www.reraigcamping.com, Check-in 15–19 Uhr, Online-Buchung möglich

Vor der Weiterfahrt auf der A890 in Richtung Norden bietet sich noch ein Abstecher an einen der meistfotografierten Orte Schottlands an: **Eilean Donan Castle.** Bis dort sind gerade mal 10 Minuten entspannte Fahrt über die A87. Der Name der **Niederungsburg** in der Nähe von Dornie bedeutet „Donans Insel" und weist auf den hl. Donnán von Eigg hin, einen keltischen Märtyrer aus dem 6. Jahrhundert.

Die Burg befindet sich am **Loch Duich** in den westlichen schottischen Highlands auf einer kleinen Landzunge, die bei Flut zu einer winzigen Insel wird. Sie ist dann nur über eine steinerne Fußgängerbrücke zu erreichen.

Eilean Donan Castle ist der Stammsitz des schottischen **Clans MacRae.** Die Burg wirkt alt und ehrfurchteinflößend, doch das, was heute zu sehen ist, wurde erst im Jahre 1932 nach 20 Jahren Bauzeit fertiggestellt. Das Eilean Donan Castle hat also in dieser Form noch nicht einmal den einhundertsten Geburtstag gefeiert.

1220 erbaut steht die Burg im Schnittpunkt dreier Lochs und wurde lange Zeit von den MacRaes gegen alle anmarschierenden Armeen verteidigt. Sie ist wohl eine der meistfotografierten Burgen der Welt und befindet sich unweit der Insel Skye, vor der Kulisse der Bergkette **Five Sisters of Kintail.** Filmfans werden die Burg unter anderem als Sitz der MacLeods aus dem Film **„Highlander"** mit Christopher Lambert und Sean Connery kennen. Lange war sie Eigentum der MacKenzies of Kintail, die den Clan MacRae mit der Burgverwaltung betraut hatte. Einer Sage nach fand hier im 16. Jahrhundert eine besondere Schlacht statt, in der Duncan MacRae mit einem letzten, wohlgezielten Pfeil die gegnerische Armee Ihres Anführers beraubte und so die Eroberung der Burg verhinderte.

Um 1700 wurde die Burg von englischen Fregatten zerstört, nachdem sie von spanischen Truppen eingenommen worden war. Erst 1912 (und 1932) fand sich ein später Nachfahre der MacRae und restaurierte das *tower house.* Die Brücke wurde ebenfalls zu diesem Zeitpunkt erbaut.

Auf einen Besuch der traumhaften Burg an einem Wochenende sollte man verzichten, denn man läuft schnell Gefahr, bei den Menschenmassen, die aus den Bussen drängen, Nerven und Übersicht zu verlieren. Es gibt ein großes Besucherzentrum mit Coffee Shop.

› **Eilean Donan Castle,** IV40 8DX Dornie, Tel. 01599 555202, Burg: 1. Februar.-31. Dezember 10–18 Uhr (letzter Einlass um 17 Uhr), Visitor Centre: 12. März–27. Oktober 10–17 Uhr, Preise: Erwachsene £10, Kinder 5–15 Jahre £6, Familienkarte £29

Anschließend geht es die paar Kilometer zurück bis zum Abzweig zur A890 und dann ist nur noch die Fahrt in **Richtung des einsamen Nordens** angesagt. Vor allem im Bereich der Westküste ist die Anzahl an „Löchern" kaum noch nachzuhalten oder mit Namen zu versehen. Es ist einfach eine Genussstrecke, bei der man vor allem in der Vor- und Nachsaison das Gefühl hat, allein unterwegs zu sein. Die ersten 20 km bis zum Ende von Loch Long

Eine der Inseln im Loch Maree

053ws©Torster Berning

wird man noch einzelne Häuser oder so etwas wie Orte sehen, danach passiert die nächsten 30 km, außer dass die Bahnstrecke nach Inverness die Straße kreuzt, rein gar nichts. Sanfte Hügel und schroffe Felsen wechseln sich mit Wäldern und flachen Moorgebieten ab. Hier und da sieht man Torfstiche, wo sich die Schotten für die Feuerung der Öfen versorgen. Nur mit Kühen, Highlandrindern oder Schafen ist immer mal zu rechnen, also Augen auf!

ACHNASHEEN

(78 km – km 251)

Bei der letzten Volkszählung (2017) hatte der Ort Achnasheen in der Council Area Highland immerhin stolze 41 Einwohner! Er liegt im Tal des River Bran an der Kyle of Lochalsh Line etwa in der Mitte zwischen Inverness und Kyle of Lochalsh. Hier trifft die A890 auf die A832 zwischen Dingwall und Kinlochewe.

Der Ort war vor allem als Zwischenstation für Viehtriebe von Rindern und Schafen aus den Highlands zu den Märkten im Süden von Bedeutung und erhielt 1819 die erste ausgebaute Straßenverbindung, 1870 wurde der **Bahnhof** eröffnet. Queen Victoria nutzte ihn 1877 bei einem Ausflug zum Loch Maree.

Aufgrund der Straßenverbindung in die Northwest Highlands war Achnasheen ab dem Bau der Eisenbahn ein wichtiger **Knotenpunkt für den Post-, Güter- und Personenverkehr** und ist seit dieser Zeit *post town* für einen Großteil der nordwestlich liegenden Orte, die teilweise deutlich mehr Einwohner aufweisen. Der Ort nennt sogar eine Grundschule sein Eigen.

Das beim Bau der Eisenbahn angelegte Achnasheen Hotel brannte 1994 ab und wurde nicht wieder aufgebaut. Neben dem Postamt, der Schule und dem Bahnhof gibt es lediglich ein Café und ein Hotel. Außer der Bahnanbindung bestehen Busverbindungen nach Gairloch, Kinlochewe und Inverness.

Heute dient Achnasheen Wanderern, Bergsteigern und Jägern als Ausgangspunkt für Touren in die umliegenden, weitgehend unbewohnten Teile der Highlands. Nördlich des Orts befindet sich der **Fionn Bheinn,** mit 933 m der höchste Berg der Umgebung.

Den nun folgenden Teil der Route nicht mit einem Superlativ zu versehen, fällt dem Autor schwer. Nur so viel: Bis zum Ziel in Ullapool bzw. bis zum nördlichsten Punkt, Cape Wrath bei Durness, wird es schon spektakulär. Man wird manchmal meinen, man befände sich im Stop-and-go-Verkehr, ohne dass andere Fahrzeuge in der Nähe sind, denn die Anzahl der Fotostopps werden sich erhöhen.

Einer der Höhepunkte ist zweifelsohne der **Glen Docherty Viewpoint,** der einen Blick von der Passhöhe in das gesamte Tal mit Loch Maree als Hintergrund bietet.

P **21 Glen Docherty Viewpoint,** GPS 57.582768, -5.235774

Wenn man talwärts rollt, kommt man durch **Kinlochewe,** das immerhin über eine kleine Campsite, ein Café und eine Tankstelle (Tankanzeige kontrollieren!) verfügt. Kurz hinter dem Ortsausgang weist ein Schild auf das Beinn Eighe Visitor Centre hin. Der **Beinn Eighe** ist ein Bergmassiv in den Torridon Hills. Von den sieben Gipfeln sind zwei, nämlich der Ruadh-stac-Mór mit 1010 m Höhe und der 993 m hohe südöstlich gelegene Spidean Coire nan Clach als Munro eingestuft. Mit diesem Begriff werden in Großbritannien Berggipfel um die 3000 Fuß Höhe bezeichnet. Erfunden hat das System Sir Hugh Munro, der schätzte, dass auf seinem geerbten Grundbesitz in den Highlands mindestens 30 dieser 1000 m hohen Gipfel seien. Dies wiederum bezweifelte der 1889 gegründete schottische Bersteigerverein und legte daraufhin eine Liste mit 277 gemessenen Gipfel von ca. 1000 m (3000 Fuß) an. So wurden diese zu Ehren des Erfinders als **Munro** bezeichnet. Seit dieser Zeit haben es sich viele Bergwanderer zum Ziel gesetzt, möglichst viele dieser Munros zu besteigen.

1951 wurde das **Gebiet südlich des Loch Maree** an der Nordseite des Beinn Eighe als erstes britisches **National Nature Reserve** ausgewiesen. Inzwischen ist es fast 4800 ha groß, umfasst fast das gesamte Bergmassiv und ist zudem seit 1976 als UNESCO-Biosphärenreservat eingestuft. Bei einem tragischen Flugunfall der Royal Air Force im Jahr 1951 stürzte eine Maschine in diesem Gebiet ab. Bis heute liegen in den Felsen der Tripple Buttresses Trümmerteile. Dass es mehr als zwei Monate dauerte, bis die Leichen der acht Besatzungsmitglieder in dem unwegsamen Gelände geborgen werden konnten, nahm die Royal Air Force zum Anlass, eigene Bergrettungsmannschaften zu bilden. Diese sind bis heute fester Bestandteil der Luftstreitkräfte.

Auf der Ostseite der Berge, am Südufer von Loch Maree, findet man ein **Besucherzentrum** des Nature Reserve, von dem aus Wanderungen in dem beliebten Gebiet starten. Der See ist mit einer Fläche von 28 km² der viertgrößte Schottlands und hat eine Länge von ca. 20 km und eine Breite von weniger als 4 km. Im See gibt es 25 kleine und 5 größere bewaldete Inseln. Eine der größten ist **Maree Island,** auf der Überreste einer Kapelle mit Friedhof sowie eine heilige Quelle zu finden sind. Das Loch Maree ist einer der schönsten Seen der Highlands und aufgrund der Abgeschiedenheit herrscht dort wenig Tourismus.

P 22 Beinn Eighe Visitor Centre, GPS 57.61289, -5.316997, Achnasheen IV22 2DP, Tel. 01445 760258, www.nnr-scotland.org.uk/beinn-eighe, geöffnet: März–Oktober täglich 10–17 Uhr

054ws©Torsten Berning

GAIRLOCH

(52 km - km 303)

Der Ort am Ufer von Loch Gairloch ist im Sommer ein **beliebter Fremdenverkehrsort.** Außer **Bade- und Wandermöglichkeiten** gibt es auch einen **Golfplatz** und das kleine **Gairloch Heritage Museum,** das drei Stellplätze für Wohnmobile bietet. Zahlreiche kleine Seen in der Umgebung sind beliebte Ziele von Forellenfischern. Vor der Küste liegt die Insel Horrisdale.

In Gairloch befindet sich auch einer der kleinsten Radiosender Schottlands, **Two Lochs Radio** (gälisch: Rèidio dà Locha). Er wird von der Gemeinde betrieben und sendet in erster Linie lokale Nachrichten, sowohl auf Englisch als auch auf Gälisch.

Um zum **Sands Caravan & Camping Park** 18 zu kommen, muss man vor Gairloch nach links auf eine enge *single track road* einbiegen, aber anders ist die Sackgasse, die zum **Rua Reidh Lighthouse** (Leuchtturm) führt, nicht zu erreichen. Man kann das Meer jetzt schon riechen und sollte auf einen sonnigen Abend hoffen, denn der Weg führt an die Strände von Big Sands. In den Dünen wird man schon die ersten Campingwagen entdecken und sollte links auf den wunderschön gelegenen Campingplatz einbiegen. Hier kann man sich seinen Traumplatz suchen, wenn gewünscht direkt am Strand!

P 23 **Gairloch Heritage Museum,** GPS 57.72835, -5.69063, Achtercairn House, Gairloch IV21 2BP, von der A832 Richtung Gairloch, Museum ist ausgeschildert, www.gairlochheritagemuseum.org, geöffnet: April-Ende Okt. Mo.-Fr. 10-17, Sa. 11-15 Uhr, Erwachsene £ 4, Kinder £ 1. Das Museum bietet drei kostenlose Stellplätze für Wohnmobile, die durch Bäume etwas sichtgeschützt sind. Die Zufahrt ist 24 Stunden möglich, eine Anmeldung ist nicht erforderlich. Max. Stand: 1 Nacht. Kein Service.

18 Sands Caravan & Camping Park

GPS 57.74072, -5.765

Großzügig angelegter Platz mit Café/Restaurant und kleinem Einkaufsladen, der auch bei Regen gut befestigte Plätze hat. Direkte Nachbarn sind Rinder und Schafe. **Lage/Anfahrt:** Von der A832 vor Gairloch in die Sackgasse Richtung Leuchtturm Rua Reidh. Die Zufahrt ist eine *single track road*, die nach dem Camping immer mehr zum Feldweg wird; **Platzanzahl:** ca. 250; **Untergrund:** Wiese, Sand; fest; **Service:** Strom, Trinkwasser, Abwasser, Chemie-WC, WiFi; **Preise:** ab £ 19 inkl. 2 Personen, Strom £ 6, Kinder £ 4,50; **Max. Stand:** unbegrenzt; **Geöffnet:** März-Oktober; **Kontakt:** Gairloch, Wester Ross IV21 2DL, Tel. 01445 712152, www.sandscaravanandcamping.co.uk, Rezeption bis 19 Uhr, dann Anmeldung im Restaurant

059ws©Torsten Berning

Auch die letzten 70 Kilometer bis Ullapool halten noch einiges bereit. Den nächsten Stopp kann man bereits in Poolewe an den **Inverewe Gardens** einlegen, denn Eukalyptus-Bäume sieht man auf 57,8 Grad nördlicher Breite ja nicht alle Tage. Es handelt sich um einern der nördlichst gelegenen Botanischen Gärten der Welt.

Die bevorzugte Lage an der Nordwestküste und der warme Golfstrom lassen auf diesem Breitengrad völlig untypische Pflanzen gedeihen. In den Sommermonaten wird das Auge der Besucher von einer Vielzahl blühender Flora verwöhnt. Leichte Minusgrade im Winter und bis zu 29 Grad im Sommer lassen ei-

Am kleinen Hafen von Gairloch

055ws©Torsten Berning

Kaum zu glauben: mediterrane Pflanzenvielfalt in den Inverewe Gardens

057ws©Torsten Berning

Eine Wanderung zu den Falls of Measach (siehe rechts) lohnt sich

ne besondere Ansammlung von Eukalyptus-Bäumen aus Australien, China, Japan und Tasmanien wachsen. Aber auch Rhododendren aus dem Himalaya können bewundert werden. Beim Spaziergang durch die Anlage hat man den Eindruck, ein Schotte hätte hier den Garten Eden erschaffen. Es gibt extra Parkplätze für Wohnmobile, einen schönen Rundgang um die gesamte Gartenanlage und ein großes Café.

P 24 Inverewe Gardens, GPS 57.774956, -5.595789, Poolewe IV22 2LG, Tel. 01445 781229, www.nts.org.uk/visit/places/inverewe, geöffnet: täglich 9.30/10 Uhr bis mind. 16 Uhr, Juni bis August bis 18 Uhr, Eintritt erw. £ 13, Familien £ 33

Ein Stück weiter geht es an **Loch Ewe** vorbei. Die wind- und meergeschützte Bucht wird seit dem Zweiten Weltkrieg militärisch genutzt. Die großen Tankanlagen für die Schiffe sind nicht zu übersehen.

Im weiteren Verlauf der A832 geht es mit Meerblick an **Laide** und der **Gruinard Bay** vorbei und in einigen Schleifen bis kurz vor den Abzweig auf die A835. Auf der linken Seite gibt es eine Parkmöglichkeit, die man noch zu einer kurzen Wanderung an den Wasserfall **Falls of Measach** nutzen kann. Er ist Teil des **Corrieshalloch Gorge National Nature Reserve.** Schon die Fahrt von Garve zu der **tiefen Schlucht** mit Wasserfall und einer **Hängebrücke aus dem 19. Jahrhundert** ist bei gutem Wetter ein Eyecatcher. Man fährt durch ein weites, fast eben wirkendes Tal, sieht in der Ferne eine mächtige Berggruppe und kann sich gar nicht vorstellen, wo hier eine Schlucht sein soll.

Die Corrieshalloch Gorge ist gut eine Meile lang und 61 Meter tief. Es gibt eine große Vielfalt an Bäumen, Farnen und Flechten, die unter diesen Bedingungen gut wachsen. Am südlichen Ende der Schlucht stürzt der Fluss Droma 46 Meter nach unten in die Schlucht hinein.

Die Corrieshalloch Gorge und die 25 Hektar Umgebung gehören zum National Trust. Es

056ws©Torsten Berning

gibt zwar kein Kassenhäuschen, aber man bittet, den Eintritt in Form einer freiwilligen Spende in eine Honesty Box (Sammelbüchse) zu geben. Schließlich müssen Zugang, Absperrungen und die Brücke in Stand gehalten werden.

25 Falls of Measach, GPS 57.755321, -5.023268

Hoffentlich trocken am Wohnmobil zurück, sind es noch wenige gut zu fahrende Kilometer bis man Ullapool erreicht, den Zielort der Route.

ULLAPOOL

(90 km – km 393)

Obwohl mit 1400 Einwohnern eigentlich eher klein, ist Ullapool der größte Ort in der weiteren Umgebung. Es ist ein klassisches, geschäftiges **nordwest-schottisches Küstenörtchen** mit allen Versorgungsmöglichkeiten, inklusive Tesco-Supermarkt und Tankstelle.

An den Ufern des Meeresfjord Loch Broom gelegen, wurde Ullapool 1788 als Fischerhafen für Hering gegründet. Der **Hafen** wurde vom berühmten Visionär, Ingenieur, Architekt und Steinmetz Thomas Telford entworfen. Von hier kann man per Fähre nach Stornoway auf die Insel Lewis, die Nordinsel der Äußeren Hebriden, übersetzen.

Der Nordatlantikstrom, der an Ullapool vorbeifließt, die nordöstliche Verlängerung des Golfstroms, sorgt für moderate Temperaturen. Dadurch gedeihen hier **neuseeländische Keulenlilien,** die von vielen Besuchern für Palmen gehalten werden.

Auch in der **Musikszene** hat der Ort einen guten Ruf. So kann man im Sommer durchaus bekannte Bands auf ihrem Abstecher in den Norden antreffen. Zudem findet alljährlich im Mai das über die Grenzen bekannte Literaturfest **Ullapool Book Festival** statt (www.ullapoolbookfestival.co.uk).

Ullapool lädt allemal zu einer Übernachtung ein, denn in den Pubs bekommt man gut Kontakt zu den Einheimischen – die meisten Touristenbusse sind abends bereits weitergefahren!

Die Region wird von der typischen Highland-Berglandschaft dominiert, die von **Bergwanderern** geschätzt wird. Allerdings sollte man nicht im Sommer zur **Mückenzeit** wandern, denn gegen die Milliarden von Pla-

Impression auf dem Weg nach Ullapool

058ws©Torsten Berning

gegeistern hilft nur spezielle Kleidung inklusive Netzhelm. Das gilt übrigens nicht für den Menschen, sondern auch für Haustiere.

Information

- **Ullapool iCentre,** Argyle Street, Ullapool IV26 2UB, geöffnet: Mo.–Fr. 10–16, Sa./So. 10–14 Uhr. Sehr gut sortiertes Informationscenter mit vielen kostenlosen Broschüren über die nordwestlichen Highlands.

Gastronomie

- **Ferry Boat Inn,** 26–27 Shore Street, Ullapool IV26 2 UJ, Tel. 01854 612431, www.fbiullapool.com. Der Pub befindet sich gegenüber dem Fähranleger an der Hafenpromenade. Er wurde bereits mehrfach mit dem Titel „Pub of the Year" ausgezeichnet. Hier treffen sich Einheimische wie Touristen auf ein Bier oder einen Whisky an der Bar und man kommt schnell ins Gespräch. An kalten Regentagen schürt der Wirt im Kamin ein Torffeuer an – einfach gemütlich! Die Speisekarte bietet gutes Pub Food und hervorragende Fisch- und Meeresfrüchtegerichte zu mittleren Pub-Preisen.
- **Seaforth Restaurant and Chippy,** Quay Street, Ullapool IV26 2UE, www.theseaforth.com/chippy, geöffnet: täglich 9–22 Uhr. Auf einfache Fish & Chips in hervorragender Qualität muss man ebenfalls nicht verzichten. Man bekommt sie oberhalb des Hafens im mehrfach ausgezeichneten Chippy. Natürlich sind die Fish & Chips frisch gemacht mit den Fischen der Saison. Vor der Tür kann man es sich auf Picknickbänken bequem machen und seinen „Fang" genießen!

⑲ Broomfield Holiday Park

GPS 57.8943, -5.16457

Viele Stellplätze mit Blick auf Loch Broom. Weitläufige Fläche, auf der man auch ruhige Stellplätze finden kann. Ort und Tesco-Supermarkt sind fußläufig erreichbar. **Lage/Anfahrt:** Direkt am Hafen vorbei, der Platz ist an der Hauptstraße gut ausgeschildert; breite Zufahrt, auch auf dem Platz sind die Fahrwege asphaltiert; **Untergrund:** Asphalt, Schotterrasen; fest; **Service:** Strom, Trinkwasser, Abwasser, Chemie-WC; **Sicherheit:** umzäunt; **Preise:** £ 24 inkl. 2 Personen, Strom £ 6; **Max. Stand:** unbegrenzt; **Geöffnet:** Anfang April–Ende September; **Kontakt:** West Lane, Ullapool IV26 2UT, Tel. 01854 612020, www.broomfieldhp.com, Rezeption an der Einfahrt täglich bis 19 Uhr

060ws©Torsten Berning

Alle Wohnmobil-Teams, die die gesamte Schottlandumrundung fahren, folgen für den weiteren Verlauf der Tour der **Route 6** (s. S. 115). **Route 5** (s. S. 103) ist als abkürzende Querverbindung vorgesehen und die **Route 4** (s. S. 93) ist eine Schnuppertour in die Einsamkeit der Äußeren Hebriden.

⊡ *Die weißen Häuser von Ullapool*

ROUTE 4

DIE ÄUSSERE HEBRIDENINSEL LEWIS AND HARRIS

061ws©Torsten Berning

1 cm = 7,5 km
© Reise Know-How 2023
Inverness
Aberdeen
SCHOTTLAND
Perth
Dundee
Glasgow
Edinburgh
Ayr
NORDIRLAND
Newcastle
Belfast
Carlisle
Sunderland
ENGLAND
OUTER HEBRIDES
Western Isles
LEWIS
Harris
North Uist
Benbecula
South Uist
SKYE
Little Minch
Sea of the Hebrides
Butt of Lewis
Port of Ness
Dell
Skigersta
Cellar Head
Shader
Labost
Barvas
North Tolsta
Tolsta Head
Bac
Carloway
Dun Carloway Broch
Gallan Head
Tooson
Gr. Bernera
Miavaig
Mangersta
Callanish
Standing Stones of Callanish
292
Newmarket
Stornoway
Broad-bai
Tiumpan Head
Portnaguran
Melbost
Eye Peninsula
Garynahine
Achmore
Brenish
528
Gisla
Mealasta
Laxay
Crossbost
Cromore
Kintarvie
Loch Langavat
Scarp
Hushinish
Hushinish Point
Tirga Mor 679
Gravir
Kebock Head
Lemreway
Ardovourlie
Miabhaig
West Loch Tarbert
Maaruig
Taransay
Tarbert
Rhenigidale
Sellebost
Carnach
Shiant Islands
Toe Head
Meavag
Scalpay
Taobh Tuath
Pabbay
Cluer
Leverburgh
Berneray
Rodel
Renish Point
Borgh
Sound of Harris
Griminish Point
Otternish
Tigharry
Sollas
230
Lochmaddy
Weaver`s Point
Sound of Monach
Paible
Samala
Baleshare
Balivanich
Gramsdale
Roney
Creagorry
Ardivachar Point
Ardivachar
Bag nam Faoileann
Sandwick
Howmore
Lochskipport
Beinn Mhor 620
Loch Eynort
Daliburgh
Lochboisdale
Rubha Hunish
Flodigarry
Staffin
Waternish Point
Idrigill
Loch Snizort
Uig
Culnaknock
Hallin
Dunvegan Head
Trotternish
A87
16
The Storr 719
Rona
Claigan
Milovaig
Dunvegan Castle
15
Blackhill
Carbost
Charles Cave
Sound of Raasay
Inner Sound
Dunvegan
Ramasaig
Brochel
Raasay
Portree
Bracadale
Idrigill Point
Oscaig
Loch Bracadale
Fiskavaig
22
Sconser
Crowlin Is.
Scalpay
Sligachan
Dunan
Luib
Broadford
Loch Torr
Rubha na Fearn
20
21
18
100
200

171ws©Tadek, stock.adobe.com

ROUTENÜBERSICHT

Wer denkt, er kennt schon alles, der sollte sich eine Schnuppertour auf die Insel Lewis and Harris gönnen. Hier ist jeder Atemzug Natur pur und man genießt eine Freiheit, wie sie der Wohnmobilfahrer nur noch an wenigen Orten in Europa hat. In der Sommerzeit erlebt man Strände wie in der Karibik mit weißem Sand und türkisblauem Wasser und spektakuläre Klippen, an denen sich meterhohe Wellen brechen. Im Frühjahr und Herbst können Stürme und Regen im Minutentakt durchziehen oder dauerhaft verweilen. Auf einer Wanderung kann einem durchaus niemand begegnen und in der Nebensaison muss man nahezu an keiner Stelle überlegen, ob man hier mit dem Wohnmobil übernachten darf!

Von Uig auf Skye übergesetzt, erreicht man nach 90 Minuten Tarbert. Die einzige Straße bringt einen dann zur größten (oder einzigen?) und wirklich sehenswerten Stadt Stornoway. Von der Ost- zur Westküste heißt es dann bis Barvas. Am nächsten Abschnitt zwischen Barvas und Callanish entdeckt man jahrtausendealte Überreste menschlichen Lebens in Form von Hünengräbern oder Menhiren. Am Abend blickt man vom Stellplatz über den Atlantischen Ozean – traumhaft!

Strecke:
Tarbert (s. S. 97) – **Stornoway** (59 km, s. S. 97) – **Barvas** (24 km, s. S. 99) – **Callanish** (38 km, s. S. 99) – **Leverburgh** (87 km, s. S. 101) – **Tarbert** (29 km)

Streckenlänge:
237 km

⌃ *Stornoway aus der Vogelperspektive (s. S. 97)*

« *Kapitelstartseite: Für diesen Ausblick lohnt sich die weiteste Anreise!*

Im ersten Jahrtausend vor Christus besiedelten die Kelten die Eilande der Hebriden und bis heute sprechen die Inselbewohner im Alltagsleben die Sprache ihrer Vorfahren, **Gälisch.** Im 6. Jahrhundert begann von hier aus die Christianisierung Schottlands durch den irischen Kirchenvater Columban. 200 Jahre später fielen die Horden der räuberischen Wikinger in das Land ein. Sie brachten Angst und Schrecken über die friedvolle Bevölkerung. Doch die norwegische Vorherrschaft dauerte nur bis 1266 an und nach der Befreiung gehörten sie fortan zu Schottland.

Kalt und feucht, rau und stürmisch, neblig und wolkenverhangen war es schon immer auf den Inseln und was man zum Leben brauchte, mussten die Menschen dem Land und dem Meer mit Mühe abringen. Der große englische Gelehrte des 18. Jahrhunderts, Dr. Samuel Johnson, hielt nicht viel von Schottland, aber von den Hebriden schrieb er begeistert: „Ich habe nun das Vergnügen dorthin zu gehen, wohin niemand geht, und zu sehen, was niemand sieht. Die Hebriden sehen, heißt ein ganz anderes Land zu sehen."

Außer mit der Fähre von **Uig auf der Insel Skye nach Tarbert** gibt es auch die Möglichkeit, die Festlandfähre vom nördlich gelegenen Küstenort **Ullapool nach Stornoway,** der Inselhauptstadt von Lewis and Harris, zu nehmen. Allerdings ist die zweite Variante erheblich teurer.

Die Fähren von Uig nach Tarbert verkehren im Sommer zweimal täglich, im Winter mindestens einmal täglich. Die Preise sind Winter und Sommer nahezu identisch. Ein Wohnmobil mit 6 m Länge kostet inkl. zwei Personen hin und zurück ca. £ 95 (8 m Länge £ 196). Die Fahrzeit beträgt 1 Std. 40 Min.

Die Fähren von Ullapool nach Stornoway verkehren im Winter montags bis samstags zweimal täglich. Dienstags und sonntags nur einmal täglich. Im Sommer verkehren sie dann täglich zweimal. Die Überfahrt für ein Wohnmobil mit 6 m Länge kostet inkl. zwei Personen hin und zurück ca. £ 152 (8 m Länge £ 300) und dauert 2½ Std.

Warum der doppelte Inselname?

Laut der Überlieferung sollen die Inselbewohner des kleinen, gebirgigen südlichen Teils (Harris) und des großen, eher flachen nördlichen Teils (Lewis) wegen der unüberwindbaren Bergkette dazwischen früher nur über den Wasserweg miteinander Kontakt gehalten haben. Daraus entstand der Irrglaube, dass es sich um zwei Inseln handeln müsse.

Auf der übersichtlichen Seite von der Fährgesellschaft Caledonian MacBrayne **www.calmac.co.uk** findet man schnell alle Informationen.

Die Häfen sind nicht sehr groß und gut ausgeschildert, meistens reicht es, wenn man 15 Minuten vor Abfahrt da ist.

Die **Entfernungen auf der Insel** sind sehr moderat und mit einem Stau muss man nicht rechnen, deshalb sind für einen Abstecher zur Insel Lewis und Harris auch zwei Tage ausreichend, die man nach eigenem Ermessen ausdehnen kann.

Natürlich kann die Insel für Naturfans aber auch durchaus Programm und Abenteuer für 14 Tage bieten. Das Schöne ist, dass man eigentlich nicht viel Vorbereitung braucht, einfach hinfahren und dort halten, wo man etwas Besonderes im Blick hat. Die Vorsaison bis Mitte Juni und die Nachsaison ab Mitte August sind touristisch so ruhig, dass man eine nahezu grenzenlose Freiheit genießen kann. Es gibt keine Schilder mit Verboten, aber man sollte natürlich mit der Natur so umgehen, wie es auch jeder Einwohner macht!

▷ *Spannende Größenverhältnisse: eine Fähre im Hafen von Tarbert*

TARBERT

Die Heckklappe der Fähre öffnet sich nach rollender und stampfender Fahrt, einige Touristen sind etwas grün im Gesicht – so oder ähnlich wird man es vielleicht erleben, wenn man in Tarbert, dem **Hauptort des südlichen Inselteils Harris** von Bord geht. Die Wortwahl könnte in die Irre führen, denn Tarbert besteht aus einer Tankstelle, einem kleinen Einkaufsladen, einem Hotel und einer Bank. Dazwischen sind ein paar verstreute Häuser und der einzige Pub ist die Bar des Hotels.

Harris ist gebirgig und rau, Lewis dagegen flach, von Hochmooren und Hunderten von Seen überzogen. Von Tarbert schlängelt sich die A859 gen Norden, überquert das Gebirge und führt dann durch das Innere der Doppelinsel nach Stornoway.

Information

› **VisitScotland Tarbert iCentre,** Pier Road, Tabert HS3 3DJ, Tel. 01859 502011, geöffnet: 28.5.–2.9. Mo.–Sa. 9.15–17.45, 3.9.–28.10. 9.15–16.45 Uhr

STORNOWAY

(59 km – km 59)

Die **Verwaltungshauptstadt** mit ihren 8000 Einwohnern ist schon ein ganz anderes Kaliber und der einzige Ort auf der Insel, in dem sich so etwas wie quirliges Leben abspielt. Die Fahrt hierher bietet einen schönen Ausblick auf tief ins Land ragende Fjorde. Bei Sonnenschein funkeln die Seen wie Diamanten und die Bergzüge glänzen wie Zuckerhüte. Allerdings kann es im nächsten Augenblick auch aus Kübeln schütten und die Wolken hängen auf der Straße. Doch die lichten Momente gibt es immer, denn die Klima-Faustregel für Lewis and Harris lautet: Fünf Jahreszeiten an einem einzigen Tag.

Stornoway überrascht mit freundlicher Geschäftigkeit, einem bunten Outfit und seinen vielen Blumenampeln. Eigentlich passt der Ort gar nicht so richtig zum anderen Auftritt der Insel. Auch fallen die vielen **kleinen Geschäfte** angenehm auf, große Ketten wird man hier nicht finden. Mit Blick auf das Ha-

fenbecken sitzen und gut speisen kann man in der im Seemannsstil dekorierten **HS-1 Cafe Bar** im Royal Hotel. Hier steht der Fisch im Mittelpunkt der Küche.

Bei der Einfahrt in den Ort folgt man einfach den Hinweisen zum Hafen, dort ist ein großer **Free Car Park,** wo man besonders an den Rändern auch sehr gut mit langen Wohnmobilien stehen kann. Von hier kann man zu einem Stadtspaziergang aufbrechen. Gleich gegenüber dem Hafenbecken sieht man im Hang die Spitze von **Lews Castle.** Es gehörte einst dem Seifenfabrikanten **Lord Leverhulme,** der 1918 die ganze Insel kaufte, um ein gigantisches Fischfang- und Verarbeitungskombinat zu gründen. Da spielten die Insulaner aber nicht mit und so scheiterte sein Vorhaben bereits 1923. Der moderne Investor verkaufte wieder und verschwand.

Information

› **Stornoway VisitScotland iCentre,** 26 Cromwell Street, HS1 2DD, Tel. 01851-703088, geöffnet: ganzjährig Mo.–Fr. 10–16 Uhr, Sa. 10–14 Uhr, www.visitouterhebrides.co.uk

Gastronomie

› **HS-1 Cafe Bar,** im Royal Hotel, Cromwell St., Stornoway HS1 2DG, Tel. 01851 702109, www.royalstornoway.co.uk, geöffnet: täglich 12–21 Uhr. Im netten, hellen und maritim dekorierten Lokal spielt Fisch die Hauptrolle. Besonders der Hebridean Mixed Seafood Pot ist zu empfehlen. Man kann hier nicht reservieren, das erhöht die Chance auf ein freies Plätzchen mit Blick in den Hafen. Vorspeisen ab £ 7, Hauptgänge ab £ 18.

Von Stornoway aus kann man bequem der A857 folgen, die als eine Art Ringstraße der Route den Weg vorgibt. Bis zur Nordwestküste nach Barvas sind es nur ca. 20 km. Die Strecke gibt einen wunderschönen Eindruck von der Weite der Insel und führt zum Teil an einem Flusslauf entlang.

Lews Castle gegenüber dem Hafen von Stornoway

BARVAS
(24 km - km 83)

In Deutschland würde man die Ansammlung der Häuser von Barvas eher als Weiler bezeichnen. Man nimmt einfach den einzigen Abzweig nach links der einen zum **Arnol Blackhouse** bringt. Den Besuch dieser traditionellen alten Hebriden-Kate sollte man nicht verpassen. Diese Häuser wurden ohne Kamin gebaut und hatten somit einen „Naturdach-Filter“, der sich recht schnell schwarz färbte. Bis heute zieht einem dieser Duft von Rauch in die Nase. Entsprechend muss auch die Kleidung der Bewohner gerochen haben bzw. auch auf die Haut und in die Haare gezogen sein!

› **The Blackhouse,** 42 Arnol, Bragar HS2 9DB, Isle of Lewis, an der A858, 18 km nordwestlich von Stornoway, Tel. 01851 710395, www.historic-scotland.gov.uk, geöffnet: April-September Mo.-Sa. 9.30-17.30 Uhr, Oktober-März Mo.-Sa. 9.30-16 Uhr, Eintritt: £ 7, Kinder ab 7 Jahre £ 4. Vollständig eingerichtetes traditionelles Blackhouse, das typische Hebriden Wohnhaus aus früheren Zeiten. Detailgetreu versetzt es einen in eine andere Welt und man kann sich gut das karge Leben der Menschen vorstellen.

CALLANISH
(38 km - km 121)

Anschließend heißt es zurück auf die A858 und einige Kilometer südlich kommen zwei herrliche Buchten mit traumhaften Stränden, die besonders im Sommer gern von Kitesurfern aufgesucht werden. Der erste Strand ist **Dail Beag Beach,** der von einigen Klippen umrahmt ist. Der bessere Parkplatz befindet sich nur drei Kurven weiter am **Dalmore Beach.** Einfach dem Schild an der Straße folgen. Gegenverkehr gibt es auf dem schmalen Weg nur selten und wenn, dann arrangiert man sich nach schottischer Manier. Der Platz neben einem Friedhof ist ausreichend groß und verfügt über eine grandiose Aussicht auf das blaue, tosende Meer. Zum Abend versammeln sich hier immer Wohnmobile aller Größen zum Übernachten. Auch für Kinder und Hunde ist der Strand ein riesiger Sandkasten der zum Toben einlädt.

P 26 **Dalmore Beach,** GPS 58.304783, -6.752247

Da hätte selbst Obelix schwer zu tragen: die Standing Stones of Callanish

064wr ©Torsten Berning

Tweed kaufen

Der weltbekannte **Harris Tweed,** ein besonders robustes und winddichtes **Wollgewebe,** darf nur mit Wolle von den Hebriden und von den Inselbewohnern handgewebt sein. Das Zeichen für seine Echtheit ist das Siegel mit einem Malteserkreuz auf einem Globus. Entlang der Küstenstraße Golden Road arbeiten noch heute viele der ca. 1000 Tweedweber wie Donald John Mackay in einfachen Katen oder in Schuppen neben ihren Häusern an ihren Webstühlen. 70 % der Produktion gehen in den Export, überwiegend nach Japan. Der hier hergestellte Tweed ist in ganz Großbritannien sehr begehrt und kostet vor Ort ca. £ 8 pro Meter, wird z. B. in London aber auch für den zehnfachen Preis verkauft. Für einen Anzug (Jackett, Weste, Hose) mittlerer Größe benötigt man ca. 8 Meter von dem edlen Material. Dazu würde man auch ein Etikett zum einnähen erhalten, das seit 1909 jedes aus Tweed hergestellte Kleidungsstück ziert.

› **Donald John Mackay,** GPS 57.8865289, -6.9491727, Harris, Isle of Harris HS3 3HL, Tel. 01851 550261

Vorbei an einer Vielzahl von Seen ist der nächste Stopp an den **Standing Stones of Callanish.** Ab der Straße folgt man der Beschilderung zum Parkplatz. Die Objekte der Begierde sind ein wenig vom Visitor Centre entfernt, aber nicht zu übersehen, denn sie stehen am Ufer des weit ins Land reichenden Fjords East Loch Roag erhaben auf einem kleinen Hügel. Vor 4000 Jahren diente der prähistorische Steinkreis als **Kultstätte für den Sonnenglauben.** 13 hohe Monolithe umgeben kreisförmig den mächtigen Zentralstein. Wie mag das wohl gewesen sein, wenn hier Totenfeiern oder auch das Erntedankfest stattfanden? Ein wenig unheimlich ist es schon.

P 27 **Callanish Standing Stones Visitor Centre,** GPS 58.195655, -6.743445, Callanish HS2 9DY, direkt an der A859, gut ausgeschildert, Tel. 01851 621422, www.callanishvisitorcentre.co.uk, geöffnet: Nov.-März Di.-Sa. von 10-16 Uhr, April, Mai, Sept. Okt. Mo.-Sa. 10-18 Uhr, Jun.-Aug. Mo.-Sa. 9.30-20 Uhr, Eintritt frei. Das Visitor Centre ist sehr interessant und informiert auch zu der Lebensweise der schottischen Vorfahren. Die Steinkreise selbst kann man Tag und Nacht aufsuchen. Dazu darf man natürlich auch immer den Parkplatz benutzen!

065ws©Torsten Berning

Für die Fortsetzung der Route kann man sich auf direktem Wege nach Tarbert begeben oder mit einem Abstecher nach Ardroil Beach die **günstigste Campsite Schottlands** (Ardroil Sands Campsite ⑳) ansteuern. Lohnenswert sind diese 34 km allemal, denn sie führen durch eine einzigartige Landschaft.

⑳ Ardroil Sands Campsite

GPS 58.18456, -7.02534

Wenig überlaufene Campsite. Nettes Nebeneinander von Bikern und Wohnmobilen. Es sind nur 100 m bis an den Sandstrand, einmaliger Blick in die Bucht. Sanitäranlagen zweckmäßig, zwei Duschen, zwei Toiletten. **Lage/Anfahrt:** ab Callanish der B8011 folgen; über *single track roads;* **Platzanzahl:** 15; **Untergrund:** Asphalt; fest; **Service:** Strom, Trinkwasser, Abwasser, Chemie-WC; **Preise:** £ 2 pro Person, Dusche £ 1; **Max. Stand:** unbegrenzt; **Geöffnet:** 1. März–31. Oktober; **Kontakt:** 6 Ardroil, HS2 9EU, Tel. 01851 672248. Es gibt eine Box für das Geld, abends kommt manchmal jemand von der Gemeinde.

Wieder auf der B8011 zurück bis an den Abzweig auf die A858 bei Callanish, führt einen die Beschilderung direkt nach **Tarbert** (s. S. 97), wo die Fähre nach Uig zur Insel Skye übersetzt. Wer gern auch Harris, den südlichen Inselteil erkunden möchte, kann dies in einer Rundfahrt von ca. 87 km tun.

◁ *On the road to Leverburgh*

LEVERBURGH

(87 km – km 208)

Kurz vor Tarbert folgt man dem Verlauf der A859 nach rechts Richtung Leverburgh und schon beginnt das nächste Abenteuer! Denn nach ca. 7 km geht heißt es links ab auf die **Golden Road.** Diese *single track road* im Schatten der Ostküste hat seinen Spitznamen nicht aufgrund der landschaftlichen Schönheit erhalten, sondern weil der Bau dieser Trasse durch die harsche und unwirtliche Gegend so unverschämt teuer war. Wie schon gesagt ist die Strecke einspurig, besitzt aber ca. alle 250 m Ausweichbuchten. Da hier die öffentlichen Busse verkehren, ist die Route auch mit Wohnmobil zu bewältigen, benötigt allerdings ihre Zeit. Am Wegesrand sieht man einzelne Häuser oder kleine Weiler, Dutzende von Seen und Fjorde, die sich tief ins Festland eingefräst haben. Angenehm ist, dass es manchmal mitten auf der Strecke bzw. – sagt man es ehrlich – im Niemandsland **Geschäfte** gibt. Dies können Bekleidungskleidungs- oder Geschenkelädchen, genauso aber ein Fischgeschäft oder ein Tante-Emma-Laden sein, denn natürlich möchten sich auch hier die Menschen Abwechslung schaffen oder sich einfach versorgen. Auf jeden Fall sollte man mal halten, sich die Läden anschauen und dabei mit den Einwohnern ins Gespräch kommen. Ganz oft gibt es einen guten Tipp oder einfach nur etwas zu schmunzeln. Der Schotte liebt Smalltalk und ist neugierig.

Am Endpunkt der Südostküste gibt es in **Rodel** eine Kirche aus dem 16. Jahrhundert zu bewundern. Das Lustige an St. Clemens ist, dass man sie immer besichtigen kann, weil an einem Kettchen der Schlüssel an der Tür baumelt! In der Kirche ist die Grabstätte mit Skulptur des Erbauers Alexander MacLeod, dem 8. Chief des Clans der MacLeods, zu sehen.

Bis **Leverburgh** mit seinem Hafen sind nur einige Kilometer zu fahren. Man hört die tosende Brandung des Meers als einziges Umweltgeräusch. Hier gibt es ganz oft in Wassernähe gut befestigte Plätze oder Buchten, wo man gut mit dem Wohnmobil stehen kann.

Den **Rückweg nach Tarbert (29 km)** sollte man unbedingt **über die Westküste antreten,** denn kurz hinter Leverburgh kommen **riesige traumhafte Strände,** auf denen man wie vor St. Peter Ording sogar Strandsegler beobachten kann. Es ist atemberaubend, die Weite zu fühlen und die Seeluft einzuatmen, da weiß man, warum man den Weg auf sich genommen hat, weil sich hier Träume erfüllen!

Die Westroute ist fast schon als großzügig zu bezeichnen und oftmals sogar zweispurig, trotzdem sollte man vorsichtig fahren, denn es gibt immer wieder Schafe, die die Fahrbahn queren. Wer möchte, kann etwas nördlich von **Borve** noch eine Übernachtung an der **Horgabost Campsite** 21 einlegen. Der einfache Platz bietet Dusche, Toilette und in einem kleinen Shop bei der Anmeldung kann man das Allernötigste erstehen. Die Stellplätze protzen mit ihrer einmaligen Naturlage direkt an den Dünen. Der Ausblick ist fantastisch und die Ruhe purer Genuss. Die Sonnenuntergänge kann man am Wohnmobil erleben, als würde man am Strand sitzen!

21 Horgabost Campsite

GPS 57.86135, -6.97988

Toller Blick auf den breiten Strand, einfacher Platz, aber jede Sekunde Aufenthalt wert. Hier glänzen die Lage und die Ruhe. Dusche im Container, da ist auch ein kleiner Shop, der Mitte Juni bis Ende August abends geöffnet ist. Bitte die Wiesen vor dem Befahren begehen und prüfen. Oberhalb ist sehr fester Untergrund. **Lage/Anfahrt:** an der A859 Leverburgh nach Tarbert; breite Zufahrt ohne jede Einschränkung; **Platzanzahl:** 50; **Untergrund:** Schotter, Wiese; fest; **Service:** Chemie-WC; **Preise:** £20/Fahrz., Chemie-WC-Leerung £3; **Max. Stand:** unbegrenzt; **Geöffnet:** Mai–Oktober; **Kontakt:** Horgabost Township HS3 3HR, Tel. 01859 550386, abends kommt meist jemand, sonst das Geld in einem Umschlag in die Box werfen

Bei der Überfahrt mit der Fähre von Tarbert nach Uig wird man sehnsüchtig und beeindruckt ob der vielen Eindrücke zurückblicken!

ROUTE 5

QUERVERBINDUNG VON WEST NACH OST

066ws©Torsten B

« *Highland-Landschaft wie aus dem Bilderbuch*

Strecke:
Kyle of Lochalsh (s. S. 85) – **Invergarry** (73 km, s. S. 106) – **Fort Augustus** (16 km, s. S. 108) – **Inverness** (52 km, s. S. 109)

Streckenlänge:
141 km

ROUTENÜBERSICHT

Für Wohnmobilisten, die nicht unbegrenzt Zeit haben, ist diese Querverbindung gedacht. In Inverness kann man mit Route 9 (s. S. 159) weitermachen.

Man startet in Kyle of Lochalsh und erreicht hinter Dornie eines der beliebtesten Fotomotive Schottlands, Eilean Donan Castle. Der von Christopher Lambert verkörperte „Highlander" startete von hier seine Abenteuer durch die Zeit. Die A87 verläuft vorbei an vier Seen Richtung Invergarry und Fort Augustus. Viele wollen nicht darauf verzichten, deshalb führt die Route auch nahezu 50 km am längsten schottischen See, dem berühmten Loch Ness, vorbei! Man wird Urquhart Castle (s. S. 162) am Ufer erspähen und natürlich das Loch Ness Centre (s. S. 162). Von dort geht es in die Hauptstadt der Highlands, Inverness. Diese abwechselungsreiche Stadt lädt einfach zu einem Aufenthalt ein: Tolle Pubs, eine schöne Festung und die Kathedrale, einen Buchladen mit Café in einer alten Kirche oder die Brücke über den Moray Firth – es ist für jeden etwas dabei. Höhepunkt dieser Route ist aber die Übernachtung auf einem der idyllisch gelegensten Farmcampings Schottlands, der Faichemard Farm Campsite.

Idylle am Fluss Oich kurz hinter Invergarry

172ws©Ondrej Novotny, stock.adobe.com

Die Route 5 ist anfangs mit Teilen der Route 3 identisch. Sie führt von **Kyle of Lochalsh** (s. S. 85) über Dornie mit dem „Highlander"-Schloss **Eilean Donan Castle** (s. S. 86) nach Invergarry.

INVERGARRY

(73 km – km 73)

Die A87 kann man ohne Übertreibung als **Panoramaroute** bezeichnen. Hinter Dornie begleiten einen entlang der 50 km langen Strecke mit Blick aus dem Fenster nach rechts **Loch Duich, Loch Cluanie, Loch Loyne** und **Loch Garry.** Aus dem linken Fenster (Richtung Norden) sind es die Gipfel der **Five Sisters of Kintail,** die sich bis 1120 m in die Höhe schrauben. Dazwischen sind es hügelige Landschaften mit sanften Tälern, an deren Hängen man Rinder weiden oder Schafe grasen sieht! Immer wieder gibt es kleine Parkplätze oder Buchten, an denen man einen Halt für ein Foto einlegen kann oder einfach nur, um die Aussicht zu genießen.

Drei Kilometer vor Invergarry sieht man links den Hinweis „Faichemard Farm", hier sollte man unbedingt den Blinker setzen und ohne Furcht ca. 3 Kilometer dem gut befestigten Weg durch den Wald folgen. Am Ende erwartet einen, wie auf einer Lichtung, die Bilderbuchidylle der **Faichemard Farm Campsite** ㉒. Eingebettet in ein Tal, umgeben von Wald und dem Gipfelpanorama findet man auf mehr als 4 Hektar nur 35 Stellplätze. Am besten man bleibt gleich bei der Ankunft unten beim Teich an der Schotterfläche stehen und geht anschließend zu Fuß nach oben zur Anmeldung bei Familie Grant. Schöne Wanderwege verlaufen vom Platz durch die

Die Ruine des Invergarry Castle aus dem 19. Jahrhundert

unberührte Natur. Besonders schön ist ein ausgeschilderter Rundweg am oberen Ende. Er führt ca. 5 km durch die „freie Wildbahn" und wenn einem jemand begegnet, ist das wohl in die Kategorie „Zufall" einzustufen. Da der Weg sich an einem Höhenkamm entlangschlängelt, gibt es keine großen Höhenunterschiede und er eignet sich für alle Altersklassen.

Invergarry mit seinen ca. 400 Einwohnern liegt am Ende des Great Glen und hatte seine beste Zeit, als hier große Holzwerke die Bäume aus den angrenzenden Wäldern verarbeiteten, um sie in den Süden zu liefern. Die **Ruine der Burg** befindet sich etwas außerhalb und ist ein Relikt aus dem 19. Jahrhundert, als hier die Holzbarone des Clans MacDonell of Glengarry regierten. Auf den Clan folgte die Familie Ellice und erbaute nördlich der Burgruine Invergarry House, welches 1960, nach 26 Jahren Leerstand, seine Wiedergeburt als **Glengarry Castle Hotel** erlebte. Das Hotel ist heute der Mittelpunkt des Ortes und zugleich Restaurant und Pub. Hier treffen sich auch die Einheimischen. Bei der Einkehr genießt man die authentische Atmosphäre und inhaliert mit jedem Atemzug einen Teil der Geschichte. Im gemütlichen Pub kann man bereits ab 8 £ Kleinigkeiten genießen, im Restaurant kann ein Menü dagegen schon mal 50 £ pro Person kosten.

Die gut ausgebaute A82, die Verbindung von Glasgow und Inverness, führt dann weiter Richtung Norden nach Fort Augustus.

22 Faichemard Farm Campsite

GPS 57.07511, -4.82677

Kleiner Farmcampingplatz, der seit 1935 in dritter Generation geführt wird. Auf mehr als 4 Hektar gibt es nur 35 Stellplätze, echter Tipp für Naturfans, Entspannung garantiert. Die untere Fläche am Teich ist für Wohnmobile aller Größen geeignet. In der Hauptsaison keine Kinder unter 18 Jahren. Ab 14 Jahre wird aber ein Auge zugedrückt. Hunde sind erlaubt. **Lage/Anfahrt:** an der A87 von Kyle of Lochalsh Richtung Inverness ca. 3 km vor Invergarry. Gut befestigter Weg durch den Wald, ohne Höhenbeschränkung, bis 7,5 t; **Platzanzahl:** 35; **Untergrund:** Asphalt, Schotter; fest; **Service:** Strom, Trinkwasser, Abwasser, Chemie-WC, WiFi; **Sicherheit:** beleuchtet; **Preise:** £ 27 inkl. 2 Personen und Strom; **Max. Stand:** April–Oktober; **Geöffnet:** ganzjährig; **Kontakt:** Invergarry, PH35 4HG, Tel. 01809 501314, www.faichemard-caravancamping.co.uk, Anmeldung bis 20 Uhr oberhalb des Platzes bei Familie Grant

067ws©Torsten Berning

159ws©lapas77, stock.adobe.com

FORT AUGUSTUS

(16 km – km 89)

Nur wenige Kilometer hinter Invergarry kreuzt man die **Bridge of Oich.** In Sichtweite fällt einem parallel sofort die Old Bridge ins Auge und kurz dahinter gibt es eine sehr schöne Parkmöglichkeit, die auch gern mal zur Übernachtung genutzt wird. Man befindet sich jetzt genau am Übergang von Loch Oich zum Fluss Oich, der zum Loch Ness führt. Die 44 m lange Kettenbrücke musste 1850 neu gebaut werden, weil eine schwere Flut durch den Great Glen die alte Steinbrücke einfach weggespült hatte.

Das Tal, in dem man sich bewegt, ist weit und vermittelt einen tollen Eindruck von der Landschaft, die den gesamten Routenverlauf bis Inverness prägt. Sogar ein Radweg entlang des Flusses ist hier zu entdecken. Wer also mal wieder seine Drahtesel aus dem Dornröschenschlaf wecken möchte, hat hier die Gelegenheit dazu. Kurz hinter der Kurve des kleinen Ortes Aberchalder sieht man an der rechten Seite den **Thistle Stop Coffee Shop & Restaurant.** Ist es noch Vormittag sollte man unbedingt ein Frühstück und am Nachmittag den selbstgemachten Kuchen probieren.

Der schöne Ort **Fort Augustus** liegt am südlichen Ende von Loch Ness und verfügt über eine erstaunlich gute Infrastruktur. Die ca. 620 Einwohner haben einen Supermarkt, eine Tankstelle, nette Lokale und bieten ihren mobilen Gästen einen großzügigen Wohnmobilpark. Durch fünf **Schleusen im Caledonian Canal** werden hier, ähnlich wie bei „Neptuns Treppe“ bei Fort William (s. S. 72), Schiffe vom Fluss Oich zum Loch Ness geführt.

Die Siedlung bekam ihren Namen von der **Festung Fort Augustus,** die hier 1729 bis 1742 errichtet und nach **William Augustus,** dem Duke of Cumberland, benannt wurde. Er ging als **Schlächter von Culloden** in die Geschichtsbücher ein, weil er 1746 im Zweiten Jakobitenaufstand die Highlandarmee in der Schlacht bei Culloden nicht nur vernichtend schlug, sondern zudem nach der Schlacht befahl, alle verwundeten und gefangenen Jakobiten zu exekutieren.

1867 erwarb **Lord Lovat** das Fort und machte es zu seinem Jagdschloss. Bereits 1876 vermachte der nächste Lord das Schloss Benedektinermönchen, die es zum **Kloster** umfunktionierten. Erst 1998 verließen die letzten Mönche das Kloster, seither ist die Anlage geschlossen und darf auch nicht betreten werden.

Natürlich ist auch in Fort Augustus schon etwas vom Tourismus rund um **Nessie** zu spüren. Der ungebrochene Monster-Hype ist ein Segen für die ganze Region!

Information

› **Fort Augustus iCentre,** The Car Park, Fort Augustus, PH32 4DD, Tel. 01320 345156, geöffnet: Okt.-März Fr.-Mo. 10-15, April-Sep. Mo.-So. 10-16 Uhr

Gastronomie

› **Thistle Stop Cafe & Restaurant,** GPS 57.097321, -4.730000, Thistle Stop, Invergarry, Aberchalder PH35 4HN, direkt an der A82 von Invergarry nach Inverness kurz hinter der Bridge of Oich auf der rechten Seite (gut ausgeschildert), Tel. 01809 501478, www.spanglefish.com/thistlestop, geöffnet: März-November meist Do.-Mo. 9.30/10-16 Uhr (manchmal auch Do. geschlossen). Genaue Öffnungszeiten bitte im Internet einsehen. Ist auch mal geöffnet, wenn es eigentlich geschlossen hat! Für £8 bekommt großartiges Full Scottish Breakfast! Die selbstgemachten Kuchen sind legendär und es gibt eine gute Auswahl an kleinen Speisen zu guten Preisen. Alles wird frisch zubereitet und mit viel Liebe von Julie und Patrick serviert.

Die Schleusen des Caledonian Canal in Fort Augustus

Parken und Übernachten

P **28 Parkplatz River Oich,** GPS 57.14654, -4.68173, Fort Augustus PH32 4DF, an der A82 Richtung Invermoriston ausgeschildert, Preise: £5, 18-8 Uhr frei, max. Stand: 1 Tag. Großzügig angelegte, asphaltierte, umzäunte und beleuchtete Parkfläche an den Ufern des River Oich. Die 12 Stellplätze befinden sich im hinteren Teil, wo auch die Busse parken. Bei Nacht ist von der unterhalb liegenden Straße wenig zu hören und es ist sehr ruhig. Gute Zufahrt für Wohnmobile aller Größen. Längere Fahrzeuge müssen rückwärts mit dem Heck über dem Grünstreifen parken. Es gibt keine Ver- und Entsorgung.

INVERNESS

(52 km – km 141)

Die am schnellsten wachsende Stadt Schottlands präsentiert sich als dynamisches Zentrum mit 50.000 Einwohnern (inkl. der Außenbezirke sind es ca. 64.000). Die **Hauptstadt der Highlands** ist auch die Zentrale der 1965 ins Leben gerufenen Entwicklungsbehörde für den strukturschwachen Norden und die Inseln. Sie soll für soziale und ökonomische Impulse sorgen, um der Arbeitslosigkeit und Abwanderung aus der Gegend entgegen zu treten.

Das Viereck Thurso im Nordosten, Durness im Nordwesten, Kyle of Lochalsh im Südwesten und Inverness im Südosten ist bildet die Einkaufsmetropole für sämtliche Bewohner der Highlands

Auf dem Castle Hill steht **Inverness Castle.** Bereits ab dem 11. Jahrhundert gab es hier verschiedene Festungen, so auch die die Residenz von **König Macbeth,** dem Shakespeare später in einem seiner berühmtesten Stücke die ganze Aufmerksamkeit schenkte. Die Burg fiel im 13. Jahrhundert an die Engländer, bevor König Robert the Bruce sie im 14. Jahrhundert zurückeroberte. Die heutige Burg aus rotem Sandstein entstand 1836. Leider sind nur ein Turm und das Burggelände frei zu begehen.

160ws©Nyky, stock.adobe.com

Am 16. April 1746 fand im **Culloden Moor** unweit von Inverness die letzte Schlacht auf schottischem Boden stattfand. Die Engländer machten Inverness dem Erdboden gleich und es dauerte fast 200 Jahre bis es wieder bergauf ging! Besonders schön wirkt die Stadt heute bei einem Spaziergang entlang des Flusses Ness. Die Burg auf dem Hügel, die **Kathedrale** oder **schöne Gasthäuser** – all dies passt wunderbar zusammen. In der Innenstadt gibt es einige nette Gassen, die alte **Markthalle** und urige alte Pubs, deren Musik auch schon mal vor dem Eintritt gut zu hören ist. Ein besonderes Erlebnis ist immer der Auftritt einer Band am Abend oder wenn Fußball der ersten schottischen Liga angesagt ist. Wer z. B. am Vormittag die Stadt erreicht, kann wunderbar die **Bught Caravan Park & Campsite** ㉓ ansteuern. Man steht gut, kann sich Zeit lassen, ein Scottish Ale genießen und ist zu Fuß in nur 15 Minuten in der City.

Sehenswertes

- **Inverness Museum & Art Gallery,** Castle Wynd, Inverness, Highland, IV2 3EB, Tel. 01463 237114, www.highlifehighland.com/inverness-museum-and-art-gallery, geöffnet: April–Oktober Di.–Sa. 10–17 Uhr, Winteröffnungszeiten bitte auf der Website einsehen. Hier erfährt man eine Menge über die Geschichte von Inverness und die Highlands. Viele Ausstellungstücke veranschaulichen das Leben in verschiedenen Epochen. Außerdem gibt es wechselnde Ausstellungen schottischer und internationaler Künstler.
- **Inverness Cathedral,** Ardross St, Inverness IV3 5NN, Tel. 01463 225553, geöffnet: täglich ab 10 Uhr, Eintritt frei. Die Cathedral Church of Saint Andrew wurde 1869 eröffnet und ist heute Sitz des Bischoffs von Moray, Ross und Caithness. Es handelt sich um ein lebendiges Gotteshaus und die Ruhe der Gläubigen ist zu achten!
- **Markthalle,** Academy Street, Inverness IV3 4NN, täglich während der Geschäftszeiten in der Innenstadt geöffnet. Die Markthalle wurde 1880 im viktorianischen Stil erbaut. Viele kleine Geschäfte mit allen Dingen des täglichen Lebens wie Bekleidung, Lebensmittel etc. locken zu einem Besuch.

Blick auf Inverness Castle

Inverness

0 200 m

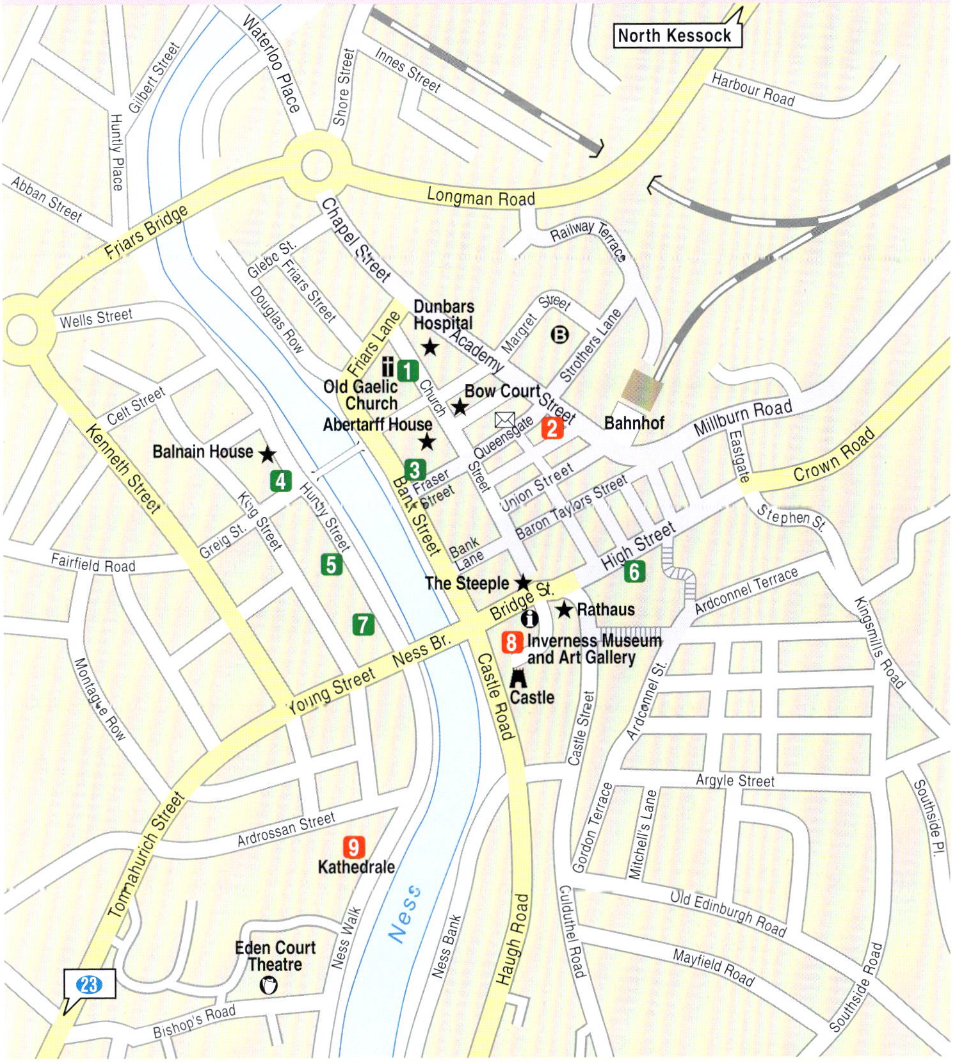

Sehenswertes
2 Markthalle
8 Inverness Museum & Art Gallery
9 Inverness Cathedral

Sonstiges
1 Leakey's Bookshop
3 Mustard Seed Restaurant
4 The Riverhouse
5 The Kitchen
6 Inverness iCentre
7 Highland House of Fraser

Stellplätze
23 Bught Caravan Park & Campsite

Fußgängerzone

161ws©Luis, stock.adobe.com

Information

› **Inverness iCentre,** 36 High Street, Inverness IV1 1JQ, Tel. 0044-1463-252401, geöffnet: Mo.–Sa. 9–17 Uhr und So. 10–15 Uhr, www.visitscotland.com/inverness

Gastronomie

› **The Riverhouse,** 1 Greig Street, Inverness IV3 5PT, am Ufer des River Ness, Tel. 01463 222033, http://riverhouseinverness.co.uk, geöffnet: Di.–Sa. 15–21.45 Uhr. Das kleine, feine Restaurant liegt direkt an der Brücke über den Fluss, gegenüber der Fußgängerzone, von wo aus man es schon sehen kann und bietet Platz für ca. 20 Personen. Hier kocht der Chef noch selbst und man kann ihm dabei zusehen! Das Restaurant ist liebevoll eingerichtet und familiengeführt. Die kleine Speisekarte bietet Extravagantes wie „Pochiertes Ei auf Blutwurst" und leckere, frisch zubereitete Seafood-Gerichte. Von April bis Oktober gibt es immer mittwochs ein Special: Fish Pie mit selbstgemachtem Brot und einem Glas Hauswein für 17,50 £. Das Riverhouse ist wie die meisten schottischen Restaurants nicht günstig, aber hier stimmen das Ambiente, der Service und das Essen.

› **The Kitchen,** 15 Huntly Street, IV3 5PR, Tel. 01463 259119, www.kitchenrestaurant.co.uk, geöffnet: Mo.–So. 12–15, 17–22 Uhr. Über drei Etagen mit Blick auf das Schloss und den Fluss. Außerdem gibt es eine schöne Terrasse, die bei schlechter Witterung auch beheizt ist. Es werden regionale Speisen serviert die bei £ 9,95 am Mittag beginnen und abends bei £ 14,95 starten. Sehr beliebt bei der einheimischen Bevölkerung und stets gut besucht. Die Eigentümer betreiben auch das **Mustard Seed Restaurant** in der Fraser Street, welches einen ganz tollen Barbereich hat. Hier wird auch mehr internationale Küche geboten.

Die Cathedral Church of Saint Andrew (Inverness Cathedral) befindet sich am Ufer des Flusses Ness

23 Bught Caravan Park & Campsite

GPS 57.46501, -4.2382

Schön gelegen am Bught Park mit viel Grün. Zusätzliche große Zeltwiese für Backpacker, kleiner Shop, WiFi. Als Alternative zum Fußmarsch in die Stadt gibt es auch einen Fahrradweg oder den Bus, der vor der Tür abfährt. **Lage/Anfahrt:** direkt an der A82 in Richtung Loch Ness, wenn man die Stadtmitte nach Süden verlässt, dem Schild „Campsite" in den Bught Drive folgen. Zufahrt ohne Einschränkung für Wohnmobile aller Gewichte und Größen; **Platzanzahl:** 60; **Untergrund:** Asphalt, Pflaster, Wiese; fest; **Service:** Strom, Trinkwasser, Abwasser, Chemie-WC, WiFi; **Sicherheit:** umzäunt; **Preise:** £ 24 inkl. 4 Personen, Strom £ 6; **Geöffnet:** Ostern–Mitte September; **Kontakt:** Bught Lane, IV3 5SR, Tel. 01463 236920, www.invernesscaravanpark.com, Rezeption an der Einfahrt bis 19, Sommer bis 20 Uhr

Wanderung Great Glen Way

Der Great Glen Way führt auf 117 km von Fort William nach Inverness und teilt sich in sechs Etappen auf. Der mit 13 km kürzeste Abschnitt von Fort Augustus nach Invermoriston beginnt in unmittelbarer Nähe des Loch Ness Highland Resort (Glendoe Rd). Der Premium-Wanderweg wurde 2002 eröffnet und jährlich werden die Strecke und die Hinweisschilder entlang der Route kontrolliert.

Es geht zunächst leicht bergauf, damit man auf den oberen Teil des Kamms kommt. Dafür wird man mit einem fantastischen Blick über Loch Ness belohnt, das einen ein Stück des Weges begleitet. Sehr schön ist, dass die Strecke kein stures Laufmuster hat und sich durchaus mal zu einem Pfad verengt oder durch Wiesen führt. Die letzte Schleife führt dann über die neue Invermoriston Bridge. Nur 100 m entfernt sieht man die Old Bridge. Diesen letzten, zugegeben etwas abenteuerlichen Abstecher sollte man sich gönnen. Die alte Brücke ist noch begehbar und von oben sieht man den wilden Flusslauf des Moriston mit seinen kleinen Wasserfällen. Zurück geht es bequem mit der Buslinie 919, die von Invermoriston gerade einmal 10 Minuten braucht und am Fort Augustus iCentre hält. Die Busse fahren siebenmal am Tag und man kann die Tour natürlich auch andersherum planen! Den Fahrplan gibt es ebenfalls am iCentre.

Einkaufen

- **Leakey's Bookshop,** Church Street, Greyfriars Hall, Inverness IV1 1EY, www.facebook.com/LeakeysBookshop. Leakey's ist eine Institution! In einer alten Kirche stapeln sich Secondhand-Bücher in Regalen, auf Tischen und auf dem Boden. Leakey kennt alle seine Bücher, ob Reiseliteratur, Karten, Kinderbücher oder Historienromane – er hat sie alle und findet jedes Buch, nach dem man sucht. In der oberen Etage des alten Kirchengebäudes befindet sich ein kleines, nettes Café. Mit Blick auf die hübschen Kirchenfenster kann man hier für kleines Geld leckeren Kaffee und Tee trinken, Kuchen oder eine herzhafte Kleinigkeit essen und in den Büchern schmökern oder einfach nur die Seele baumeln lassen. Im Winter wärmt ein prasselndes Feuer in einem alten Kamin das alte Gemäuer. Auch wer nicht gern liest, sollte sich diese magische Atmosphäre nicht entgehen lassen und einen Blick in den Laden werfen.
- **Highland House of Fraser,** 4–9 Huntly Street, Inverness IV3 5PR, Tel. 01463 222781, www.highlandhouseoffraser.com, geöffnet: tägl. 9–22 Uhr. Am Ufer des River Ness in der Innenstadt von Inverness befindet sich das Highland House of Fraser. Im Gegensatz zu vielen anderen „Souve-

069ws©Torsten Berning

071ws©Torsten Berning

nirshops" wird hier keine Billigware verkauft. Die angebotenen Kilts werden stattdessen direkt vor Ort produziert. Das fachkundige Personal gibt gern Auskunft zu den verschiedenen Mustern und deren Clanzugehörigkeit. Wer es nicht auf die Insel Harris geschafft hat, kann hier Stoffe, Bekleidung und vieles mehr aus dem begehrten Harris Tweed kaufen. Die Auswahl an typisch schottischen Produkten ist groß: So gibt es zum Beispiel Wappen, Gläser, Bilder und Karten.

Alle Wohnmobilbesatzungen, die Route 5 als Querverbindung genutzt haben und nicht über die Nordroute gefahren sind, sollten ihre Tour nun mit Route 9 (s. S. 159) fortsetzen. Diese führt entlang der Speyside Richtung Süden und hält noch viele sehenswerte Ziele bereit!

⌃ Inverness am Ufer des Fluss Ness

< Die Markthalle von 1880 im viktorianischen Stil

ROUTE 6

ENTLANG DER NORDKÜSTE

073ws-ds©Torsten Berning

ROUTENÜBERSICHT

Strecke:

Ullapool (s. S. 91) – **Kylestrome** (Kylesku, 50 km, s. S. 120) – **Kinlochbervie** (39 km, s. S. 122) – **Durness** (30 km, s. S. 123) – **Thurso** (111 km, s. S. 127)

Streckenlänge:

230 km

⊠ *Kapitelstartseite: Die Ruine von Calda House (s. S. 120) im County of Sutherland*

Kurs Nordnordost würde die Richtung der Route in der Seemannssprache heißen, denn bis in die letzte Ecke des schottischen Festlandes soll sie führen. Die Straßen werden fortan etwas schmaler oder nur noch einspurige single track roads sein. Aber keine Angst, das System mit den Ausweichbuchten klappt mit etwas Rücksicht aller Verkehrsteilnehmer sehr gut. Besonders, wenn man die A-Straßen zu einem Abstecher auf die ländlichen Seitenwege verlässt, sollte man aber die Augen offenhalten.

Von Ullapool geht zunächst auf gut ausgebauten Straßen bis Kylestrome und ab dort auf der A894 an wunderschöne Küstenplätze, die zum Übernachten einladen. Das kleine Durness ist der Startpunkt für eine 80

Kilometer single track road bis in das „Flow Country“ nach Thurso. Gewaltige Moorlandschaften erstrecken sich rechts und links des Wegs. So grün die Wiesen am Wegesrand auch noch aussehen mögen, beim Betreten kann man im nächsten Augenblick samt Schuhen versinken! Deshalb bitte nur befestigte Wege oder die vorgesehenen Holzstege nutzen. Nicht vergessen: Hinter jeder Kurve kann eine Kuh- oder Schafherde mitten in der Fahrspur stehen und die Natur hat hier „Vorfahrt“!

▷ *Der Sango Sands Viewpoint am Strand von Durness (s. S. 123)*

Für alle, die nicht auf der Insel Lewis & Harris waren (Route 4, s.S. 93) oder die Abkürzung der kompletten Tour (Route 5, s.S. 103) genommen haben, geht es hier im Anschluss an Route 3 planmäßig weiter. Alternativ zu einer Übernachtung in Ullapool (s.S. 91) kann man den 10 km entfernten **Ardmair Point Holiday Park** ㉔ ansteuern. Man steht hier nahezu in einer Ebene mit der Wasserlinie des Loch Canaird und schaut auf die unbewohnte **Insel Martin.** Mit einem Fernglas lassen sich dort wunderbar Seevögel und Seehunde beobachten. Im Sommer fahren kleine Boote hinüber. Das Betreten der Insel ist nur auf den dafür vorgesehenen Wegen erlaubt, um die Tiere nicht unnötig zu stören.

㉔ Ardmair Point Holiday Park

GPS 57.93545, -5.19772

Schöner Platz am Wasser mit Blick in die Berge. **Lage/Anfahrt:** direkt an der A835 von Ullapool nach Durness; großzügige Zufahrt für alle Wohnmobile; **Platzanzahl:** 68; **Untergrund:** Asphalt, Pflaster, Wiese; fest; **Service:** Strom, Trinkwasser, Abwasser, Chemie-WC, WiFi; **Sicherheit:** beleuchtet; **Preise:** £23 inkl. 2 Personen, Strom £5, Kinder bis 6 Jahre frei; **Max. Stand:** unbegrenzt; **Geöffnet:** April–September; **Kontakt:** Ardmair Point, Ullapool IV26 2TN, Tel. 01854 612054, www.ardmair.com, Rezeption an der Einfahrt täglich 9–19 Uhr

Der A835 folgend, geht es weiter durch die Einsamkeit des typisch nordwestlichen Hochlands. Die Straße hat hier noch die Ausmaße einer normalen deutschen Landstraße, die sich sehr gut und flott befahren lässt.

Inmitten der Talsenke am Lochan an Ais befindet sich das **Knockan Crag National Nature Reserve.** Die oberhalb des Weges liegenden Parkplätze sind gut befestigt und laden auch große Wohnmobile zum Stehen ein. Das Nature Reserve ist eines der besten **geowissenschaftlichen Gelände** Schottlands und weltweit dafür bekannt, dass Wissenschaftler hier als erste die Basisprinzipien der Geologie entdeckt haben. Durch Studien am Fels realisierten sie, dass durch Energie aus dem tiefen Erdinnern ältere Steinmassen an jüngeren vorbei nach oben geschoben

074ws©Torsten Berning

werden können. Die Felsmassen sind ein guter Platz für Wildblumen und andere Pflanzen, da sie auf dem kalkhaltigen Boden bzw. Stein sehr gut gedeihen und halten, ohne ständig von Stürmen mitgerissen zu werden.

Das **Besucherzentrum** mit selbsterklärend aufgebauter Ausstellung und audiovisuellen Erklärungen ist ganzjährig und eigentlich rund um die Uhr geöffnet, also kann man auch immer parken. Es gibt öffentliche Toiletten und eine Picknickbank. Der Blick über den im Tal liegenden See ist besonders zum Sonnenuntergang wundervoll.

Perfekt ausgeschilderte **Wanderwege** warten zudem darauf unter die Sohlen genommen zu werden. Der schwerste ist der **Crag Top Trail,** der einen auf die Felsengipfel oberhalb des Centres führt. Sehr schön und moderat ist der **Quarry Trail**. Er beginnt auf der anderen Straßenseite über eine Art Pfad durch die sanften Hügel. Heideähnliche Pflanzen, Moose und Flechten beherrschen den Bewuchs, der durch die reichliche Bewässerung immer grün wirkt. Abseits des Pfads sind unzählige Bachläufe und kleine Tümpel. Beim Verlassen der Pfade ist also immer mit nassen Füßen oder Schuhen zu rechnen. Von Frühling bis Herbst trifft man hier immer Schafe an oder verirrtes Rotwild, das auf Futtersuche oben über die Hügelketten trottet. Schön ist, dass die Erklärungen unterwegs sehr kindgerecht gestaltet sind, um allen Altersklassen diese Landschaft und den Umgang mit der Natur näherzubringen.

29 **Knockan Crag National Nature Reserve,** GPS 58.033623, -5.070956, www.knockan-crag.co.uk

Bei Ledmore wechselt man von der A835 nach links auf die A837 Richtung Norden und nur einige Kilometer weiter sieht man auf der rechten Seite einen unscheinbaren Parkplatz an einem Gehöft in Alleinlage. Lediglich ein **„P“** am Straßenrand weist darauf hin und auf einem einfachen Holzpfeil steht **„Bone Caves“.**

Ein sehr gut begehbarer, 1,5 km langer Weg führt am Bach **Allt nan Uamh** entlang. Der gälische Name heißt übersetzt so viel wie „Bach der Höhlen“. Am Ende sieht man die hundert Meter über dem Tal aufragenden Kalksteinklippen des **Creag nan Uamh.** In den Wänden kann man die Eingänge der **vier großen Höhlen** mit dem bloßen Auge erkennen. Ein wirklich völlig verkanntes und dazu noch kostenloses Abenteuer!

Erstmals wurden die Höhlen 1889 durch die beiden Geologen Benjamin Neeve Peach und John Horne untersucht, die im Eingangsbereich diverse Knochen von eiszeitlichen Tieren entdeckten. Umfangreiche Ausgrabungen fanden erstmals 1926 statt. Einige Exponate lassen sich mit einem Alter von mehr als 40.000 Jahren beziffern!

Die vier großen Höhlen tragen von links nach rechts die Namen **Fox's Den, Bone Cave, Badger Cave** und **Reindeer Cave.** Sie sind durch Gänge untereinander verbunden und bilden eines der größten Höhlensysteme Schottlands, dessen schmale Gänge und Spalten bis zu einen Kilometer in den Berg hineinreichen. In die großen Verbindungsgänge fällt viel Tageslicht und die ersten Meter sind sehr gut begehbar.

Die gesamte Szenerie hinterlässt einen ganz besonderen Eindruck und versetzt einen zurück in eine andere Zeit. Schön ist, dass die Höhlen fast gänzlich unberührt und nicht der touristischen Ausbeutung zum Opfer gefallen sind!

P 30 **Allt nan Uamh Car Park,** GPS 58.115478, -4.966808

› **Höhlen:** GPS 58.109187, -4.942834

Ein lohnenswerter Stopp, um unberührte Natur zu genießen: das Knockan Crag National Nature Reserve *(s. S. 118)*

Weiter auf der A837 fällt einem nach dem Bogen der letzten Kurve vor Loch Assynt sofort die Ruine von **Ardvreck Castle** ins Auge. Das Ende des 15. Jahrhunderts von den MacLeods of Assynt errichtete Bauwerk gilt als „Scheduled Monument", was im Vereinigten Königreich einer geschützten archäologischen Stätte gleichkommt. Es wurde im Lauf der Jahrhunderte von einem ursprünglichen Tower House zur Burg erweitert. 1672 eroberte der Clan der MacKenzie die Burg nach einer zweiwöchigen Belagerung. Neben der wenig komfortablen Burg bauten die MacKenzies das moderne Herrenhaus **Calda House.** Nach der Niederlage in der Schlacht bei Culloden verloren sie 1757 ihren Besitz an den Earl of Sutherland, brannten aber Calda House zuvor noch nieder. Als dann 1795 der Blitz in das Ardvreck Castle einschlug, ließ man alles mehr oder minder verfallen und nutzte einen Teil der Steine für andere Bauten in der Umgebung. Das Anwesen blieb aber dennoch bis ins 20. Jahrhundert im Besitz des Earl of Sutherland. Dann ging es in in das Eigentum des Historic Assynt Trust über, der die Ruinen sicherte und 2003/2004 renovierte, sodass sie heute für Besucher zu betreten ist.

Der Sage nach soll die Tochter des Erbauers als Geist in den Ruinen erscheinen. Ihr Vater hatte sie angeblich dem Teufel zur Braut versprochen, wenn dieser die MacLeods beim Bau der Burg unterstützen würde. Als der Teufel die Tochter holen wollte, stürzte sie sich vom Turm in den Tod und soll seitdem in den Mauern umgehen. Also Augen auf bei der Besichtigung!

Ardvreck Castle ist ein mystischer Ort in einer opulenten Landschaft und lohnt den Stopp für ein tolles Foto oder ein Picknick. Ein Schild am Parkplatz informiert noch mal zur Geschichte und zum Weg. Der Zutritt ist kostenlos und gänzjährig möglich.

P **31 Ardvreck Castle,** GPS 58.165827, -4.988394. Für Besitzer von größeren Wohnmobilen empfiehlt es sich, der Länge nach an der Seite zur parken. Kleiner Tipp: Vormittags ist es hier wunderbar ruhig!

KYLESTROME (KYLESKU)

(50 km - km 50)

Kylestrome, das über die A894 erreicht wird, wird auf vielen Schildern auch in Gälisch als **Kylesku** ausgeschildert. Es ist ein kleines Dorf an der Nordküste des **Loch a Cháirn Bháin.** Bevor man über die 1984 fertiggestellte **Kylesku-Brücke** fährt, erreicht man das **Kylesku Hotel** am Pier von Kylestrome. Von hier aus starten während der Saison mehrmals täglich Boote über das Loch Glencoul und mit Blick auf den **höchsten Wasserfall der Insel,** den **Eas à Chual Aluinn.** Der Wasserfall ist nur zu Fuß zu erreichen. Dafür parkt man an der A894 zwischen Loch Assynt und Kylestrome und begiebt sich auf die ca. 5 km lange, recht anstrengende Wanderung zum Aussichtspunkt oberhalb des Wasserfalls. Man wird mit einer tollen Aussicht über das Loch Glencoul belohnt.

› **Kylesku Hotel,** Kylesku, Sutherland IV27 4HW, am Pier, Tel. 01971 502231, www.kyleskuhotel.co.uk, geöffnet: März–November tägl. 12–14.30, 18–21 Uhr. Das Restaurant des Hotels ist spezialisiert auf Meeresfrüchte und fangfrischen Fisch aus den Gewässern vor Ort. Ullapool-Austern, handgebeizter schottischer Lachs oder eine Kylesku-Seafood-Platte – alles ist köstlich und frisch. Wer keinen Fisch mag, bekommt auch Burger oder Haggis aus der schottischen Küche. Dem Ambiente und dem Essen angepasst liegen die Preise zwischen £ 23 für ein Hautmenü und £ 60 für die Seafood-Platte. Bei schönem Wetter ist die Außenterrasse ein „place to be", auch für einen Kaffee oder ein Glas Wein. Hunde sind ebenfalls herzlich willkommen.

Alle, die sich in dieser Lage am See eine schöne Auszeit mit Bootsfahrt und kulinarischen Genüssen gönnen möchten, können auf Nachfrage bei den Besitzern des **Kylesku Hotels** eine ruhige und kostenlose Nacht auf dem Parkplatz in der Bucht verbringen. Absolut empfehlenswert ist natürlich auch der erhöht gelegene **Scourie Caravan & Camping Park** 25 mit dem freien Blick auf den Atlantik.

162ws©Helen Hotson, stock.adobe.com

25 Scourie Caravan & Camping Park

GPS 58.3517, -5.15602

Toll gelegen mit erhöhten Stellplätzen bis an die Klippe. Wirbt mit seiner Lage direkt an der der Touristen-Rundstrecke North Coast 500. Allerdings wird diese Route viel von Pkws und Motorrädern genutzt. Am Abend kann auf dem Platz wunderbar durchs Tal spazieren oder im Campingstuhl sitzend die Seehunde im Meeresarm beobachten. **Lage/Anfahrt:** am Ortsanfang direkt an der A894, abends sehr ruhig; asphaltierte Zufahrt, keine Beschränkungen, auch Wohnmobile über 7,5 t; **Platzanzahl:** ca. 90; **Untergrund:** Asphalt, Schotter, Wiese; fest; **Service:** Strom, Trinkwasser, Abwasser, Chemie-WC, WiFi; **Sicherheit:** beleuchtet; **Preise:** £ 23 inkl. 2 Personen, Strom £ 5, Kinder bis 6 Jahre frei, von 6–14 Jahren £ 4, Hunde frei; **Geöffnet:** ganzjährig; **Kontakt:** Harbour Road, Scourie, Lairg IV27 4TE, Tel. 01971 502060, www.scouriecampsitesutherland.com, Rezeption bis 19 Uhr oder abends am Imbiss in der Einfahrt

Kylestrome befindet sich im **North West Highlands UNESCO Global Geopark,** einer 2000 km² großen, atemberaubenden Landschaft mit Seen, Bergen, Felsen und weißen Sandstränden. Das Beobachten von Wildtieren, Vögeln, Ottern und Robben gehört hier ebenso zu den beliebten Aktivitäten wie Klettern und Wandern.

Etwa eine Meile vor dem Kylesku Hotel liegt Unapool. In einem alten Schulgebäude befindet sich hier das North West Highlands Geopark **Visitor Centre** und Café **Rock Stop.** Hier findet man Informationsmaterial über den Geopark, es gibt geführte Exkursionen oder Tipps für Touren auf eigene Faust. Ein Video erklärt den Geopark. Bei einem Kaffee oder Tee mit selbstgebackenem Kuchen kann man sich informieren und inspirieren lassen. Kostenloses WiFi steht zur Verfügung und Hunde sind ebenfalls willkommen.

P 32 North West Highlands Geopark Visitor Centre The Rock Stop, GPS 58.247741, -5.005294, Unapool Kylesku, Sutherland IV27 4HW, Tel. 01971 488765, www.nwhgeopark.com, geöffnet: Di.–Sa. 10.30–16 Uhr

Über die Kylesku Bridge erreicht man Kylestrome

076ws©Torsten Berning

KINLOCHBERVIE

(39 km – km 89)

Von Kylestrom aus geht es über die A894 (später die A838) weiter. Bei Rhiconich kann man links auf die B801 nach Kinlochbervie abbiegen (hin und zurück ca. 20 km) oder über die A838 in ca. 23 km direkt Durness erreichen. Den Besuch des kleinen Fischereihafen Kinlochbervie sollte man sich aber gönnen, denn hier findet man sogar einen der raren und wenigen offiziellen Wohnmobilstellplätze Schottlands. Die Zufahrtsstraße ist sehr hügelig und besonders die letzte Steigung ist steil.

Im Hafen gibt es eine **Werft** für Kleinschiffe und unregelmäßig finden in der Kühlhalle **Fischauktionen** statt bzw. hat man hier auch die Gelegenheit zuzuschauen, wenn der Fang gelöscht wird.

Am Ende des Hafenbeckens sieht man einen Sparmarkt. Dahinter geht es noch ein Stück weiter bis der Pier mit dem Wohnmobilstellplatz **Loch Clash Stopover** 26 kommt. Eine schöne große asphaltierte Fläche mit Aussicht auf die Fischkutter lädt zu einem ruhigen Abend ein. Übrigens kann man hier auch hervorragend angeln oder am Strand baden gehen.

26 Kinlochbervie Loch Clash Stopover

GPS 58.45968, -5.05663

Einfacher Stellplatz direkt am Pier. Ohne Einschränkung nutzbar, absolut eben. Duschen und Toiletten können im Hafengebäude genutzt werden. **Lage/Anfahrt:** von der A838 links auf die B801 einbiegen und von da ca. 8 km in den Ort; gut ausgebaute Straße mit starkem Schlußanstieg; **Platzanzahl:** 10; **Untergrund:** Asphalt; fest; **Service:** Trinkwasser, Abwasser, Chemie-WC; **Sicherheit:** beleuchtet; **Preise:** £ 15/Fahrz., WC-Entsorgung auf Nachfrage beim Hafenmeister; **Max. Stand:** unbegrenzt; **Geöffnet:** ganzjährig; **Kontakt:** Loch Clash Pier, Kinlochbervie IV27 4RR. Die Stellplatzgebühr kann man von 9 bis 18 Uhr im Sparmarkt bezahlen.

Der nächste Ort im weiteren Verlauf der Route 6 ist **Durness,** das man über die A838 erreicht. Dazwischen erwartet einen abseits der Straße die völlige Einsamkeit des Nordwestens. Die Landschaft wird von felsigen Hügeln und feuchte Mooren beherrscht. Es gibt einige kleine Parkplätze, die einen Fotostopp erlauben, ohne den Verkehr zu stören. Ab 19 Uhr bewegen sich kaum noch Menschen durch die Einöde und die verlassenen Ruinen von Gehöften zeigen nur, wie schwer das Leben gewesen sein muss. Ein außerordentliches Highlight ist die Erkundung der nordwestlichsten Spitze Schottlands, des **Cape Wrath.**

Wenn die Meereenge des Kyle of Durness neben einem auftaucht, ist es nicht mehr weit, bis Sie man die A838 nach links verlässt und dem Hinweisschild „Cape Wrath Ferry" nach Keoldale folgt. Das Abenteuer kann starten: Es beginnt mit dem Übersetzen in einem kleinen Boot an das andere Ufer. Hier bringt einen ein Minibus zum Kap. Für die 11 Meilen benötigt er immerhin 50 Minuten. Es kann schon mal ein wenig holprig werden, aber die Fahrt durch die Landschaft ist ein Erlebnis! Vor Ort hat man dann eine Stunde Zeit, um den Leuchturm und die 281 m hohen Klippen zu erkunden. Bei Wind gibt das Meer eine ganz besondere Vorstellung mit 10 Meter hohen Wellen oder Fischtrawlern, die wie Nussschalen über den Atlantik geschaukelt werden.

P 33 **Cape Wrath Ferry,** GPS 58.553123, -4.789830, Tel. 01971 511246, www.capewrathferry.co.uk. Die Fähren verkehren im April und Mai ab 11, Juni bis September ab 9.30 Uhr und im Oktober wieder ab 11 Uhr. Die weiteren Zeiten hängen am Anleger aus bzw. man sieht die Boote, die je nach Bedarf einfach hin und herfahren. Preise (Returnticket): Fähre Erwachsene £ 6,50, Kinder £ 4,50, Bus-Shuttle Erwachsene £ 10, Kinder £ 6, alternativ Fahrradmitnahme ohne Bus £ 8

Mystische Stimmung am Cape Wrath

DURNESS

(30 km – km 119)

Das Dorf Durness hat gerade mal 400 Einwohner, deren Häuser sich auch noch recht weit in der Gegend verteilen. Viele erwarten eine Metropole, dem ist aber nicht so. Hier ist eher ein Zentrum des dünnbesiedelten Nordens, das ausschließlich über zwei einspurige Straßen zu erreichen ist. Die Menschen leben entweder von der Landwirtschaft oder vom Tourismus.

Hauptattraktionen sind die Höhle Smoo Cave mit einem unterirdischen Wasserfall und die vielen unberührten Sandstrände und Steilküsten, wo man Seevögel, Seehunde und gelegentlich auch Wale beobachten kann. Außerdem gibt es in den nördlichen Sanddünen von Fariad Head eine große Kolonie Papageientaucher. Zu erwähnen ist auf jeden Fall noch der **Sango Sands Oasis Camping** 27 an der Steilküste oberhalb des Strandes.

27 Sango Sands Oasis Camping

GPS 58.56864, -4.74156

Spektakulär auf der Steilküste oberhalb des Strandes gelegen. Die Stellplätze (bei gutem Wetter bis an den Strand) sind riesig und teils ohne jegliche Nachbarn. Familie Keith hat die Gastfreundschaft erfunden! Von hier lassen sich oft Minkwale, Seehunde und Otter beobachten, die östlich Richtung Loch Eriboll ziehen. Das Café/ Restaurant hat ein gutes Preis-Leistungs-Verhältnis, was man am regen Besuch sieht! An der Rezeption ist ein gut ausgestatteter Shop. **Lage/Anfahrt:** direkt an der A838 von Durness nach Thurso, vor der Smoo Cave links; asphaltierte Zufahrt ohne jede Beschränkung; **Platzanzahl:** 70; **Untergrund:** Asphalt, Schotter, Wiese, Sand; **Service:** Strom, Trinkwasser, Abwasser, Chemie-WC, WiFi; **Preise:** 2 Erw. jeweils £ 11, jeder weitere Erw. £ 6, Kinder (6–16 Jahre) £ 4, Strom £ 7, Duschen und Hunde frei, November–Mitte März pauschal £ 12 (Toiletten und Duschen geschlossen); **Max. Stand:** unbegrenzt; **Geöffnet:** ganzjährig; **Kontakt:** Rezeption an der Einfahrt bis 20 Uhr, dann im Restaurant, Durness IV27 4PZ, Tel. 01971 511726, www.sangosands.com

Der Parkplatz und die Zufahrt zur großen Attraktion **Smoo Cave** sind nicht zu übersehen. Ganz im Gegenteil, denn oft stehen die Autos und Wohnmobile noch hinter der nächsten Kurve am Straßenrand. Wer nicht auf dem kleinen Parkplatz unterkommt, sondern oberhalb parkt, sollte dem kleinem Fluss und der Brücke seine Aufmerksamkeit schenken. Dieser fällt nämlich mit Getöse nach unten in ein dunkles Loch und speist damit die Attraktion der Höhle, den **unterirdischen Wasserfall!**

Die Höhle ist als ein beeindruckendes Naturkunstwerk im Ganzen zu sehen. Hierzu zählt bereits der Abstieg zur Bucht, um dann die riesige Eingangshalle zu erreichen. Schon jetzt empfängt einen ein nicht zu überhörendes Wasserrauschen. Je näher man der kleinen Brücke kommt, die einen in das Innere führt, desto lauter wird es. Ab hier sollte jeder ein Regenjacke anhaben.

Außerhalb der Höhle gibt auch noch eine Menge zu sehen. Ein nicht ganz leichter, aber dennoch gut zu begehender Aufstieg bringt einen auf die Klippen. Der Gesamtüberblick von oben ist sicherlich ein Bild, das man nicht oft geboten bekommt. Je nach Wasserstand kann man ein Stück Richtung Meer gehen und das Gefühl haben, in einem Canyon zu sein!

P 34 Smoo Cave, GPS 58.5635, -4.721261, Eintritt frei, lediglich für die geführten Touren wird ein Obolus verlangt

Im einige Kilometer westlich von Durness gelegenen **Balnakeil** hat sich ein sehr schönes **Kunsthandwerkdorf** etabliert, das zu einem Bummel einlädt. Immerhin zwanzig Kunsthandwerker, Maler und Lebenskünstler haben sich in den Gebäuden des alten Marinestützpunkts eingenistet. Töpferer, Kunstschlosser, Maler und ein Café mit Kleinigkeiten zum Essen laden zu einem Besuch ein. Wer noch kein Mitbringsel für die Daheimgebliebenen hat, könnte hier fündig werden.

Der Wasserfall im Inneren der Smoo Cave

077ws©Sylke Zimmermann

Da man hier in der Regel gut mit dem Wohnmobil parken kann, sollte der Kilometer zum **Strand** von hier aus in Angriff genommen werden, denn der Parkraum unterhalb ist für Wohnmobile sehr begrenzt und wenn überhaupt, kann man am Parkplatz des nördlichsten Golfklubs Schottlands stehen. Der Strand ist wunderbar weitläufig und bei Ebbe bilden sich schöne Siele. Am Ende bietet sich noch ein Weg durch die grünen Hügel zu den dahinterliegenden riesigen Dünen an. Der bunte Bewuchs und der Ausblick sind einfach die Mühe wert. Hier kann richtig die Seele baumeln lassen, denn es gibt nichts, was den Frieden stören könnte. Das Schöne ist, hier ist alles kostenlos.

P 35 Balnakeil Craft Village, GPS 58.570304, -4.764656, Craft Village, Durness, Lairg IV27 4PT, www.balnakeilcraftvillage.weebly.com

P 36 Golfclub, GPS 58.576505, -4.771777

Interessant ist in Balnakeil auch die **Ruine einer Kapelle** aus dem Jahr 1619 am alten Friedhof. Um sie ranken sich allerlei Geschichten. Angeblich soll der achtzehnfache Mörder Donald Macmurchow den Kirchenbau nach einem Sinneswandel finanziert haben, um dort begraben werden zu können. Auf dem Friedhof wurden auch einige Kreuzritter beigesetzt.

„Endlich! Es geht wieder auf die single track road", kann man jetzt sagen. Ja, denn die Landschaft und Schottland zeigen sich für alle noch mal in ihrer ganzen Pracht. Die **North Coast 500** führt zunächst um Loch Eriboll, dann an die Nordspitze von Loch Hope und bis an den Kyle of Tongue. Warum ein Meeresarm „Kyle" und der andere „Loch" heißt, erschließt sich nicht so wirklich.

Im kleinen Ort **Tongue** (44 km hinter Durness) muss das Wohnmobil-Team entscheiden, ob es an der Kreuzung links dem Verlauf der A836 direkt bis Thurso folgen oder in das **Flow Country** fahren möchte, eine weite flache Ebene mit schier endlosen **Moorlandschaften** wie aus dem Bilderbuch. Dazu biegt man rechts ebenfalls auf die A836 (jetzt Richtung Süden) ab und fährt 80 spannende Kilometer vorbei an Loch Loyal, Altnaharra (hier links abbiegen auf die B873), Loch Naver und Syre, bis man bei Bettyhill wieder auf die Route nach Thurso einbiegt. Wer diese Variante wählt, genießt eine besonders große Portion **unberührte Natur:** Berggipfel bis nahezu 1000 m Höhe, Hochlandrinder, die mitten im Nichts den Weg kreuzen, Schafherden, die friedlich vor sich hingrasen, und Kühe, die mit ihren Kälbern durch die Landschaft streifen und sich auch von einem Wohnmobil nicht zur Eile treiben lassen, sondern genau wissen, dass sie hier Vorfahrt haben. Es gibt unzählige Stellen für eine Rast oder um die Ruinen von alten Gehöften zu entdecken. Für die bessere Planung sollte man für diese Strecke vier Stunden einplanen. Natürlich kann man auch den ganzen Tag hier verbringen, denn gegen Abend ist es kein Problem, dem Beispiel anderer zu folgen und ein nettes Plätzchen für die Nacht zu finden. Hier fährt ab 19 Uhr niemand mehr und man kann die Stille genießen. Der letzte Teil der Strecke folgt immer dem Verlauf des Flusses Naver.

In **Bettyhill** taucht man wieder ein wenig in die Zivilisation ein und am Ortsausgang ist das Hinweisschild zum **Strathnaver Museum** zu sehen, das gleichzeitig die Tourist Information beherbergt. Hier ist auch viel Wissenwertes über das Flow Country, die Nordostspitze Schottlands, John O'Groats, und die Orkney-Inseln erhältlich. Am großzügigen Parkplatz ist auch ein Café mit Imbiss. In Sichtweite ist die **Farr Bay,** die im Sommer mit ihrem seicht abfallenden Strand sogar zum Baden einlädt. Wer Freitag oder Samstag hier ist, sollte nach der Rückkehr vom Strand zum Parkplatz in der Zeit von 17 bis 19.30 Uhr Fish & Chips zu sich nehmen, denn sie sind einfach ein Gedicht.

P 37 Strathnaver Museum, GPS 58.528633, -4.208129, Bettyhill KW14 7SS, am Ortsausgang von Bettyhill Richtung Thurso an der A836, Tel. 01641 521418, www.strathnavermuseum.org.uk, geöffnet: April–Oktober Di.–So. 10–17 Uhr, Eintritt:

Erw. £3, Kinder 6–18 Jahre £2. Ein sehr schönes typisch schottisches Heimatmuseum. Natürlich beschäftigt man sich auch mit einem Familien-Clan, hier sind es die Mackays. Weiter gibt es Infos zum Stratnaver Trail, einem Wander- und Kulturtrail in mehreren Abschnitten.

Wieder auf der A836 geht es kurz hinter dem Abzweig nach Armadale links dem Hinweis folgend zum **Strathy Point Lighthouse.** Sicherlich gibt es einige Leuchttürme im Küstenverlauf der Reise, dieser hat jedoch eine außergewöhnlich schöne Lage und man kann weite Abschnitte der Klippen sehen. 1958 als erstes elektrisches Leuchtfeuer Großbritanniens in Betrieb genommen, ist er heute nicht mehr in Funktion. Der Parkplatz liegt ca. 1 km vor der Küste und man geht 20 Minuten. Die Anlage ist in Privatbesitz und kann besichtigt werden. Die von Stürmen umspülten Klippen haben bizarre Formen und viele Seevögel nisten in den Nischen. Hunde sind unbedingt an der Leine zu führen, da die Schafe hier ganz nah an den Klippen herumlaufen. Sie könnten von den Hunden erschreckt werden und abstürzen.

P 38 **Strathy Point Lighthouse,** GPS 58.589499, -4.019384, Öffnungszeiten: ganzjährig Mo.–Fr. 10–18 Uhr, Eintritt: £3, Kinder bis 14 Jahre frei

Im weiteren Verlauf der Straße kann man nicht enden wollende **Moorlandschaften** bestaunen. Oft sieht in einiger Entfernung Ruinen, die man meist gut zu Fuß erreichen kann. Noch einmal sei darauf hingewiesen, bitte **nur richtige Wege zu benutzen,** da ein Einsinken in den Wiesen abseits vom Weg vorprogrammiert ist!

Bevor man Thurso erreicht ist linker Hand schon der **Hafen von Scrabster.** Hier geht es weniger romantisch zu, denn es ist ein reiner Fähr-, Fischerei- und Industriehafen mit wenig Charme. Auf jeden Fall ist der Hafen aber ein guter Startpunkt für einen Trip zu den nahegelegenen **Orkney-Inseln** (s. S. 145).

Immer wieder erreicht man Strände von wilder Schönheit wie die Farr Bay (s. S. 125)

078ws©Torsten Berning

THURSO

(111 km – km 230)

Die ca. 8000 Einwohner zählende Stadt der Council Area Highland liegt in der ehemaligen **Grafschaft Caithness.** Sie ist 300 km Luftlinie von Glasgow und Edinburgh sowie 800 km von London entfernt. Ein großer Arbeitgeber ist bis heute das **Kernkraftwerk Dounreay.** Es wurde in den frühen 1950er-Jahren als Entwicklungszentrum für die Technik der **schnellen Brutreaktoren** in Betrieb genommen. Bis 1976 war es am Netz und wurde 1994 abgeschaltet. Mit dem Abbau und der Kernforschung sind aktuell noch Tausende beschäftigt. Der damalige Bau des Kraftwerks ließ die Einwohnerzahl in knapp 10 Jahren von 3000 auf etwa 9000 Menschen ansteigen!

Ein weiteres Erfolgskapitel war Anfang des 19. Jahrhunderts der Abbau des in großem Umfang vorkommenden **Schichtsteins.** Er wurde im großen Stil abgebaut und als Gehwegplatten in die gesamte Welt exportiert, unter anderem ist er in den Straßen von San Francisco und Montevideo zu finden. Dier Exportboom kam auch der Entwicklung des Hafens zugute.

Der **Tourismus** hat sich für Thurso ebenfalls zu einem wichtigen Erwerbszweig entwickelt. Zu erwähnen ist zudem noch die alte **Wolfburn Whisky Distillery** (https://wolfburn.com), die Ende des 19. Jahrhunderts geschlossen wurde, aber seit 2017 wieder in Betrieb ist. Damit ist sie die nördlichste Whisky-Brennerei auf dem schottischen Festland.

Die Stadterweiterung aus der ersten Hälfte des 19. Jahrhunderts hinterließ einige **schöne Häuser** aus der Regency- und der späteren viktorianischen Epoche. In der Stadt gilt es noch viel Ursprüngliches zu entdecken, wobei wie bei uns auch, viel Kaufkraft an den Stadtrand zu den neuen Einkaufmeilen abgeflossen ist. In der Nähe des kleinen Fischerhafens gilt es die **Ruine der Old St. Peters Church,** die der Bischoff von Caithness 1220 erbauen ließ, zu bestaunen.

Als Ausgangspunkt für die Erkundung von Thurso und die Übernachtung sollte man gleich am Ortseingang auf dem **Thurso Bay Caravan & Camping Park** 28 oberhalb der schönen Bucht mit dem weiten Strand vor Anker gehen.

Unterwegs auf dem „Nord-Ost-Highway“

⊡ *Highland-Rinder sind neugierig und freuen sich über Abwechslung*

Information

› **Thurso iCentre,** Old Town Hall, High Street, KW 14 8AJ, Tel. 01847 893155, www.visithighlands.com, geöffnet: Mai–Okt. Di.–Sa. 10–17 Uhr

Gastronomie

› **The Upper Deck im Ferry Inn,** Thurso KW14 7U, Tel. 01847 892814, www.ferryinnscrabster.co.uk, geöffnet: täglich 18–21.30 Uhr. Über dem beliebten Pub Ferry Inn direkt am Kai des Fährhafens Scrabster bietet das Restaurant eine einladende Atmosphäre mit Blick auf den Hafen. Der Pub hat täglich von 11 bis 22 Uhr geöffnet. Eine original schottische „Kneipe".

㉘ Thurso Bay Caravan & Camping Park

GPS 58.59794, -3.52986

Sehr freundlicher, familiengeführter Platz in optimaler Lage für Spaziergänge und eine Stadterkundung, riesiger Strand, Einkaufsmöglichkeit (Lidl-Markt) und Restaurants fußläufig erreichbar. **Lage/Anfahrt:** am Ortseingang von Thurso direkt an der A836; großzügige, asphaltierte Zufahrt; **Platzanzahl:** 65; **Untergrund:** Asphalt, Schotterrasen; fest; **Service:** Strom, Trinkwasser, Abwasser, Chemie-WC, WiFi; **Preise:** £24 inkl. 2 Personen, jede weitere Person £4, Strom £6; **Max. Stand:** unbegrenzt; **Geöffnet:** April–Ende Oktober; **Kontakt:** Scarbster Road, KW14 7JY, Tel. 01847 892244, www.thursobaycamping.co.uk, Rezeption und Restaurant an der Einfahrt, täglich 8.30–17 Uhr, im Sommer abends länger

In Thurso geht die Nordroute zu Ende und die Route 7 (s. S. 129) bringt die Wohnmobilbesatzung entlang der Ostküste nach Süden.

ROUTE 7

ABWÄRTS AN DER OSTKÜSTE

082ws©Torsten Berning

1 cm = 7,5 km
© Reise Know-How 2023
Pentland Firth
Dunnet Head
Island of Stroma
Duncansby Head
John o'Groats
Strathy Point
Whiten Head
Durness
Talmine
Hope
Skerray
Bettyhill
Strathy
Melvich
Dounreay
Crosskirk
Scrabster
Thurso
Dunnet
Gills
Castletown
Freswick
Reay
Westfield
Slickly
Keiss
Eriboll
Tongue
Cold-backie
Leckfurin
Golval
Loch Calder
Roadside
Halkirk
Shurrery
Dalhavaig
Ben Hope
927
Flow Country
Mybster
Loch Watten
Watten
Reiss
Noss Head
Wick
Allnabad
Syre
Skail
Forsinard
Westerdale
Grey Cairns of Camster
Camster
Mudale
Altnaharra
L. Naver
Loch nan Clar
Loch an Ruathair
Lochside
Glutt Lodge
Loch More
Achavanich
Ulbster
Latheron
Ben Kilbreck
962
Loch Choire Lodge
Badanloch Lodge
Kinbrace
Morven
706
Dunbeath
Crask Inn
Kildonan Lodge
Beriedale
Loch Shin
Colaboll
Balnacoil
Gordonbush
Helmsdale
Lairg
Rogart
Loch Brora
Kintradwell
Altass
Pittentrail
Backies
Brora
Falls of Shin
Torboll
Dunrobin Castle
Golspie
Rhelonie
Littleferry
Bonar Bridge
Clashmore
Dornoch
Lower Gledfield
Spinningdale
Croick
Dornoch Firth
Tarbat Ness
Wilkhaven
Easter Ross
Edderton
Tain
Braeantra
Tarrel
Dalnavie
Kildary
Balintore
Loch Glass
Alness
Invergordon
Balnapaling
Moray Firth
Eileanach Lodge
Evanton
Cromarty
Balblair
Burghead
Lossiemouth
Findberg
Dingwall
Black Isle
Alves
Spey Bay
Buckie
Portknockie
Duncanston
Forres
Elgin
Portgordon
Fortrose
Fort George
Svend's Stone
Mosstodloch
Fochabers
Gordonstown
Gollanfield
Nairn
Auldearn
Tore
Beauly
Beauly Firth
Croy
Clephanton
Cawdor Castle
Dallas
Rothes
Keith
Kirkhill
Inverness
Culloden Battlefield
Clava Cairns
Beachans
Ferness
Farmtown
Lochend
Craigellachie
Charlestown
Dufftown
Findhorn
Dava
Inverness
Aberdeen
SCHOTTLAND
Perth
Dundee
Glasgow
Edinburgh
Ayr
NORDIRLAND
Newcastle
Belfast
Carlisle
Sunderland
ENGLAND

175ws©bennymarty, stock.adobe.com

ROUTENÜBERSICHT

Geografisch bewegt man sich jetzt oberhalb der Stadt Stavanger in Norwegen. Somit gibt es im Sommer zur Sonnenwende durchaus Helligkeit bis weit nach Mitternacht. Das macht einen Aufenthalt besonders genussvoll und lässt den einen oder anderen Regenschauer schnell vergessen. Wer einen Abstecher auf die Orkney-Inseln plant (s. S. 145), kann im 4 km vor Thurso liegenden Fährhafen Scrabster das Schiff nach Stromness nehmen. Zum auf der Nordspitze Schottlands liegenden Stellplatz John O'Groats sind es an der Küste entlang nur 30 km. Von hier bringt einen auch die Personenfähre für einen Tagesausflug zu den Inseln und der Duncansby Head lädt zu Wanderungen oder einer Radtour ein! Gen Süden geht es an Wick vorbei zunächst bis Helmsdale, wo der gleichnamige Fluss mit seinen Lachsvorkommen lockt. Im Gegensatz zur rauen Westküste herrscht an der flachen Ostküste eine gute Sicht über die Landschaft und mildes Meeresklima. Ein Höhepunkt der Route ist Dunrobin Castle, welches man auf keinen Fall verpassen sollte. Das schöne Städtchen Dornoch bietet sich dann genauso für eine Übernachtung an wie Fortrose an der Enge des Moray Firth, wo man wunderbar Delfine und Seehunde beobachten kann.

Strecke:

Thurso (s. S. 127) – **John O'Groats** (32 km, s. S. 133) – Wick (31 km, s. S. 135) **Abstecher Grey Cairns of Camster** (hin und zurück 16 km, s. S. 137) – **Helmsdale** (56 km, s. S. 138) – **Brora** (16 km, s. S. 139) – **Dornoch** (37 km, s. S. 141) – **Fortrose und Rosemarkie** (124 km, s. S. 143)

Streckenlänge:

ohne Abstecher 296 km
mit Abstecher 312 km

⊡ *Das Castle of Mey (s. S. 132) war fast 50 Jahre lang das Sommerdomizil von Queen Elizabeth („Queen Mum")*

⊠ *Kapitelstartseite: Am Duncansby Head (s. S. 134), im Hintergrund die Orkney-Inseln*

Wer Leuchttürme „sammelt“, der kann gleich zum Beginn der Route von der A836 hinter der Dunnet Bay links abbiegen und dem Schild zum Leuchtfeuer am Dunnet Head folgen. Einfach dem kleinen Weg bis zum Ende folgen, dort ist Platz für das Wohnmobil. Bereits 1831 ging an dieser Stelle das **Dunnet Head Lighthouse** in Betrieb. Es ist bis heute intakt und funktioniert seit 1995 automatisch. Das gesamte Areal um den Dunnet Head lädt zu einem Rundgang entlang der hohen Klippen ein und die Orkney-Inseln sind ebenfalls in Sichtweite.

Da man sich in einer Sackgasse befindet, geht es bei der Weiterfahrt zunächst wieder zurück zur A836, die dann in die A99 übergeht. Der erste Ort der Etappe ist nicht mehr weit, aber es gibt noch einen nennswerten Abstecher, den man nicht verpassen sollte! Auf der linken Seite, zwischen den dicht gewachsenen Bäumen, geht es dem Hinweis folgend zu einem ganz besonderen Bauwerk.

Das **Castle of Mey** ist eines der wenigen Schlösser, das bis zum heutigen Tag aktiv von der **britischen Königsfamilie** genutzt wird. Queen Elizabeth (1900–2002), besser bekannt als **„Queen Mum“,** erwarb das Anwesen 1952 und ließ es grundlegend renovieren. Bis zu ihrem Tode 2002 verbrachte die gebürtige Schottin hier immer die Monate August und Oktober. Gemäß den Vorgaben ihres Testaments wurde das Schloss in den **Queen Elizabeth Castle of Mey Trust** überführt. Dieser verwaltet somit nun die einzige Immobilie, die die Königin jemals ihr Eigentum nannte und sorgt dafür, dass sie für die Öffentlichkeit zugänglich ist. Ausnahme bilden hier nur die Zeiten, wenn es die königliche Familie nutzt. Als er noch Prinz of Wales war, verbrachte hier z. B. Charles III. immer die erste Woche im August.

Die Anlage besteht aus dem **Visitor Centre,** einem **Tearoom,** einem **Shop** und einem **Kleintierzoo** mit heimischen Tieren, der natürlich bei Kindern sehr beliebt ist. Zum Schlossbesuch gehört selbstredend ein Rundgang durch die **Gartenanlage,** in der Queen Mum vor allem bei den Rosen gern selbst Hand anlegte. Überhaupt wird für eine „kommerzielle Schlossanlage“ viel Wert auf eine familiäre Athmosphäre gelegt. Übrigens: Man kann im Schloss auch heiraten!

083ws©Torsten Berning

084ws©Torsten Berning

P 39 Castle of Mey, GPS 58.647739, -3.22677, Caithness KW14 8XH, Tel. 01847 851473, www.castleofmey.org.uk, geöffnet: 1. Mai–30. September täglich 10–17 Uhr, Eintritt (Schloss und Gärten): Erw. £ 13, Kinder £ 7, Familienkarte mit bis zu vier Kindern £ 36, es gibt auch Tickets nur für Garten und Gelände. Besucherzentrum, Tearoom und Shop können kostenfrei erreicht werden.

JOHN O'GROATS

(32 km – km 32)

300 Einwohner leben in John O'Groats in der Grafschaft Caithness an der Nordostspitze Schottlands. Der Ort rühmt sich, der **nördlichste Punkt der britischen Hauptinsel** zu sein, ist es aber eigentlich nicht. Weil Dunnet Head aber keine Ortschaft besitzt, drückt man bei 2 km ein Auge zu. So hat man sich über die Jahre darauf geeinigt, die Entfernung von der Nordostspitze zur Südwestspitze in Land's End (Cornwall) zur längsten Diagonale in Großbritannien zu erklären. 874 Meilen bilden hiermit die weiteste direkte Straßenverbindung zwischen zwei Orten auf der Hauptinsel. Dies entspricht einer Tour von Hamburg nach Monaco.

Der Name John O'Groats lässt sich vom Holländer **Jan de Groot** herleiten, der bereits 1496 die Fährrechte zu den vorgelagerten Orkney-Inseln erhielt. Für den Transport verlangte er ein Fährgeld von vier Pence. Dieses Münzstück wurde dann als ein **Groat** bekannt! Eine weitere Anekdote ist, dass Jan de Groot für sich und seine Söhne ein achteckiges Haus baute und darin einen achteckigen Tisch aufstellte, damit jeder an einer Stirnseite sitzen konnte!

Heute lebt John O'Groats von seiner Nähe zu den Inseln im Atlantik und vom Mythos, das Ende des Festlandes zu sein. Glücklicherweise wurde hier aber kein ausufernder Tourismus wie in Land's End etabliert. So ist am Abend, wenn die Reisebusse weg sind, die unberührte Natur denen vorbehalten, die einen Platz für die Nacht haben. Das gilt auch

Die bunten Häuser von John O'Groats

Eine schöne Wanderung führt zu den Duncansby Stacks

für die Wohnmobilbesatzungen, die es sich auf dem einfachen Campingplatz (29) gemütlich gemacht haben und spüren, dass sie hier in der ersten Reihe sitzen!

Einen ersten Rundgang durch die Stadt im hohen Norden hat man in 15 Minuten hinter sich gebracht, um anschließend natürlich die Auswahl zu verfeinern. Es gibt am Hafen einen Fish-and-Chips-Anhänger, ähnlich einer Currywurstbude in Deutschland, einen netten Pub und einen tollen Andenkenshop mit vielen Artikeln „handmade in Scottland“.

Information

- **Tourist Information Office,** am Busrondel, Tel. 01955 611373, www.visitjohnogroats.com, geöffnet: Ostern–Oktober
- **Fußgängerfähre** zu den Orkney-Inseln: **John O'Groats – Burwick,** Mai, September 8.45 und 16.30 Uhr, Juni–August 8.45, 10.30, 18 Uhr. **Burwick – John O'Groats,** Mai, September 9.45 und 17.30 Uhr, Juni–August 9.45, 17.15, 19 Uhr. **Preise:** je Fahrt £ 18 bzw. £ 22 inkl. Bus Hafen Burwick – Kirkwall – Hafen Burwick, Kinder 5–16 Jahre £ 10, Hunde und Fahrräder (nach Verfügbarkeit) frei

(29) John O'Groats Caravan & Camping Site

GPS 58.64362, -3.06818

Anlaufpunkt Nr. 1 im Norden und der Traum vieler, weil er am letzten Zipfel des schottischen Festlandes ist, bevor es auf die Orkney-Inseln geht! Akzeptiert alle gängigen Camping-Rabattsysteme und auch die ADAC-Karte. **Lage/Anfahrt:** von der A836 der Beschilderung nach John O'Groats nach links folgen; asphaltierte Wege, große Flächen vor der Rezeption; **Platzanzahl:** 90; **Untergrund:** Asphalt, Wiese; fest; **Service:** Strom, Trinkwasser, Abwasser, Chemie-WC, WiFi; **Preise:** £ 24 inkl. 2 Personen, Strom £ 6; **Max. Stand:** unbegrenzt; **Geöffnet:** April–Oktober; **Kontakt:** John O'Groats KW1 4YR, Tel. 01955 611329, www.johnogroatscampsite.co.uk, Rezeption an der Einfahrt

Östlich von John O'Groats liegt die Landspitze **Duncansby Head,** die wegen ihrer spektakulären Felsnadeln, den **Duncansby Stacks,** und den Nistplätzen der seltenen Seevögel, dazu gehören auch Papageientaucher, berühmt ist.

085ws©Torsten Berning

130ws©Torsten Berning

P 40 Parkplatz Duncansby Head, GPS 58.64384, -3.02719, von der A836 Richtung Wick hinter John O'Groats gleich links dem Hinweisschild „Duncansby Head" folgen; asphaltierte *single track road,* sehr übersichtlich, auch Reisebusse fahren hier. Sechs kostenlose asphaltierte Parkplätze für Womos aller Größen, die aber nur in in der Vor- und Nachsaison ab 17 Uhr zur Übernachtung genutzt werden dürfen (Parken ganzjährig möglich). Bitte den Platz so verlassen, wie er vorgefunden wurde, und seinen Müll nicht in der Mülltonne entsorgen. Max. Stand: 1 Nacht.

Jetzt genießt man die Strecke Richtung Wick mit ihrem schönen Blick auf die Ostküste. Die Straße führt teilweise bis an die Randbebauung (nicht vergessen: links fahren!). Kurz vor Wick können Leuchtturm-Fans noch das Leuchtfeuer von **Noss Head** ihrer Sammlung hinzufügen. Nach dem Abzweig beginnt der Übergang auf die großzügig ausgebaute A99, die einer deutschen Bundesstraße ähnelt.

Parken mit herrlicher Aussicht am Duncansby Head

Verlassener Hof am Wegesrand, im Vordergrund ein Torfabstich

WICK

(31 km – km 63)

Die Geschichte der 7000 Einwohner zählenden Stadt reicht bis in die Herrschaftszeit der Wikinger bzw. Norweger zurück. Erst mit dem Friedensvertrag von Perth 1266 fiel sie an Schottland. Ein Überbleibsel aus dem 12. Jahrhundert ist die Ruine des **Castle of Old Wick,** einer der ältesten aus Stein gebauten Burgen in Schottland.

Ausgangs des 18. Jahrhundert erlangte der Hafen von Wick mit dem Boom der Heringsfischerei seine größte Blüte. Heute dient er als **Fähr- und Ölhafen.** Der nördlich von Wick gelegene **Regionalflughafen** bedient neben Edinburgh und den East Midlands auch die Shetland-Inseln.

1826 wurde die bekannte **Old Pulteney Whisky Distillery** gegründet und ist heute auch ein schöner Anlaufpunkt, um etwas über die Menschen und die Geschichte der Stadt zu erfahren. Die visuelle Gestaltung des Besucherzentrums ist sehr informativ und es ist nicht so riesig und unpersönlich wie der Besucherbereich manch anderer Brennerei.

Der durch die Stadt fließende **Wick River** verleiht ihr einen ganz besonderen Charme

086ws©Torsten Berning

und vor allen Dingen gibt es etwas südlich die sehr schön gelegene **Wick Caravan & Camping Site** ㉚. Ein Uferweg führt den Wohnmobilisten durch eine typische Flusslandschaft dann auch wieder für einen Bummel in die City.

Übrigens, wer den **Ebenezer Place** besucht, ist in der mit 2,06 m Länge kürzesten Straße der Welt (laut Eintrag im Guinness-Buch der Rekorde).

Sehenswertes

› **Old Pulteney Whisky Distillery,** Huddart Street, Wick KW1 5BA, GPS 58.435288, -3.084761, Tel. 01955 602371, www.oldpulteney.com, geöffnet: Okt.-März Mo.-Fr. 10-16 Uhr, April-Sep. Mo.-Sa. 10-17 Uhr, Tour: ab £ 15

Gastronomie

› **DeVita's Pizzeria & Cafe Bar,** 97 High Street, Wick KW1 4LR, zentral mitten in der City gelegen, Tel. 01955 602803, geöffnet: Di.-So. 9-23 Uhr. Die italienische Familie aus Apulien verwöhnt mit Spezialitäten aus ihrer Heimat. Nach den Tagen kulinarischer Eintönigkeit eine willkommene Abwechslung. Sehr freundlich und mit einem guten Preis-Leistungs-Verhältnis. Frische Zutaten und Preise ab £ 5 für die Vorspeise und ab £ 9 für Hauptgänge.

㉚ Wick Caravan & Camping Site

GPS 58.44304, -3.10643

Sehr schön mitten im Grünen am Fluss gelegen, mit großen Stellflächen für Erholung pur. Sehr familienfreundlich, tolle Wanderwege entlang des Flusses, Hunde willkommen. **Lage/Anfahrt:** ab Ortseingang der Hauptstraße Richtung Bahnhof folgen, dann sehr gut ausgeschildert. Hauptzufahrt mit 2,90 m Höhenbeschränkung unter der Bahnunterführung. Höhere Wohnmobile nehmen im Kreisel nach der Brücke die Station Road (erste rechts) und fahren dann vor dem Bahnof rechts, der Platz ist dann wieder ausgeschildert. Der Weg führt dann am Fluss entlang zur hinteren Einfahrt des Campings; **Platzanzahl:** 80 (20 Spezial-Womoplätze mit Schotterflächen); **Untergrund:** Asphalt, Schotter, Wiese; fest; **Service:** Strom, Trinkwasser, Abwasser, Chemie-WC, WiFi; **Sicherheit:** umzäunt; **Preise:** £ 25 inkl. 1 Pers. bzw. £ 19 ohne Strom, jede weitere Pers. ab 10 Jahren £ 2; **Max. Stand:** unbegrenzt; **Geöffnet:** März-Oktober, im Winter eingeschränkt auf Anfrage; **Kontakt:** Riverside Drive, Wick KW1 5SP, Tel. 01955 605420, www.wickcampsite.co.uk, Rezeption täglich 9-17 Uhr, im Sommer länger

Wenn man Wick nach Süden auf der A99 verlässt, blickt man zur Linken auf die Ostküste mit dem flacher werdenden Küstenstreifen und zur Rechten in das Gebiet des **Flow Country.** Moore und bewaldete Gebiete bestimmen das Landschaftsbild und die Natur ist nicht mehr so rau. Gute 16 km weiter hat man bei der Häuseransammlung des Örtchen **Occumster** die Möglichkeit, rechts abzubiegen und dem Hinweisschild Grey Cairns of Camster zu folgen.

Etwas ganz Besonderes: eine Whisky-Probe direkt vom Fass

087ws©Torsten Berning

ABSTECHER GREY CAIRNS OF CAMSTER

(hin und zurück 16 km)

In den Moment, wenn man glaubt, es käme nichts mehr, ist man genau richtig! Nach dem letzten Haus fährt man auf der einspurigen, gut befestigten Strecke vorbei an gepflanzten Kulturwäldern, die wohl 50 bis 70 Jahre alt sein mögen. Plötzlich öffnet sich eine riesige Fläche karger Sumpflandschaft und irgendwo im Nichts erscheinen auf der linken Seite riesige, unübersehbare **graue Steinhügel.** Nur wenige folgen dem Schild an der Straße und man kann den stillen Ort schon als leicht gruselig bezeichnen.

Cairn bedeutet zu deutsch so viel wie „Steinhaufen" und die Grey Cairns of Camster bewahren hier seit mehr als 5000 Jahren geduldig ihr Geheimnis. **Steinzeitlicher Totenkult** soll an dieser Stelle zelebriert worden sein, doch genau weiß es heute niemand! Sicher ist, dass im Innern verbrannte menschliche Knochenreste gefunden wurden.

Der imposante **Long Cairn** ist immerhin 5 m hoch, 60 m lang und 20 m breit. Eingerahmt ist er von zwei kreisrunden *Cairns,* die einen Durchmesser von 20 m haben. *Cairns* bestehen aus lose aufeinandergelegeten Steinen, die sich in Bewegung setzen würden, sollte man auf sie hinaufklettern, doch wer ein ganz gespenstisches Abenteuer möchte, kann den ganzen Long Cairn **von Innen erkunden** oder besser gesagt erkriechen! Dabei empfiehlt sich allerdings entsprechende Kleidung. Die Kuppeln sind so konstruiert, dass es Lichteinfall gibt, trotzdem ist eine Taschenlampe ratsam. In den Kriechgängen der Steingräber und Kammern fühlt man sich wie ein Hobbyarchäologe. Zur Beruhigung sei gesagt, dass die *Cairns* vor Ort mit einer Betonkuppel versehen wurden.

P 41 **Grey Cairns of Camster,** GPS 58.378925, -3.264198, ganzjährig rund um die Uhr geöffnet, Eintritt frei. Bei der Anfahrt kann man mit dem Wohnmobil ca. 500 m weiterfahren und an einem Querweg gut drehen. Dann kann man in der breiten Bucht neben der Straße schon in die richtige Richtung für die Rückfahrt parken. Zwei große Infotafeln geben auf Englisch Erklärungen.

Die Grey Cairns of Camster, ein Ort in absoluter Einsamkeit

Routenkarte Seite 130

HELMSDALE

(56 km – km 119)

Wieder auf der eigentlichen Route (A99) kann man hinter Latheron am **Clan Gunn Museum** einen Stopp einlegen, in dem es um schottische Clangeschichte geht. Es hat seinen Platz in Old Paris Church von Letheron gefunden. Die **Clan Gunn Society** gründete sich bereits 1821. Ihr gehören heute weltweit mehr als 300 Familien an, die das Museum finanzieren. Mit viel Liebe zum Detail werden die Taten oder auch Untaten des Clans visualisiert und zum Teil plastisch mit Modellen dargestellt. Hinzu kommt, dass man hier mit dem Personal wunderbare Gespräche führen und auf diese Weise wertvolle Tipps erhalten kann, die der Tour noch ein i-Tüpfelchen aufsetzen. Die alte Kirche mit dem Friedhof und dem Meer im Hintergrund ist schon ein ganz besonderer Ort. Die Grabmale, unter anderem das von William Sutherland (Chief des Clans Sutherland), befinden sich zum Teil 200 Jahre an dieser Stelle im Grünen.

Ab Latheron wird die A99 zur A9, was ihre verkehrstechnische Bedeutung hervorhebt.

P 42 Clan Gunn Museum and Heritage Centre, GPS 58.282461, -3.363207, Latheron KW5 6DN, www.clangunnsociety.org, geöffnet: Juni–Oktober Mo.–Sa. 11–16 Uhr, Eintritt frei

Der bisherige Teil der Etappe konnte schon einige Akzente setzen und man kann sicher sein, dass der einem vielleicht unbekannte Ort **Helmsdale** in diesem Konzert problemlos mitspielen kann! Lebten hier 1871 noch 1511 Personen, so sind es heute noch ca. 800. Der Küstenabschnitt gehört bereits zum **Moray Firth,** dem großen Meeresbecken, das sich bis in die Bucht von Inverness erstreckt. Die Einwohnerentwicklung spiegelt, wie häufig in den alten Fischerdörfern an den Küsten, den direkten Zusammenhang mit dem Niedergang der Heringsfischerei wieder.

Ein großer Trumpf der Stadt ist der **Fluss Helmsdale** der mitten durch den Ort in das Meer mündet, denn er gehört zu den **besten Spots zum Fliegenfischen von atlantischen Wildlachsen** in ganz Schottland. Zur Laichzeit sind wahre Karawanen von Anglern (und Lachse) unterwegs, um ihr Glück zu versuchen, wenn die Fische auf ihrem Weg flussaufwärts sind. Die **Angellizenzen** können hier vor Ort erworben werden (ab 20 £). Wer nicht des Angels mächtig ist, kann versuchen, mit einem der Spezialisten ins Geschäft zu kommen. Frischer schottischer Wildlachs, handgefangen, kostet in Deutschland immer zwischen 30 und 40 € das Kilo, wenn man ihn denn bekommt! Hier vor Ort kann man dafür mehrere Kilo Lebendfisch aus dem Wasser ziehen! So frischen Lachs haben wahrscheinlich die wenigtens schon auf dem Grill zubereitet und genossen.

Das nächste Highlight ist das **Bannockburn Inn.** Das Hauptaugenmerk liegt zunächst auf dem kleinen Holzkasten an der Wand, ohne den kein britischer Pub auskommt. In ihm befindet sich eine dieser runden Scheiben mit den Zahlen am Rand. Die Meisten wissen es schon längst: Es handelt sich um eine Dartscheibe. Mal ehrlich, wer hat es nicht schon irgendwann mal probiert? Der Clou ist allerdings, dass man, wenn man hier eine Runde gegen den Wirt „dartet", gegen keinen Geringeren als **Andy Fordham** spielt, den **World Darts Champion** von 2004! Die stattliche Erscheinung und seine Stimme sind nicht zu übersehen bzw. zu überhören. Er verwirklichte sich hier seinen Traum und man ist zu Gast in seinem traumhaften Pub. 12 Biere vom Fass, mehr als 100 Whisky-Sorten und eine Atmosphäre wie aus einem Krimi mit Miss Marple.

Das Essen ist ebenfalls exzellent. Es gibt einen Restaurantteil und den Pub mit klassischem Pub food, wie es der Schotte mag. In der Tartan Lounge Restaurant und Bar werden auch die besonderen Steaks der „Mey Selection" serviert. Ja richtig, Fleisch von den Highlandrindern des Castle of Mey (s. S. 132). Diese Restaurantlizenzen werden vom Patron, dem **Duke of Rothesay,** persönlich vergeben. Und dieser ist niemand Geringeres als Prinz William. Auf Nachfrage dürfen Gäste auf dem hinteren Teil des Parkplatzes mit ihrem Wohmobil kostenlos für eine Nacht stehen.

P 43 **Bannockburn Inn,** GPS 58.11652, -3.65034, Stafford Street, Helmsdale KW8 6YJ, an der A99 direkt an der Ortsdurchfahrt, Tel. 01431 821461, www.bannockburninn.co.uk, geöffnet: Di.–So. 12–15 und ab 17 Uhr, bis der Wirt die Sperrstunde ausruft. Einfach ein Erlebnis: Burger, Chips & Beer £8,95, aber auch Steakgerichte für £25 und Fish & Chips mit frischem Fisch nach Marktlage. Auf dem hinteren Teil des Parkplatzes gibt es 4 bis 6 Stellplätze (Untergrund: Asphalt, Schotter), auf denen man eine Nacht kostenlos stehen darf. Etwas schief, aber mit Unterlegkeil kein Problem. Hier parken auch schon mal Lkws.

BRORA

(16 km – km 135)

Über die A9 erreicht man Brora. Ab dem 16. Jahrhundert wurde hier **Kohle abgebaut** und die 1230 Einwohner waren fast ausnahmslos in diesem Gewerbe tätig. Das 1974 geschlossene Bergwerk war das einzige im Vereinigten Königreich, in dem die Kohle aus dem Jura und nicht aus dem Karbon gewonnen wurde. Seit 1819 gab es am Fluss Brora auch eine Brennerei, die musste aber in den 1980er-Jahren wie so viele andere aufgeben. Glücklicherweise hat sich 1968 auf dem gleichen Gelände die Clynelish-Whiskybrennerei etabliert und ist bis heute erfolgreich aktiv (www.malts.com/en-row/distilleries/clynelish), denn mit jedem typischen Brennerei-Türmchen verschwindet auch ein Stück schottische Kultur.

Etwas südlich, in der Nähe des 1814 angelegten Hafens, steht direkt an der Nordseeküste die **Brora Y Station,** eine Funkabhörstelle des britischen Geheimdienstes, die von 1939 bis 1986 in Betrieb war. Die Überreste der eingezäunten Anlage werden – welch gute Idee – heute als kleine **Campsite** 31 genutzt. Hier findet man unkompliziert einen Platz mit Aussicht für das Wohnmobil.

Der Ort hat sich viel von seinem alten Charme bewahrt, auch wenn die Fernstraße A9, die durch durch Brora führt, manchmal eine Last ist.

Wer einen gemütlichen Abend in der alten Militäranlage verbringt, hat den kleinen Hafen in Sichtweite. Hier startet der hübsch angelegte Sparzierweg **Brora Village Trail,** der durch den ganzen Ort führt. Er ist ca. 4 km lang und eignet sich hervorragend zur Abrundung des Tages oder als abwechslungsreiche Gassi-Runde mit dem Hund. Gekennzeichnet durch Holzpfosten und versehen mit entsprechenden Richtungspfeilen ist ein Verlaufen kaum möglich. Auf dem Weg kreuzt man den

Ein Uhrturm, entdeckt beim abendlichen Rundgang durch Brora

Golfplatz, den Bahnhof, einen einladenden Pub und ein Wohnviertel, genau wie den Tante-Emma-Laden und den Bäcker.

Wenn man den Strandweg Richtung Süden geht, könnte man nach der langgezogenen Kurve mit einem Fernglas fast das nächste Highlight sehen, denn es thront auf einer Anhöhe über dem Meer wie eine Prinzessin! So sind es am nächsten Tag über die A9 auch gerade mal sechs Kilometer bis zu „dem" Schloss an der Ostseeküste! Gerade von der Meerseite wirkt **Dunrobin Castle** einfach nur imposant! Der **Stammsitz des Clan Sutherland** und somit auch des Earl of Sutherland ist mit 189 Zimmern das größte Wohngebäude in den gesamten nördlichen Highlands. Der erste Wohnturm datiert bis in das 13. Jahrhundert zurück. Erwähnt wurde Dunrobin aber erstmals 1401 als Festung des sechsten Grafen von Sutherland.

Im 17. Jahrhundert erhielt die Burg zwei Flügel, die durch einen Turm mit Wendeltreppe mit dem alten Gebäudeteil verbunden wurden. 1845 bis 1851 gab es weitere bauliche Veränderungen durch den zweiten Duke of Sutherland: Dunrobin Castle erinnert heute an ein französisches Schloss. Charles Barry, er zeichnete auch für das Parlament in London verantwortlich, gestaltete außerdem den Garten nach dem Vorbild von Versailles.

Das Schloss besitzt einen eigenen Bahnhof an der Far North Line. Die Parkplätze sind großzügig und wer vormittags ankommt, kann mit etwas Glück direkt vor dem Hauptportal parken. Sehr sehenswert und *very british* ist der Tea Room, wo auch leckere Speisen angeboten werden.

P **44 Dunrobin Castle,** GPS 57.982363, -3.94589, Golspie KW10 6SF, Tel. 01408 633177, www.dunrobincastle.co.uk, geöffnet: Garten ganzjährig, Schloss April, Mai, Sept., Okt. täglich 11–16, Juni–August täglich 10–17 Uhr, Eintritt: Erw. £ 13,50, Kinder £ 8,50, Familien £ 42

Dunrobin Castle mit seinem Garten vom Meer aus gesehen

089ws©Torsten Berning

㉛ Seabreezes Caravan Park

GPS 58.0069, -3.84783

Sehr schön an einer alten Funkabhörstation gelegen. Einfache Ausstattung, aber mit viel Liebe und Mühe gemacht. Man kann sich hier nach Herzenslust ausbreiten und sich durchaus vorstellen, mehr als einen Tag zu bleiben. **Lage/Anfahrt:** im Ort von der A9 nach links ab Richtung Hafen, am Ende der Harbour Road ist die Einfahrt. Wenn das Tor geschlossen ist, einfach öffnen und einfahren (bis 22 Uhr). Gute Zufahrtsstraße als Ring- bzw. Einbahnstraße durch das Hafen-Wohnviertel; **Platzanzahl:** 20; **Untergrund:** Asphalt, Wiese; fest; **Service:** Strom, Trinkwasser, Abwasser, Chemie-WC; **Sicherheit:** umzäunt; **Preise:** ab £20/Fahrz. inkl. 2 Personen, Hunde frei, Strom £3; **Max. Stand:** unbegrenzt; **Geöffnet:** 14. April–31. Oktober; **Kontakt:** Harbour Road, KW9 6LP, Zufahrt bis 22 Uhr, www.facebook.com/SeaBreezesBrora/

145ws©Torsten Berning

DORNOCH

(37 km - km 172)

Der Ort, den man ebenfalls über die A9 erreicht, wirkt größer, als das die Einwohnerzahl von 1200 es vermuten lässt und ist zugleich **Hauptort der Grafschaft Sutherland.** Die Kathedrale unter der Herrschaft König Alexanders II. erbaut und 1239 geweiht. Gilbert de Moravia, der Bischof von Moray, wurde hier beigesetzt, doch im Jahr 1545, zur Zeit der Reformation, wurden seine Gebeine gestohlen.

Gleich auf der anderen Straßenseite befindet sich **Dornoch Castle.** Ebenfalls aus dem 12. Jahrhundert stammend, wird es heute vielseitig genutzt. Im ursprünglichen Sitz der Bischöfe von Caithness sind heute ein Hotel, Shops und die Tourist Information untergebracht. Im vorderen Teil befinden sich Verwaltungsräume der Stadt.

1727 fand übrigens ein trauriges Kapitel der Geschichte in Dornoch sein Ende, denn hier fand die **letzte Hexenverbrennung** Schottlands statt.

Für Golfer sei noch zu erwähnen, dass der **Royal Dornoch Golf Club** mit seinem Old Course als einer der ältesten Golfplätze der Welt gilt (https://royaldornoch.com).

Ab Dornoch fließt das Wasser der Nordsee neben dem Moray Firth auch in den Dornoch Firth und später bei Inverness in den Cromarty Firth. Am **Dornoch Firth** kann man wunderbar entlanggehen und im Schilf lebende Vögel entdecken. Die Dünen, die bis ans Wasser reichen, sind riesig und der Strand bei Ebbe schier unendlich. Danach kann man auf dem **Dornoch Caravan & Camping Park** ㉜ einen schönen Abend genießen, aber auch der **Beach Car Park** (s.S. 142) kann ausreichend sein, wenn die Ansprüche nicht zu groß sind.

153ws©Torsten Berning

32 Dornoch Caravan & Camping Park

GPS 57.87615, -4.02042

Unmittelbar in Strand- und Dünennähe mit viel Grün. Ein Teil des Golfplatzes grenzt ebenfalls an. **Lage/ Anfahrt:** in der Ortsmitte von der A949 Richtung Strand und der Beschilderung zur Campsite folgen; asphaltierte Zufahrtsstraße ohne jede Einschränkung; **Platzanzahl:** 250; **Untergrund:** Asphalt, Schotter, Wiese; fest; **Service:** Strom, Trinkwasser, Abwasser, Chemie-WC, WiFi; **Sicherheit:** umzäunt; **Preise:** £20 inkl. 4 Personen, Strom £7; **Max. Stand:** unbegrenzt; **Geöffnet:** Ostern–Ende Oktober; **Kontakt:** The Links, Dornoch IV25 3LX, Tel. 01862 810423, www.dornochcaravans.co.uk, Rezeption mit Anmeldefläche vor der Schranke, täglich 8–17 Uhr, im Sommer länger

154ws©Torsten Berning

Wer noch nicht genug hat, den führt ein Fuß- und ein Radweg bequem zurück in den Ort. Ein Rundgang ist sehr abwechslungsreich und überall ist es – eigentlich gilt das für ganz Schottland – sehr aufgeräumt und liebevoll dekoriert. Im Dornoch Castle Hotel im ehemaligen Schloss lohnt sich die Einkehr in der Scottish Whisky Bar, die schon zweimal zur besten in Schottland ausgezeichnet wurden (www.dornochcastlehotel.com/whisky).

› **The Eagle Dornoch,** Castle Street, IV25 3SR, direkt an der A949 in der Ortsmitte gegenüber der Kathedrale im alten Schlosskomplex, Tel. 01862 810008, www.eagledornoch.co.uk, geöffnet: Mo.–So. 11 Uhr–22 Uhr, am Wochenende länger. Es gibt neben dem Restaurant- auch einen Pub-Teil. Die Karte bietet von Vorspeisen über sensationelle home made Burger bis zu exzellenten Fleischgerichten für jeden etwas.

P **45 Dornoch Beach Car Park,** GPS 57.87912, -4.01545, von der Ortsmitte der Beschilderung „Beach Car Park" folgen; einspurige Straße mit Ausweichbuchten, ohne Einschränkung befahrbar. 4 bis 6 Plätze auf einer schönen, asphaltierten bzw. geschotterten Fläche. Blick aufs Meer mit Spazierwegen an den Strand oder über den Golfplatz. Der Platz wird als freier Stellplatz geduldet. In der Hochsaison ist es sehr voll. Kein Service, max. Stand 1 Nacht.

Von Dornoch geht es wieder zur A9. Nach der Überquerung des Dornoch Firth steht gleich links ein Schild der **Glenmorangie Whisky Distillery.** So nah am Wegesrand gibt es für den Whiskyliebhaber keine Alternative zum Linksabbiegen! Wie in einer kleinen Parkanlage der amerikanischen Südstaaten kommt man sich bei der Durchfahrt über das Grundstück bis zum großzügigen Parkplatz vor. Der besonders weiche und goldfarbene Whisky hat eine lange Tradition. Und eine Flasche Pride 1974 für € 8.000 live zu sehen oder gar in der Hand zu halten, ist ein Erlebnis! Hier kann man vor Ort zu erschwinglichen Preisen auch Whiskys bekommen, die in Deutschland nicht erhältlich sind. Sie sollten das Hauptaugenmerk sein, wenn man in Schottland Whisky kauft, denn die Normalabfüllung „von der Stange" ist hier nicht günstiger. Eine **Distillery Tour** führt in die Kunst der Whisky-Herstellung ein. Die bekommt man sicher an vielen Orten, aber hier ganz oft von einem Master Distiller.

P 46 Glenmorangie Whisky Distillery, GPS 57.826677, -4.078799, Tain IV19 1PZ, Tel. 01862 892477, www.glenmorangie.com, geöffnet: täglich 10–16 Uhr und zu Sonderterminen, Distillery Tour £ 18

Entlang des Cromarty Firth und über die große Brücke geht es auf die **Black Isle.** Sie ist eine Halbinsel zwischen Cromarty und dem Moray Firth auf dem Weg nach Inverness. An den Spitzen der Insel sind zwei wunderschöne Leuchtfeuer: das **Cromarty Lighthouse** an der Nordspitze und das **Chanonry Lighthouse** am Chanonry Point, der an der Westspitze in den Moray Firth ragt. Am gegenüberliegenden Ufer sieht man die riesige Festungsanlage **Fort George** aus dem 18. Jahrhundert. Sie befindet sich nordöstlich von Inverness auf einer Landzunge. Erbaut wurde sie, um einen zerstörten Vorgängerbau zu ersetzen und das schottische Hochland zu befrieden. Da sie im Anschluss weder eingenommen, noch durch einen Angriff in Mitleidenschaft gezogen wurde, überstand sie die Zeit in sehr gutem Zustand. Obwohl sie immer noch militärisch genutzt wird, stehen große Teile für Besucher offen. Außer dem Gelände und den Gebäuden an sich, sind zum Beispiel auch eine Waffensammlung und das Highlanders' Museum (www.thehighlandersmuseum.com) zu sehen.

P 47 Fort George, GPS 57.582214, -4.069049, www.historicenvironment.scot/visit-a-place/places/fort-george, April–Sept. täglich 9.30–17.30, Oktober–März 10–16 Uhr, Eintritt: £ 9,50, Kinder (5–15 Jahre) £ 5,50, Audioguide verfügbar

Cromarty Firth und Moray Firth sind bekannt für ihre **Delfin- und Seehundsichtungen,** da sich die Tiere oft auf der Suche nach Futter in den Strömungen tummeln. Mit einem Fernglas kann man das rege Treiben gut beobachten, wobei die Seehunde auch bis ans Ufer kommen.

Die Black Isle ist sehr flach und mit den verschiedensten **bunten Pflanzen** bewachsen, z. B mit dem gelben Ginster, der in ganz Schottland verbreitet ist. Die Strände sind oftmals aus ganz feinem Steinkies und lassen sich wunderbar begehen. Gern besuchte Ziele auf der Black Isle sind Fortrose und Rosemarkie mit seinem Campingplatz, dem Golfplatz und den wunderbaren Möglichkeiten mit dem Fahrrad an der Küstenlinie entlangzufahren.

FORTROSE UND ROSEMARKIE

(124 km – km 296)

Fortrose und Rosemarkie müssen eigentlich in einem Atemzug genannt werden. Öffentliche Ämter oder auch der mehr als 100 Jahre Golfklub werden von den Gemeinden gemeinsam betrieben. Schönstes Gebäude ist die Ruine der **Kathedrale** aus dem Jahre 1250. Das Besondere an ihr ist, dass sie so ist wie sie

Blick aufs Meer am Dornoch Beach

ist: nicht restauriert und alles blieb über die Jahrhunderte so erhalten wie es sich heute präsentiert. Doch bei Sonnenschein wirkt das Gotteshaus einfach majestätisch und vermittelt eine Schönheit als wäre es vollkommen.

Direkt am Küstenstreifen liegt der **Rosemarkie Camping and Caravanning Club Site** 33 und der erste Abschlag des **Golfplatzes** ist gerade mal 300 m entfernt. Die Gäste des Campingplatzes sind hier ebenfalls sehr willkommen. Ein öffentlicher Weg führt sogar in Eintracht mit den Golfern über den Kurs. Herzlich willkommen sind Gäste auch im Klubhaus-Restaurant. Lunch- und Dinner-Menü oder eine Kleinigkeit auf der herrlichen Terrasse mit Blick in die Umgebung sind absolut empfehlenswert.

Ebenfalls zu Fuß zu erreichen ist das Leuchtfeuer am **Chanonry Point.** Hier kann man mit etwas Glück nur einige Hundert Meter vom Strand entfernt die **Delfine** auf Beutezug beobachten. So manches Mal hat man das Gefühl, sie würden eine Vorführung für die am Ufer Stehenden machen. Auch die **Seehunde** trauen sich zeitweise bis auf den Kiesstrand, um in der Sonne zu liegen. Bitte nicht zu nahe kommen, sonst verschwinden sie wieder.

In der Vor- und Nachsaison, wenn der Campingplatz geschlossen hat, wird auch eine Übernachtung auf dem gut befestigten und ebenen **Parkplatz** geduldet.

P 48 Parkplatz Chanoury Point, GPS 57.57364, -4.09406, von der Ortsmitte von Fortrose aus ausgeschildert. 3 bis 5 Plätze auf dem ebenen und gut befestigten Parkplatz am Leuchtturm. Abends sehr ruhig, mit tollem Blick auf den Moray Firth. Übernachtung nur in der Vor- und Nachsaison geduldet, kein Campingverhalten! Kein Service, max. Stand: 1 Nacht.

In Fortrose endet die Route 7. Zum Start der Route 9 (s. S. 159) geht es am nächsten Tag zurück zur A9 nach Inverness.

33 Rosemarkie Camping and Caravanning Club Site

GPS 57.58311, -4.10894

Schöne, kleine und familiäre Clubsite mit Stellplätzen bis an den Strand. ADAC Camping Key Card Europe oder Clubmitgliedschaft notwendig. **Lage/Anfahrt:** direkt in der Bucht zwischen Rosemarkie und Fortrose. Asphaltierte Zufahrt, auch die Wege auf dem Campingplatz sind gut befestigt. Stellplätze teilweise geschottert; **Platzanzahl:** 65; **Untergrund:** Asphalt, Schotter, Wiese; fest; **Service:** Strom, Trinkwasser, Abwasser, Chemie-WC, WiFi; **Sicherheit:** beleuchtet; **Preise:** £ 24 inkl. 2 Personen, Ver- und Entsorgung, Strom £ 6; **Max. Stand:** unbegrenzt; **Geöffnet:** April–Oktober; **Kontakt:** Ness Road East, Rosemarkie/Fortrose IV10 8SE, Tel. 01381 621117, www.campingandcaravaningclub.co.uk, Rezeption an der Einfahrt 9–13, 14–17 Uhr, Juni, Juli, August bis 19 Uhr

ROUTE 8

ORKNEY-INSELN ZUM KENNENLERNEN

091ws©August Schwerdfeger, stock.adobe.com

1 cm = 7,5 km
© Reise Know-How 2023
ORKNEY ISLANDS
Mull Head
Papa Westray
North Ronaldsay
North Ronaldsay Firth
Westray
Pierowall
Midbea
Repness
Northwall
Broughtown
Start Point
Sanday
Westray Firth
Calfsound
Braeswick
Rousay
Wasbister
Eday
Backaland
Egilsay
Brough Head
The Barony
Brinian
Whitehall
Redland
Wyre
Tingwall
Stronsay Firth
Stronsay
Skara Brae
Dounby
Rothiesholm
Loch of Harray
Balfour
Shapinsay
Yesnaby
Finstown
Newlot
Mainland
Stromness
Kirkwall
Heart of Neolithic Orkney
Skaill
Graemsay
Swanbister
Quoyness
Scapa Flow
St. Mary's
Cornquoy
Rora Head
Hoy
Flotta
Burray
Lyness
St. Margaret's Hope
Longhope
Herston
South Ronaldsay
Pentland Firth
Burwick
Dunnet Head
Island of Stroma
Duncansby Head
Scrabster
Dunnet
Gills
John o'Groats
Thurso
Castletown
Freswick
Slickly
Roadside
Halkirk
Keiss
Loch Watten
Mybster
Watten
Reiss
Noss Head
Wick
Grey Cairns of Camster
Camster
Ulbster
Latheron
Dunbeath
Beriedale
Inverness
Aberdeen
SCHOTTLAND
Perth
Dundee
Glasgow
Edinburgh
Ayr
NORDIRLAND
Newcastle
Belfast
Carlisle
Sunderland
ENGLAND

176ws©Ralf Kalytta, stock.adobe.com

ROUTENÜBERSICHT

Schon ein Blick auf die Flagge zeigt die geschichtliche Verbundenheit mit den Völkern aus dem hohen Norden an. Die neuzeitliche Besiedlung begann im Jahre 876 mit den Wikingervölkern aus dem norwegischen Raum. Viele Überreste menschlicher Ansiedlungen gehen natürlich weiter zurück auf die Kelten, wie es die alten Kultstätten, etwa der Ring of Brodgar, beweisen. In nur 90 Minuten erreicht man von Scrabster die Hauptinsel der Orkney-Inseln, Mainland.

20 Inseln der Orkneys werden bewohnt und etwa die Hälfte der 20.000 Einwohner leben in beiden Hauptorte Kirkwall und Stromness.

Mainland lässt sich mit dem Wohnmobil wunderbar erkunden, alle weiteren Inseln müssen wieder per Fähre angelaufen werden, lohnen sich aber nicht wirklich. Die Hauptinsel hat ihren ganz eigenen Charme und ihre Bewohner sind auf das raue Klima bestens eingestellt. Die Infrastruktur ist erstaunlich gut, denn selbst zwei Campingplätze gibt es. Auch eine Bootsfahrt über eines der größten Schiffsgräber des Zweiten Weltkriegs, den großen „Innenteich“ der geschützten Buch Scapa Flow, sollte man sich nicht entgehen lassen.

Strecke:
Fährhafen Scrabster (s. S. 126) – **Stromness** (s. S. 148) – **Birsay** (22 km, s. S. 152) – **Finstown** (36 km, s. S. 154) – Kirkwall (12 km, s. S. 155) – **Rückfahrt über die Insel South Ronaldsay** (82 km, s. S. 156) – **Abstecher zur Insel Hoy als Fußgängerpassage** (s. S. 158)

Streckenlänge:
ohne Abstecher 152 km

Sehenswertes Gotteshaus: die St. Magnus Cathedral in Kirkwall (s. S. 155)

Kapitelstartseite: Um die Orkney-Inseln – hier der Ring of Brodgar (s. S. 150) – ranken sich jahrhundertealte Geschichten und Mythen

Ist der **Khyber Pass** a) eine legendäre, auf über 1000 m Höhe verlaufende Himalaya-Trasse zwischen Afghanistan und Pakistan oder b) eine enge Treppengasse im Hafenort Stromness auf der Orkney-Insel Mainland? Richtig ist beides! Humorvoll und selbstbewusst sollen sie sein, die **Orcadians,** so nennt man die Bewohner der Orkney-Inseln, und diese Namensgebung ist wohl ein Beweis dafür! 67 Inseln zählt der **vor der Nordküste Schottlands** liegende Archipel, von denen nur 20 bewohnt sind. **Mainland** ist die Hauptinsel und damit gleichzeitig der größte Steinbrocken. Sie beherbergt die beiden Metropolen **Kirkwall** (6500 Einwohner) und das wirtschaftlich bedeutende Hafenstädtchen **Stromness.**

Die **Überfahrt** startet man in Scrabster (s. S. 126), dem Fährhafen der Stadt Thurso. Die Schiffe der NorthLink Ferries mit dem Wikinger auf der Bordwand sind gar nicht zu übersehen. Die Fähren haben eine ordentliche Größe und liegen selbst bei unruhiger See stabil im Wasser. Bei gutem Wetter und wolkenlosem Himmel (vielleicht erwischt man ja einen der beiden Tage ...) sollte man die Abendfähre nehmen. Die Strahlen der Sonne tauchen dann nämlich die 351 m hoch aufsteigenden Sandsteinklippen der Insel Hoy in ein beeindruckendes rotes Licht.

Die in der Brandung stehende Steinsäule ist übrigens der 137 m Hohe **Old Man of Hoy.** Wahrscheinlich haben die Wikinger diesen Anblick schon genossen, als sie hier auf Land trafen. Die Nordmänner gaben den riesigen Felsen den Namen **Orkneyjar,** die „Inseln der Seehunde".

› **Fährzeiten:** Scrabster – Stromness Oktober–Mai Mo.–Fr. 8.45 und 19 Uhr, Sa., So. 12 und 19 Uhr, Juni–August Mo.–So. auch 13.15 Uhr. Stromness – Scrabster Oktober–Mai Mo.–Fr. 6.30 und 16.45 Uhr, Sa., So. 9 und 16.45 Uhr, Juni–August Mo.–So. auch 11 Uhr. **Fahrpreise:** 2 Erwachsene und Wohnmobil bis 8 m £ 220 (Hin- und Rückfahrt), Kinder £ 9. Die **Fahrzeit** beträgt 90 Minuten, weitere Infos unter www.northlinkferries.co.uk.

STROMNESS

Rückwärts „parkt" die NorthLink-Fähre im geschäftigen Hafen von Stromness ein. Oberhalb schlendert man wunderbar durch die anheimelnde **Altstadt.** Der gesamte Ortskern mit seiner plattengepflasterten Main Street ist denkmalgeschützt. Rechts wie links der schmalen Straße stehen kleine Häuser.

Von 1670 bis 1891 wurden in Stromness die Schiffe der **Hudson Bay Company** mit Lebensmittel und Frischwasser versorgt. Da kann man sich gut vorstellen, was hier los war. Die berühmten Segler „Discovery" und „Resolution" des Weltumseglers **James Cook** machten 1780 am Pier fest. Ein kleines, fast schon intimes **Museum** informiert über die Handelsaktivitäten der Hudson Bay Company und über den Wal- und Fischfang. Natürlich findet die **Versenkung der deutschen Kriegsflotte** 1919 in Scapa Flow ebenfalls Erwähnung. Am 21. Juni versenkte Konteradmiral von Reuter hier nahezu 70 Schiffe, um sie nicht den Engländern in die Hände fallen zu lassen. Das **Pier Arts Centre** am Hafen widmet sich der modernen Kunst.

› **Julia's Café,** 20 Ferry Road, Stromness KW16 3 AE, Am Fährhafen, Tel. 01856 850904, www.juliascafe.co.uk, geöffnet: tägl. ab 9 Uhr, geschl.: in den Wintermonaten eingeschränkte Öffnungszeiten. Ein bezauberndes, kleines Café mit selbstgemachten Pies und Kuchen. Die Kaffeespezialitäten sind nicht nur bei Touristen beliebt. Auch die Einheimischen lieben Julias leckeren, selbstgebackenen Kuchen mit einem guten Kaffee. Selbst Vegetarierer müssen hier nicht hungern! Wenn am Morgen die Sonne auf die kleine Außenterrasse scheint und Sie bei einem köstlichen Frühstück dem Treiben am Fährhafen zusehen, dann kann der Tag nur gut werden. Sogar freies WIFI steht zur Verfügung.

Sehenswertes

› **Pier Arts Centre,** 28–36 Victoria St, Stromness KW16 3AA, Tel. 01856 850209, www.pierartscentre.com, geöffnet: Di.–Fr. 10.30–17 Uhr, Eintritt frei. Das 1979 gegründete Museum und

163ws©Scott, stock.adobe.com

zeigt wechselnde Austellungen zur modernen Kunst und auch historische Kunst von ortsansässigen Künstlern.

› **Scapa Flow Visitor Centre,** Lyness, Stromness KW16 3NT, Tel. 01856 791300, www.orkney.gov.uk. In einem ehemaligen Militärbauwerk auf der Insel Hoy, welches in die höchste Kategorie der schottischen Denkmalpflege aufgenommen wurde, findet man alles zur Geschichte der militärischen Seefahrt auf den Orkneys.

Information

› **Tourist Information Centre,** New Terminal Building/Ferry Rd, Stromness KW16 3BH, Tel. 01856 850716, geöffnet (in der Kernzeit): Mo.–Fr. 10–16, Sa. 10–14 Uhr

Der **nördliche Teil der Hauptinsel Mainland** ist eigentlich ein durchgehendes Natur- und Geschichtserlebnis. Unterhaltungsmöglichkeiten sind bis zum Übergang in den südlichen Teil mit Kirkwall absolute Fehlanzeige.

Stromness verlässt man nordwestlich auf der einzigen Straße, der A965, und sieht bereits nach einigen Kilometern die Hinweisschilder zu den Standig Stones of Stennes bzw. dem Ring of Brodgar, die sich direkt nacheinander an der B9055 befinden. Bevor man von der A965 nach links auf diese Straße abbiegt, erreicht man in Stennes das Maeshowe Visitor Centre, von dem aus man Touren zu einem weiteren Highlight unternehmen kann: der etwa 3000 v. Chr. errichteten **Megalithanlage von Maeshowe.** Mann sollte allerdings wissen, dass die große Grabstätte nur durch einen ca. einen Meter hohen, 70 cm breiten und elf Meter langen Gang zu erreichen ist.

Blick auf Stromness vom Wasser aus

Die große Haupthalle und die drei Nebenkammern im Innern sind absolut faszinierend. Sie beinhalten unter anderem die weltweit größte **Runenschriftsammlung,** die Wikinger vermutlich im 12. Jahrhundert hier einbrachten, nachdem sie die Grabkammern aufgebrochen hatten. Die Perfektion, mit der die tonnenschweren Steinplatten zusammengefügt und aufgeschichtet wurden, ist aus heutiger Sicht eine Ingenieurleistung aller erster Klasse. Nur vier gewaltige Monolithe tragen die gesamte Dachlast der riesigen, bis zu 30 cm dicken Deckenplatten.

093ws©Vidar Løkken

› **Maeshowe Visitor Centre at Stennes,** Ireland Road, Stennes KW16 3LB, www.historicenvironment.scot/visit-a-place/places/maeshowe-chambered-cairn, nur geführte Touren: April–Sept. 10–17, Okt.–März 10–16 Uhr, Erw. £ 6, Kinder (5–15 Jahre) £ 3,60

Wie viele Monumente des **Heart of Neolithic Orkney,** das Teil des **UNESCO-Weltkulturerbe** ist, sind auch die **Standing Stones of Stennes** vor 5000 Jahren in der Jungsteinzeit entstanden. Die Aufrichtung der Steine wurde durch Radiokohlenstoffdatierung auf das Jahr 3100 v. Chr. datiert, Stenness ist damit einer der frühesten Steinkreise Großbritanniens. Die Steine sind im Schnitt etwa fünf Meter hoch, der höchste über 5,70 m, und maximal 30 cm dick. Angeordnet sind sie in einer Ellipse mit einem Durchmesser von 31,70 m. Im Zentrum ist bis heute eine Feuerstelle zu erkennen. Ton- und Knochenreste, die hier gefunden wurden, beweisen, dass hier gekocht und gespeist wurde. Über den Zweck der Anlage streiten sich die Gelehrten bis heute, man vermutet, dass sie mit den Sonnenständen zur Wintersonnenwende im Zusammenhang steht. Schon der Aufwand für den Transport der riesigen Steine muss immens gewesen sein. Sie sollen aus einem Steinbruch nördlich der Siedlung von Skara Brae (s. S. 152) stammen und durch rollen auf Baumstämmen hierher gekommen sein. Parken kann man bei Tag und Nacht auf der angelegten Spur direkt an der Straße.

P 49 **Standing Stones of Stennes,** GPS 58.993493, -3.208594

Nur 1,5 km weiter Richtung Norden wird der **Ring of Brodgar** erreicht. Auch hier ist ein bequemes Parken mit dem Wohnmobil möglich. Der Ring of Brodgar, der wahrscheinlich 2700 v. Chr. entstand, ist ein sogenannter Henge.

Die imposante Höhe der Standing Stones bis 5,70 m kann das Bild gar nicht wiedergeben

Dabei handelt es sich um ein Bodendenkmal aus dem Neolithikum, das normalerweise aus einer runden oder ovalen Fläche mit Erdwällen und Gräben besteht. Der Ring of Brodgar hat im Inneren eine kreisförmige Steinsetzung und ist mit einem Durchmesser von 104 m **größer als Stonehenge.** Ursprünglich bestand der Ring aus 60 Steinen. Heute sind noch 27 erhalten und zu besichtigen.

Die dazugehörige Siedlung ist heute als **Ness of Brodgar** bekannt und ist mit 2,5 ha Fläche die größte Grabungsstätte Großbritanniens. Sie wurde ab 3200 v. Chr. für mehr als 1000 Jahre als größte zeremonielle Stätte der Britischen Inseln genutzt. Mit tempelartigen Monumentalbauten und Häusern belegen die Ausgrabungen die rege Siedlungstätigkeit aus dieser Epoche. Hier fanden riesige rituelle Veranstaltungen mit festlichem Charakter statt, an denen wohl tausend und mehr Menschen teilgenommen haben müssen. Warum diese Stätten scheinbar fluchtartig verlassen wurden, ist bis heute ein Rätsel.

P 50 Ring of Brodgar, GPS 59.003808, -3.230142

Der Route führt weiter entlang der B9055 vorbei am Loch of Skaill zum Skaill House bzw. nach Skara Brae. Die Landschaft, durch die man fährt, ähnelt ein wenig der norddeutschen: flach, gut überschaubar und von den Klippen der Küste weht oft eine steife Brise über die Wiesen. Auf der großen Weidefläche sind natürlich viele Rinder und Schafe zu sehen. Der größte Teil der Besiedlung besteht aus vereinzelten, zum Teil sehr großen Bauerngehöften. Die Straßen sind eher schmal, aber gut zu befahren. Die Orcadians fahren mit viel Gelassenheit und gewähren eher Vorfahrt als eine unnötige Kollision zu riskieren.

Skara Brae, das „Pompeji Schottlands“ (ca. 1.800 v. Chr.)

Im Jahr 1850 fegte ein gewaltiger Sturm über das Land und spülte unter einer Düne Gebäudeteile frei, die bis 1870 eher amateurhaft untersucht wurden. Erst 1970 brachte eine Altersbestimmung mit der Radiokarbonmethode die Gewissheit, dass es sich um einen sensationellen Fund handelte. Heute gilt **Skara Brae** mit seinen neun Häusern als die am besten erhaltene **Siedlung der Jungsteinzeit** in Europa. Alle Gebäude sind aus Stein gebaut, da das normale Baumaterial der Jungsteinzeit, Holz, auf den Orkneys sehr selten war. Selbst Tische, Ablagen oder regalähnliche Konstruktionen wurden aus Stein gefertigt und sind deshalb hervorragend erhalten. Hinzu kommt, dass die Lage unter dem Sand alles sehr gut konserviert hat.

Die Menschen hielten Rinder, Schafe, Ziegen und Schweine, bauten Gerste an und backten bereits Brot. Wild, das vom Festland auf die Inseln kam, war auch schon bekannt und durch die Küstennähe wurde sogar Fischfang betrieben. Durch den guten Erhaltungszustand wird Skara Brae auch das „Pompeji Schottlands" genannt. Die Nutzung von Skara Brae endete mit der **Glockenbecherkultur,** dem Zeitabschnitt vom Übergang der späten Jungsteinzeit zur Bronzezeit, der in Großbritannien bis 1800 v. Chr. dauerte, obwohl diese Periode im Rest von Europa bereits 2200 v. Chr. endete.

Außerdem muss natürlich noch **Skaill House** erwähnt werden. Es überragt die Bucht von Skaill mit den Ausgrabungen von Skara Brae und ist besonders bei schlechter Witterung ein wunderbarer Ort, um sich aufzuwärmen. Das außen eher kühl und grau wirkende 400 Jahre alte Gebäude ist von innen sehr heimelig und lebendig. Das historische Herrenhaus ist zudem das größte Wohngebäude der gesamten Orkney-Inseln!

P **51 Skara Brae und Skaill House,** GPS 59.048662, -3.33491, Breckness Estate KW16 3LR, geöffnet: Sommer täglich 9.30–17.30, Winter täglich 10–16 Uhr (das Café nur 1.4–31.10.), Eintritt (Kombiticket): Erwachsene £ 12, Kinder £ 7, www.skaillhouse.co.uk

BIRSAY

(22 km – km 22)

Auf dem weiteren Weg wird zunächst mit **Dounby** die nennenswerteste Ansiedlung von Menschen im Norden der Mainland-Insel erreicht. Hier kann man sich wunderbar für das Grillen an einer einsamen Stelle versorgen und findet weitere Geschäfte und sogar eine Apotheke. Vom Eindruck her könnte man meinen in einem Freiluftmuseum zu sein, alles ist einfach hübsch und einladend.

› **The Dounby Butcher,** Dounby KW17 2HT, an der Kreuzung B9075 und A986 in „Downtown" Dounby, www.orkneyfoodanddrink.com, geöffnet: Di.–Fr. 8–12, 14–18 Uhr, Sa. 8–12 Uhr. Es gibt nur zwei Straßen und der „Butcher" ist gar nicht zu übersehen. Er wurde schon mehrfach für sein Aberdeen Angus Beef ausgezeichnet und ist für sein Schweinefleisch bekannt. Hier gibt es aber auch eine Auswahl hausgemachter Salate, Eier, Fisch, Käse, Brot und Oatcakes. Absoluter Favorit sind die handgemachten Burger Patties. Unbedingt anhalten, schauen, staunen und einkaufen! Schon eine Unterhaltung mit dem tollen Personal ist ein Erlebnis.

Weiter geht es der A966 Richtung Küste folgend nach **Birsay.** Schon lange, bevor man den Ort erreicht, bringt der Wind einem den Salzgeruch des Meeres näher. Der kleine Weiler im Nordwesten bietet mit der **Birsay Campsite** 34 eine der wenigen offiziellen Übernachtungsmöglichkeiten auf dem Mainland. Er ist sehr schön gelegen und durch eine niedrige Mauer windgeschützt. Das Grillen ist übrigens in allen Arten erlaubt, wichtig für die *Burger Patties* oder das Fleisch, das man bei The Dounby Butcher erstanden hat!

Highlight des Orts ist die **Ruine des Palasts,** den Robert Stewart, der Earl of Orkney, im 16. Jahrhundert erbauen ließ (GPS 59.129987, -3.315416). Vier zweistöckige Flügel mit drei Türmen postieren sich um den großen Innenhof und gaben ein prachtvolles Anwesen im Renaissance-Stil ab. Die Ruine des Palastes kann rund um die Uhr kostenlos besichtigt werden.

094wsChristver - stock.adobe.com

Eine tolle kombinierte Rad- und Wandertour kann man direkt vom Campingplatz zur **Brough of Birsay** unternehmen. Unweit der Nordwestspitze liegt diese kleine Insel im Meer und ist bei Ebbe über einen Damm zu Fuß erreichbar, daher bedarf es zeitlicher Planung, wenn man den Trip starten will. Ein schöner Weg durch Dünengras führt den Wanderer nach nur 2 km an die unübersehbare Stelle.

Wer einige ungestörte Kilometer auf dem Rad erleben möchte, folgt vom Camping aus den Hinweisen zum Marwick Head bzw. zum Kitchener Memorial. Am **Marwick Head** ragen die Steilklippen 90 m aus dem Meer und an der höchsten Stelle befindet sich das **Kitchener Memorial.** Dabei handelt es sich um einen fenster- und türlosen Turm, der am Ende des Ersten Weltkriegs errichtet wurde. Hier sank am 5. Juni 1916 in schwerer See die HMS Hampshire nachdem sie auf eine Mine aufgelaufen war. Unter den Toten befand sich auch Lord Kitchener, der auf dem Weg nach Russland zur Friedenskonferenz war.

Die Luft ist hier erfüllt vom Heulen des Windes und in den Klippen nisten Tausende von Seevögeln, die mit ihrem Geschrei in das Konzert einstimmen! Mit dem Fernglas kann man hier gut die lustig aussehenden Papageientaucher beobachten. Wenn man hier dem schmalen Küstenweg nach Norden folgt kann man die traumhafte Naturkulisse ganz oft für sich alleine genießen. In der Anfahrt zur Nordwestspitze sieht man schon die kleine Insel und bei Ebbe den besagten Damm. Hier treffen sich Wanderer und Radfahrer wieder.

Wenn das Wasser den Weg freigegeben hat, ist man nach nur 200 m drüben angelangt. Auch hier gibt es Vögel die teilweise am Boden ihre Nester haben. Man sollte sich nicht stören. Das Inselchen ist reich an **alten Fundamenten** und **Ruinenresten,** denn bereits im 6. Jahrhundert besiedelten die Kelten erstmals das Eiland. Laut der Archäologen sollen im 7. und 8. Jahrhundert piktische Herrscher eine Residenz erbaut haben. Earl Thorfin the Mighty (Thorfin der Mächtige), von 1014 bis 1066 Herrscher über Orkney, ließ hier einen Palast errichten. Die Ruine kann man bis heute sehen. Unkompliziert und ohne Eintritt zu bezahlen, kann man nach Herzenslust in die Geschichte abtauchen, ein Erlebnis für kleine und große Abenteurer.

⌃ *Die Fischbeinskulptur „Birsay Whalebone" steht seit 1880 an dieser Stelle*

34 Birsay Campsite

GPS 59.12065, -3.30786

Sehr ruhig und windgeschützt gelegen. Klein und fein, passend zur Insel. **Lage/Anfahrt:** am Ende des Loch of Boardhouse, an der A967 rechts ab der Beschilderung folgen; gute asphaltierte Zufahrt für alle Gewichte und Größen über die Hofanlage; **Platzanzahl:** 28; **Untergrund:** Asphalt, Schotter, Wiese; fest; **Service:** Strom, Trinkwasser, Abwasser, Chemie-WC, WiFi; **Sicherheit:** beleuchtet; **Preise:** £21 inkl. 2 Personen, jede weitere Pers. £5, Strom £5; **Max. Stand:** unbegrenzt; **Geöffnet:** April–Ende Oktober; **Kontakt:** Birsay KW17 2LY, Tel. 01856 873535, www.visitorkney.com. Die Rezeption im Hof der Zufahrt ist sporadisch besetzt. Wenn dort keiner ist, bitte zu Fuß auf die dahinterliegende Campsite gehen und einen Stellplatz suchen

FINSTOWN

(36 km – km 58)

Wie einer Ringstraße folgt man der A966 an die Ostküste. Ein erster willkommener Halt ist bei der **Swannay Brewery,** wo ein für Orkney-Verhältnisse großer Parkplatz auch Platz für Wohnmobile bietet. Die kleine, aber feine Brauerei wurde 2005 in Betrieb genommen und ist bekannt für die Reinheit und den malzigen Geschmack ihrer Getränke. Montags bis freitags wird Besuchern von 10 bis 16 Uhr Einblick in die Produktion gewährt. Natürlich kann man auch eine Auswahl der verschiedenen Biere probieren und käuflich erwerben.

P **52 Swannay Brewery,** GPS 59.142142, -3.234772, Birsay KW17 2NP, Tel. 01856 721700, www.swannaybrewery.com

Im weiteren Verlauf der Strecke ragen bei Burgar Hill einige Windräder gen Himmel. Der größte der *aerogenerators* hat eine Spannweite von 60 m und liefert immerhin mehr als drei Megawatt Strom für die Inselbewohner.

Nachdem die Landstraße einen Linksbogen gemacht hat, sieht bei klarem Wetter schon die Küste der Insel Rousay und ein Stückchen weiter erreicht man das **Eviedale Cottage.** Schon die Gastfreundschaft und Mühe, mit der man umsorgt wird, verdienen einen selten genutzten Begriff, es ist einfach süß. Die „Campsite" des Cottage kann allerdings nur Zelter und Campervans im Bulliformat aufnehmen. Trotzdem sollte man unbedingt halten und eine hausgemachte Suppe, einen Auflauf oder das frisch gebackene Brot oder den hauseigenen Kuchen genießen. Bei schlechtem Wetter wärmen einen zudem der Kamin und ein warmer Grog! Wenn die Sonne scheint und Bäume grün sind, ist der Ort ein Paradies mit einem wunderschönen Ausblick.

› **Eviedale Cottages,** Campsite & Bistro, Evie, Orkney KW17 2 PJ, Tel. 01856 751714, www.eviedale-cottages.co.uk, geöffnet: April–September Do.–So. 11–18 Uhr, Fr./Sa. 17.30–20.30 Uhr Pizzaabend

Hinter dem Cottage links führt ein Wirtschaftsweg zu einem Parkplatz, von wo man zum **Broch of Gurness** mit Blick zur Insel Rousay laufen kann. „Brochs" nannte der eisenzeitliche Volksstamm der Pikten ihre bis zu 15 m hohen, steinernen und fensterlosen Wehrtürme, die mit Mörtel und Trockenstein errichtet wurden. Teilweise bis zu 3 m dick waren die Mauern und verjüngten sich oben. Eine zweite Mauer im Inneren stand senkrecht und dazwischen lagen Treppen und Kammern. Der Broch of Gurness wurde im 1. Jahrtausend v. Chr. gebaut und war mehr als 1000 Jahre in Gebrauch. Heute ragen die Reste der Mauern noch drei Meter auf und befinden sich zudem an einem besonders schönen Naturstrand, der vielleicht zum Nachbau eines Brochs aus Sand animiert!

P **53 Broch of Gurness,** GPS 59.123665, -3.083807

Vom Parkplatz aus geht es den Wirtschaftsweg wieder zurück zur Ringstraße A966 und bald ist **Finstown** erreicht. Finstown ist der drittgrößte Ort der Hauptinsel Mainland, dennoch sollte man die Erwartungen nicht so hoch schrauben. Drei Dutzend Häuser machen noch keine Kleinstadt! Die Anfahrt und die Lage in der Bucht von Firth (Bay of Firth) sind landschaftlich wunderschön. Besonders im Sommer gibt es durch die umliegenden, blühenden Felder ein tolles Farbenspiel. Von der A966 wechselt man hier auf die A965, die sich am Beginn unmittelbar an der Bucht entlangzieht.

KIRKWALL

(12 km - km 70)

Mit der Landenge zwischen Ost- und West-Mainland erreicht man auch die mit 7000 Einwohnern **größte Stadt der Orkneys,** Kirkwall. Von hier führen fast alle Fährverbindungen zu den nördlichen Orkney-Inseln und nach Aberdeen.

In Kirkwall ist natürlich auch wieder **kulturelles Leben** mit Shopping und Tourismus geboten. Der **Orkney Caravan Park** 35 liegt in Gehweite zum Zentrum und zu den Sehenswürdigkeiten und bietet sich also gut für eine Übernachtung an.

Sehenswertes

Zwei Gebäude sind ein „must see": die **St. Magnus Cathedral** von 1137 und der historische Bau des **Bishop's and Earl's Palace.** Kathedrale und Palace sind nur wenige 100 m voneinander entfernt.

Auch auf den Orkneys muss man nicht auf eine Brennerei verzichten. Man hat die Auswahl zwischen den beiden nördlichsten **Whisky-Brennereien** Großbritanniens, **der Highland Park** oder der **Scapa Destillery.** Wunderschön in der Bucht des Scapa Flow gelegen, sieht man bald die legendäre weiße Lagerhalle mit der schwarzen Aufschrift.

P 54 **Scapa Distillery,** GPS 58.964046, -2.985989, St Ola, Kirkwall, KW15 1SE, Tel. 01856 873269, geöffnet: Oktober-März Mo.-Fr. 9.30-17, April-September Mo.-Sa. 9.30-17 und So. 12.30-17 Uhr, www.maltwhiskydistilleries.com

P 55 **Highland Park Distillery,** GPS 58.968496, -2.955867, Holm Road, Orkney KW15 1SU, Tel. 01856 874619, geöffnet: April-Oktober täglich 10-17 Uhr, November-März Mo.-Fr. 10-17 Uhr, www.highlandparkwhisky.com

Information

› **Travel Centre Kirkwall,** West Castle Street, Kirkwall KW15 1GU, im Zentrum direkt an der A963 (West Castle Street), Tel. 01856 872856, www.visitscotland.com, geöffnet: Mo.-Fr. 10-17, Sa. 10-15 Uhr. Sehr freundliches Personal. Vermittelt auch Tagestickets mit Fahrplänen für öffentliche Verkehrsmittel

Gastronomie

› **Helgi's,** 14 Harbour St., Kirkwall KW15 1LE, direkt an der Hafenstraße mit Blick auf das Hafenbecken, Tel. 01856 879293, www.helgis.co.uk, geöffnet: täglich 12-21 Uhr. Original Hafenpub und Restaurant mit ganz besonderer Atmosphäre und Holz-Ausstattung. Zutritt erst ab 18 Jahre. Vorspeisen und Kleinigkeiten ab £ 6, Burger mit Beilagen ab £ 11, frischer Fisch ab £ 13.

35 Orkney Caravan Park

GPS 58.98406, -2.97248

Inmitten eines großen Parks und umrahmt von einer Steinmauer liegt der Platz zentral und dennoch ruhig. Hervorragend ausgestattet mit Waschmaschinen und Aufenthaltsräumen. Das benachbarte Pickaquoy Centre bietet ein Kino, Gastronomie, Hallenbad und Tennis (Schwimmen und Tennis für 2 Personen in der Campinggebühr inkl.). Hier kommt wieder die Camping Key Card Europe zum Einsatz. **Lage/Anfahrt:** nach der Einfahrt in Kirkwall am ersten Kreisel die erste Abfahrt nehmen, dann den zweiten Abzweig und dem Hinweisschild folgen, es sind 50 m zur Einfahrt. Normal befahrbare Straße, auch für schwere Womos gut zu befahren; **Untergrund:** Asphalt, Rasengitter; fest; **Service:** Strom, Trinkwasser, Abwasser, Chemie-WC, WiFi; **Sicherheit:** umzäunt, beleuchtet; **Preise:** ab £ 21 inkl. 2 Personen, Kinder £ 2,25, Strom £ 5, WiFi kostenlos; **Max. Stand:** unbegrenzt; **Geöffnet:** 1. März-30. September; **Kontakt:** Peerie Sea Loan, Kirkwall KW15 1UH, Tel. 01856 879900, www.orkneycaravanpark.co.uk. Die Rezeption an der Einfahrt von 8.30 bis 18 Uhr besetzt, danach Platz suchen und einfahren.

095ws©Alan Jamieson

RÜCKFAHRT ÜBER DIE INSEL SOUTH RONALDSAY

(82 km – km 152)

Von Kirkwall führen eine im Zweiten Weltkrieg gebaute Straße und die Churchills Barriers zur Insel South Ronaldsay. Die **Churchill Barriers** sind vier Dämme, die der britische Premierminister Winston Churchill im Zweiten Weltkrieg hier errichten ließ, um die in der Bucht von Scapa Flow liegende britische Flotte besser vor weiteren Angriffen von U-Booten der deutschen Kriegsmarine zu schützen. Die Dämme verbinden das Mainland über die Inseln Lamb Holm, Glimbs Holm und Burray mit **South Ronaldsay.**

Das 12 km lange und 8,5 km breite Eiland mit seinen gut 900 Einwohnern ist eine Naturschönheit, die dem Menschen viel Freiheit bietet. Die Entfernungen sind überschaubar und die Auswahl an unberührten Stränden und einsamer Stellen für die Wohnmobilfahrer ist außergewöhnlich. Die höchste Erhebung der fast baumlosen Insel ist der im Zentrum gelegene 119 m hohe **Ward Hill.**

Die A961 führt von Kirkwall bis in die südliche Spitze nach Burwick, wo auch die Fußgängerfähre zum schottischen Festland nach John O'Groats (s. S. 133) verkehrt. Die Fahrt mit Querung der Dämme ist abwechslungsreich und kurzweilig. Auf dem Eiland **Lamb Holm** kann man die **Italian Chapel** bestaunen, die von italienischen Kriegsgefangenen erschaffen wurde. Sie mussten in Zwangsarbeit bei Wind und Wetter die Churchill Barriers anlegen. Die Kapelle kann man bereits von der Straße sehen, davor ist noch eine kleine Weinhandlung.

Die nächste Etappe führt dann über **Glims Holm.** Die Insel ist abgesehen von Schafen gänzlich unbewohnt. Auf dem letzten Abschnitt der Fahrt erreicht man die Insel **Burray.** Hier sind auch wieder Menschen anzutreffen, die ihrer ländlichen Arbeit nachgehen. Ein schöner Stopp bietet sich am **Orkney**

Die Italian Chapel wurde von Kriegsgefangenen errichtet

096ws©Torsten Berning

Fossil and Heritage Centre an. Besonders anschaulich wird hier auch die Geschichte des Scapa Flow gezeigt.

P 56 Orkney Fossil and Heritage Centre, GPS 58.8576, -2.910080, Viewforth, Burray KW17 2SY, an der A961, Tel. 01856 731255, www.orkneyfossilcentre.co.uk, geöffnet: April–September täglich 10–17 Uhr, Eintritt: kostenlos.Schöner Blick über das Scapa Flow. Der Heritage Tea Room ist einfach, aber typisch schottisch. Kleine, hausgemachte regionale Speise und Kuchen wie bei Muttern zu günstigen Preisen. Sehenswert!

Noch eine Dammüberfahrt und **South Ronaldsay** ist erreicht. Gleich in der nördlichen Spitze ist **St Margaret's Hope.** Ein gemütlicher Ort, der zu einem Bummel entlang der Back Road einlädt. Besonders hübsch ist Robertsons General Store, mehr wird nicht verraten, lassen Sie sich überraschen! Die gesamte „Flaniermeile" mit der Waterfront ist gerade mal 400 m lang.

Von diesem Hafenort kann man **mit Pentland Ferries in die Gills Bay,** 3 km westlich von John O'Groats (s. S. 133), übersetzen, statt von Stromness mit der Fähre nach Scrabster zurückzukehren. Damit spart man sich die 50 km zurück und fährt natürlich auch eine andere Fährroute als auf der Hinfahrt.

Wer sein Ticket für die Fähre ab **Stromness** bereits gebucht hat, sollte es dennoch nicht versäumen, noch die 12 Kilometer bis an die Südspitze nach **Burwick** zu fahren, denn abseits der einzigen Straße gibt es **menschenleere Strände** zu entdecken.

Die Rückfahrt erfolgt dann über St Margaret's Hope nach Kirkwall und dann über die Südstrecke auf der A964 Richtung Stromness, wo man mit der Fähre wieder nach Scrabster übersetzen kann.

P 57 Pentland Ferries, GPS 58.831464, -2.962581, Pier Road, St Margaret's Hope KW17 2SW, die Pier Road ist die Verlängerung der Back Road, Ausschilderung „Hafen/Fähre", Tel. 01856 831226, www.pentlandferries.co.uk. Die Überfahrt kostet für ein Wohnmobil von 6 bis 8 m Länge und zwei Personen 91 £. Es gibt täglich drei Überfahrten (morgens, mittags, später Nachmittag) und die Fahrtzeit beträgt ca. 60 Minuten. Da die Zeiten variieren, bitte online, vor Ort oder telefonisch informieren.

Auch Pentland Ferries steuert die Orkneys an

ABSTECHER ZUR INSEL HOY ALS FUSSGÄNGERPASSAGE

Für diejenigen, die jetzt noch nicht genug von den Orkney-Inseln haben und ihre Rückfahrt über Stromness antreten möchten, bietet sich bei Einsatz eines weiteren Urlaubstages ein Ausflug zur Insel Hoy an. Kurz vor Stromness erreicht man **Houton.** Am Fährhafen kann man das Wohnmobil sicher parken und als Fußgänger nach Lyness auf der Insel Hoy starten.

Am Hafen von Lyness angekommen, ist gleich auf der rechten Seite das **Scapa Flow Visitor Centre.** Ein Besuch ist Pflicht, um die neuzeitliche Geschichte mit der historischen zu verknüpfen. Über das aktuelle Programm oder Sonderausstellungen kann man sich unter www.orkney.gov.uk informieren.

P 58 Scapa Flow Visitor Centre, GPS 58.833636, -3.192693

Die Insel Hoy ist mit ca. 143 km² Fläche die **zweitgrößte Insel der Orkneys** und lässt sich wunderbar mit dem Bus erkunden. Die Busstation befindet sich direkt am Fährhafen im kleinen Lyness. Es gibt nur 419 Einwohner und so kann man ganz in Ruhe den wundervollen Blick in die einsame Landschaft genießen, von der mehr als 50 km² unter Naturschutz stehen. Weiterhin gibt es große Vogelschutzgebiete, die sich auch zu Fuß erkunden lassen.

P 59 Orkney Ferries, GPS 58.918877, -3.185117, Houton Head KY17 2RD, A964 von Kirkwall Richtung Stromness, am Houton Head links ca. 300 m bis zum Parkplatz des Fähranlegers, Tel. 01856 811397, www.orkneyferries.co.uk. Die Überfahrt kostet hin und zurück £ 6 für Erwachsene, Kinder £ 3. Die Fähre verkehrt zwischen 8 und 18 Uhr sechsmal täglich. Die Fahrzeit ist ca. 50 Minuten.

› **Busfahrten** ab 2 £, Infos unter www.visitorkney.com. **Individuelle Touren** ab 49 £, Infos unter www.islandtourshoy.com.

Beeindruckender Blick auf den Old Man of Hoy (s. S. 148)

164ws©shorty25, stock.adobe.com

ROUTE 9

BILDERBUCHLANDSCHAFT SPEYSIDE

097ws©Torsten Berning

1 cm = 7,5 km
© Reise Know-How 2023
Moray Firth
Kildary
Balintore
Alness
Invergordon
Balnapaling
Eileanach Lodge
Evanton
Cromarty
Balblair
Garve
Dingwall
Black Isle
Duncanston
Fortrose
Fort George
Contin
Muir of Ord
Tore
Gollanfield
Nairn
Auldearn
Forres
Svend's Stone
Findberg
Burghead
Lossie-mouth
Alves
Elgin
Spey Bay
Buckie
Portgordon
Mosstodloch
Fochabers
Beauly
Beauly Firth
Kilmorack
Croy
Clephanton
Cawdor Castle
Dallas
Keith
Kirkhill
Inverness
Culloden Battlefield
Clava Cairns
Beachans
Rothes
Ferness
Lochend
Craigellachie
Charlestown
Dufftown
Loch Ness Monster Exhibition Centre
Dores
Tombreck
Findhorn
Dava
Bridge of Avon
Glenfiddich Distillery
Cainborrow
Milton
Urquhart Castle
Loch Ness
East Croach
Tomatin
Grantown-on-Spey
Drumin
Deveron
Duthil
Foyers
Carrbridge
Dulnain Bridge
Cabrach
Whitebridge
Garragie Lodge
Tomintoul
Mossat
Glendobeg
Aviemore
Bellabeg
Boultenstone
Newton-more
Insh
Colnabaichin
Tarland
Kingussie
Cairn Gorm 1245
Cairngorms
Dinnet
Laggan
Garvamore
Crathie
Ballater
Catlodge
Falls of Truim
Braemar
Balmoral Castle
Birkhall
Dee
Inverey
Dalwhinnie
Loch Laggan
National Park
Ben Alder Lodge
Loch Ericht
Loch Muick
Ben Alder 1148
Devil's Elbow 665 m
Dalnacardoch Lodge
Blair Castle
Blair Atholl
Spittal of Glenshee
Kinloch Rannoch
Killiecrankie
Dalnacarn
Cray
Kilichonan
Loch Rannoch
Carie
Tummel Bridge
Loch Tummel
Grandtully
Pitlochry
Kirkmichael
Keltneyburn
Pass of Killierankie
Bridge of Cally
Kirriemur
Forfar
Aberfeldy
Alyth
Craigton
Rattray
Glamis Castle
Kenmore
Dunkeld
Lawers
Acharn
Trochry
Caputh
Blairgowrie
Glamis
Meigle
Kirk-buddo
Garrow
Milton
Coupar Angus
Balgray
Killin
Falls of Dochart
Gauls
Cargill
Burrelton
Muirhead
Sidlaw Hills
DUNDEE
Ardchyle
Lochearnhead
St. Fillans
Gilmerton
Buchanty
Methven
New Scone
Monifieth
Loch Earn
Longforgan
Strathyre
Comrie
Crieff
Perth
Tayport
Newport-on-Tay
Milltown
Errol
Firth of Tay
Muthill
Earn
Auchter-arder
Bridge of Earn
Newburgh
Rathillet
Leuchars
Dunning
Letham
Cupar
Dairsie
St. Andrews
Auchtermuchty
Callander
Braco
Pitscottie
Ochil Hills
Strathmiglo
Ladybank
Hill of Tarvit
Lochty
Thornhill
Doune
Dunblane
Glendevon
Falkland
Largoward
Fife
Inverness
Aberdeen
SCHOTTLAND
Perth
Dundee
Glasgow
Edinburgh
Ayr
NORDIRLAND
Newcastle
Belfast
Carlisle
Sunderland
ENGLAND
FORTSETZUNG SIEHE KARTE RECHTS

ROUTENÜBERSICHT

Strecke:

Inverness (s. S. 109) – **Abstecher Loch Ness** (50 km, s. S. 162) – **Elgin** (70 km, s. S. 164) – **Dufftown und Charlestown of Aberlour** (45 km, s. S. 167) – **Entlang der Strathspey nach Grantown on Spey** (42 km, s. S. 168) – **Aviemore** (25 km, s. S. 171) – **Durch die Grampians nach Blair Atholl** (30 km, s. S. 173) – **Pitlochry** (54 km, s. S. 177) – **Road to Edinburgh** (160 km, s. S. 179) oder Variante: **Über St. Andrews nach Edinburgh** (190 km, s. S. 179)

Streckenlänge:

ohne Abstecher 426 km (über St. Andrews 456 km)
mit Abstecher 476 km (über St. Andrews 506 km)

In Inverness (Route 5, s. S. 109) startet man die vorletzte Etappe der Tour durch Schottland. Ein Besuch von Loch Ness gehört für viele einfach dazu. Ein Abstecher von ca. 50 km führt einen an den Ufern des längsten schottischen Sees nach Urquhart Castle und zum Loch Ness Monster Visitor Centre. Dann geht es zunächst in die vielseitige Stadt Elgin und zum Küstencamping in Lossiemouth. Nur wenige Kilometer entfernt taucht man in die „Speyside"ein, die „Whisky Capital" der Welt. Aberlour, Dufftown, Grantown on Spey und der Skiort (!) Aviemore sind die wohlklingenden Namen der Orte, die man erreicht. Glenfiddich-Whisky, Walkers Shortbread und traditionelles Haggis sind nur einige kulinarische Highlights, die einen am Wegesrand erwarten. Am Druimuachdar Pass verlässt man die Highlands, was aber kein Grund für Traurigkeit ist, denn die kommenden Bilderbuchlandschaften um Blair Atholl, die Stille und Abgeschiedenheit sind weit mehr als eine Entschädigung. Vielleicht entdeckt hier sogar mancher seine neue Lieblingsregion, denn es grünt und blüht und das Fahrrad wird nicht nur als Ballast transportiert. Ein weiteres Highlight setzt dann der Zielpunkt – die Hauptstadt Edinburgh!

« *Kapitelstartseite: Grüner Übergang von den Highlands zu den Midlands*

ABSTECHER LOCH NESS

(hin und zurück 50 km)

Gerade 50 Kilometer oder etwa einen Tag, kostet der Abstecher von Inverness (siehe Route 5, s. S. 109) über die A82 zum Loch Ness. Es ist mit 56 km² der zweitgrößte und **sagenumwobenste See Schottlands.** Die schöne Strecke führt vorbei an einer abwechselungsreichen Flora, mit Bäumen, die teilweise wie eine Haube über die Straße wachsen. 37 km ist der See lang (im Verbund mit dem Caledonian Canal sind es fast 50 km), aber im Mittel nur 1,5 km breit und bis zu 230 m tief. Dafür sind nahezu 50 % der Fläche tiefer als 150 m und das ist sehr ungewöhnlich.

Spätestens am Ortsschild des kleinen Dörfchens Drumnadrochit weiß man, weshalb es die Menschen in Scharen herzieht: Das **Loch Ness Centre & Exhibition** hat hier seine Heimat! Nur an diesem Ort kann man so viel über den **„Nessie"-Mythos** und seine Geschichte erfahren. Von den Anfängen im Jahr 565 bis zum Hype, der Anfang der 1930er-Jahre Fahrt aufnahm, als beim Bau der A82 am Westufer erste Meldungen von Monstersichtungen die Runde machten. Schattenhafte Aufnahmen im Nebel taten das Übrige. Dazu lässt sich ein schottischer Witz rezitieren: „Wenn man das gegenüberliegende Ufer von Loch Ness nicht sehen kann, dann herrscht Nebel. Wenn man es sehen kann, dann zieht der Nebel gerade auf!"

Natürlich versuchten bereits Dutzende von Wissenschaftlern dem Objekt der Begierde „auf den Pelz" zu rücken. Sonaruntersuchungen haben in der dunklen Tiefe immer wieder Bewegungen großer Körper aufgezeichnet. Somit hat man sich darauf geeinigt, dass Nessie ein ungefähr 15 m großes Wirbeltier und ein Kiemenatmer sein soll. Jeder möge für sich selbst entscheiden, was er gern sehen möchte, wenn er am Abend auf der Lauer liegt.

Am oberen Parkplatz des Hotels und Monsterzentrums kann man mit dem Wohnmobil gut parken. Zur Übernachtung gibt es wenig später mit dem **Loch Ness Bay Camping** 36 eine bessere Gelegenheit.

P 60 Loch Ness Centre & Exhibition, GPS 57.337232, -4.774597, Drumnadrochit, IV63 6TU, www.lochness.com, geöffnet (jeweils tägl.): Winter 10–15.30, Ostern–Juni 9.30–17 Uhr, Juli/August 9.30–18 Uhr, September/Oktober 9.30–17 Uhr, Eintritt Erwachsene 9,95 £, Kinder von 6–15 Jahren 5,95 £, Familien 28,95 £

36 Loch Ness Bay Camping

GPS 57.32858, -4.46552

Großzügige Stellplätze. See und Burg sind zu Fuß erreichbar. Trotz der Straßennähe ist es in der Nacht sehr ruhig. Es gehört auch ein Reitstall dazu. **Lage/Anfahrt:** direkt an der A82 zwischen Inverness und Fort Williams; ebene, asphaltierte Zufahrt, geeignet für alle Wohnmobilgrößen; **Platzanzahl:** 60; **Untergrund:** Asphalt, Wiese; fest; **Service:** Strom, Trinkwasser, Abwasser, Chemie-WC, WiFi; **Sicherheit:** beleuchtet; **Preise:** £ 30 inkl. 2 Personen und Strom, jeder weitere Erwachsene £ 6, Kinder (5–15 Jahre) £ 4, Hunde £ 1, WiFi kostenlos; **Max. Stand:** unbegrenzt; **Geöffnet:** ganzjährig; **Kontakt:** Borlum Farm, Drumnadrochit IV63 6XN, Tel. 01456 450220, www.borlum.co.uk, Zufahrt bis 18 Uhr, im Sommer bis 20 Uhr

Nur zwei Kurven weiter Richtung Fort Augustus kommt ein nicht minder frequentierter Touristenmagnet, **Urquhart Castle.** Wer die Möglichkeit hat, sollte einen Besuch am Wochenende meiden, denn dann bereitet das Parken mit dem Wohnmobil eventuell Probleme. Wochentags sind weniger Reisebusse vor Ort, sodass man deren Parkspuren nutzen kann. Das Gelände ist vor Blicken gut geschützt und der Eingang erfolgt von der oberen zur unteren Ebene mittels einer Indoortreppe.

Die Ruinen des Urquhart Castle befinden sich strategisch günstig auf einem kleinen, in den See ragenden Vorgebirge. Im 13. Jahrhundert eroberte der englische König Edward I. die Burg, bevor die Schotten sich die Festung zurückholten. Von hier konnte näm-

098ws©Sam - stock.adobe.com

lich hervorragend das Great Glen kontrolliert werden. Nach einer wechselvollen Geschichte sprengten die Engländer die Burg, damit sie nicht den anrückenden Jacobitern in die Hände fiel.

Wenn die Burg in den Abendstunden angeleuchtet wird, macht sie immer noch einen wehrhaften und dramatischen Eindruck. „Grimmig hockt das Schloss auf einem schroffen Felsen über dem tiefen Wasser und stimmt einen Gesang von Kampf und Belagerung an", schrieb einst der englische Reiseschriftsteller Henry Morton.

Schön ist, dass das Gelände von oben betreten wird und man so einen tollen Überblick über eine der größten Festungsanlagen ihrer Zeit hat. Mehr als tausend Jahre Historie liegen einem nun zu Füßen. Viele interessante Details, wie eine Steinschleuder, lassen sich nicht nur ansehen, sondern auch anfassen.

Loch Ness mit dem Urquhart Castle im Vordergrund

P 61 **Urquhart Castle,** GPS 57.324565, -4.445182, Öffnungszeiten: März–September 9.30–18, Oktober, November 9.30–17 Uhr, Eintritt: Erwachsene £9, Kinder £5

Wer den Abend auf dem Loch Ness Bay Camping 36 verbracht hat, ist der A82 folgend flott an Inverness vorbei und kann schon bald wieder salzige Meeresluft schnuppern. Am Stadtrand wechselt man von der A82 auf die A96 Richtung Elgin.

26 km nordöstlich von Inverness kann man sich auf die Spuren Charlie Chaplins begeben, der in **Nairn** häufig seine Urlaube verbrachte. Der heutige Ort wuchs um ein altes Fischerdorf an der Mündung des gleichnamigen Flusses. Im Viktorianischen Zeitalter, der Regierungszeit von Königin Victoria von 1837 bis 1901, war es ein gut besuchtes Heilbad. Die weiten Sandstrände und das günstige Klima am Moray Firth trugen das Ihrige dazu bei.

Die Küstenlandschaft von hier bis Forres ähnelt der Normandie. Darum fanden hier ab 1943 Übungen für die **„Operation Over-**

Shakespeare lockt nach Cawdor

Macbeth wandelte in ***Shakespeares gleichnamiger Tragödie*** *durch die Räume von Cawdor Castle und viele Literatur-Fans machen es ihm heute nach. So füllt William Shakespeare nicht nur Theater auf der ganzen Welt, sondern auch schottische Schlösser.*

1380 wird die Burg erstmals erwähnt, aber danach ist sie erst ab 1680 wieder in Quellen zu finden. Zu dieser Zeit wurden der Salon im alten Turm und auch der nördliche Flügel instandgesetzt. Da Cawdor Castle selbst während der blutigen Feldzüge des Oliver Cromwell von der Unterbringung von Offizieren und Soldaten befreit war, blieb die teure Inneneinrichtung bis heute gut erhalten.

Natürlich erfährt man hier aus erster Hand von den Mythen rund um Macbeth, dem Shakespeare zufolge Hexen prophezeit hatten, zuerst der Than (Ritter) von Cawdor und später König zu werden. König Duncan ernannte ihn schließlich zum Herren von Cawdor, um später von ihm zum Dank an dessen neuen Stammsitz gemeuchelt zu werden. In Realität lebten Macbeth und Duncan allerdings rund 300 Jahre, bevor das Schloss überhaupt gebaut wurde.

Im Winter kann sich der heutige Earl von Cawdor mit einer der letzten funktionstüchtigen Zugbrücken übrigens der Besucher erfolgreich erwehren. Geöffnet ist Cawdor nämlich nur von Mai bis Oktober.

Auch die Gartenanlage mit dem öffentlichen 9-Loch-Golfkurs und dem riesigen Putting Green sowie das Courtyard Café mit seinen vielen regionalen Spezialitäten sind einen Besuch wert.

› ***Cawdor Castle,*** *Nairn IV12 5RD, Tel. 01667 404401, www.cawdorcastle.com, Öffnungszeiten: Mai–Oktober täglich 10–17.30 Uhr, Eintritt: Erwachsene £14, Kinder £8,50, Familien £35*

Pilgerort für Shakespeare-Fans: Cawdor Castle, der „Wohnsitz" von Macbeth

lord“, die Landung der Westalliierten in der Normandie statt. In dem Zusammenhang wurden sogar Teile der Bevölkerung umgesiedelt. In Strandnähe erinnert ein Gedenkstein an diese unruhige Zeit.

Der schöne Hafen und die leicht abfallenden Sandflächen laden aber auch heute viele Familien zum Urlaub auf dem nahe der Innenstadt gelegenen Campingplatz Nairn ein (Einfahrt direkt am Hafenbecken). Die Steinfläche am Hafen eignet sich gut zum Parken mit Wohnmobil.

Übrigens: Ein Stückchen weiter südlich führt die B9090 zu einem der meistbesuchten Schlösser Schottlands, dem **Cawdor Castle** (von Nairn ca. 10 km). Literaturfans ist das Schloss als Wohnsitz von Macbeth in der gleichnamigen Tragödie von William Shakespeare bekannt.

› **Nairn Community Centre,** King Street, Nairn IV12 4PH, Tel. 01667 453476, www.nairncc.co.uk

› **Sun Dancer,** Harbour Street, Nairn IV12 4PH, Tel. 01667 370037, www.sun-dancer.co.uk, geöffnet: Café tgl. 10–18 Uhr, Restaurant Di.–Sa. 11 bis open end (Lunch 12–15, Dinner 17–21 Uhr). In Hafennähe mit einem wundervollen Blick über den Moray Firth. Unten gibt es das Café und oben ist das Restaurant. Frische Küche von Fisch über Steaks und Burger bis zu Sandwiches und Salaten. Gutes Preis-Leistungs-Verhältnis mit Angeboten der Woche und des Tages. Sehr familienfreundlich.

P **62 Hafen Nairn,** GPS 57.591451, -3.861175

ELGIN

(70 km – km 70)

Bevor es in das Landesinnere und die Speyside geht, gibt es noch einen Stopp am Wasser, denn die **Strände der Nordostküste** am Moray Firth laden zum Erholen ein.

Elgin ist mit 23.000 Einwohnern die größte Stadt in der Council Area Moray und zugleich dessen Verwaltungssitz. Zahlreiche Könige, Adlige und Gottesfürsten hielten sich in einer wechselvollen Geschichte der Jahrhunderte hier auf. Ein Höhepunkt des Besuchs ist die riesige **Ruine der Kathedrale** aus dem 12. Jahrhundert. Nicht auszudenken, wenn sie noch in Gänze zu bewundern wäre. Die Museumslandschaft der Stadt bringt mit **Elgin Museum** und **Moray Motor Museum** etwas Abwechslung in den Urlaubstag.

Industrie und Handwerk haben bis in die heutige Zeit ihre Spuren hinterlassen. Der schottische Schriftsteller James Boswell (1740–1795) beschreibt Elgin als dünn besiedelten Ort mit kleinem Handel. Schottische Indienrückkehrer brachten ab 1820 neuen Schwung und sorgten dafür, dass sich Elgin zu einer Stadt im neoklassizistischen Stil weiterentwickelte. Besonders die **Whiskydestillation** leistet einen immer größeren Beitrag zur wirtschaftlichen Entwicklung der Region.

Ab 1792 machte sich auch die **Weberei Johnstons of Elgin** mit der Verarbeitung von Cashmere und feinster Wolle in ganz Europa einen Namen. An dem Werksgelände und Visitor Centre kann man heute sehr gut mit dem Wohnmobil parken. Es gibt einen Shop und ein schönes öffentliches Lokal.

Wenn sich der kurzweilige Tag dem Ende neigt, geht es sieben Kilometer nach Norden an den riesigen Strand von Lossiemouth. Der **Silver Sands Camping and Holiday Park** 37 mit riesigen Spielplätzen, Gastronomie und Bolzplätzen bietet das volle Programm einer Familienfreizeitanlage. Man sollte sich nicht vom großen Flugplatz der Royal Air Force auf dem Nachbargrundstück abschrecken lassen. Die Flugzeuge fliegen morgens erst ab 10 Uhr.

Sehenswertes

- **Elgin Museum,** 1 High Street, Elgin IV30 1EQ, Tel. 01343 543675, www.elginmuseum.org.uk, geöffnet: März–Oktober Mo.–Fr. 10–17, Sa. 11–16 Uhr, Eintritt frei. Mitten in der Stadt befindet sich das kleine Elgin Museum. Hier gibt es lokale Geschichte und Wissenswertes zu piktischen Bildsteinen und Fossilien.
- **Moray Motor Museum,** Bridge Street, Elgin IV30 4DE, Tel. 01343 544933, www.moraymotormuseum.org, geöffnet: April–Oktober täglich 11–17 Uhr, Eintritt: Erwachsene £8, Kinder £3. Mit viel Mühe wurde eine beachtliche Sammlung an alten Nobelkarossen und Motorrädern zusammengestellt und zur Besichtigung freigegeben.

099ws©Torsten Berning

Information

› **Touristinformation Elgin Library,** Cooper Park, Elgin IV30 1HS, Tel. 01343 562608, www.elginscotland.org, geöffnet: Mo.-Sa. 10-16, So. 11-15 Uhr

Einkaufen/Gastronomie

Der Gastrotipp führt der Einfachheit halber gleich in die Brennerei von Glen Moray. Natürlich findet man in der Stadt eine große Auswahl an Lokalen, aber die Parkmöglichkeit, die Küche und die Preise der Brennerei sind wirklich toll. Neben kleinen Speisen aus der traditionellen schottischen Küche, gibt es sogar eine Auswahl an Cocktails! Bei schönem Wetter kann man die Außenterrasse nutzen, dort ist auch der Hund willkommen. Die Gastronomie ist gemütlich in den Show- und Verkaufsraum integriert. Es gibt gute Angebote an ausgewählten Whisky-Sorten, Gläser oder eine schöne Karte vom Malt Whisky Trail im historischen Stil - ein gelungenes Mitbringsel.

› **Glen Moray Distillery,** Bruceland Road, Elgin IV30 1YE, Tel. 01343 550900, www.glenmoray.com, geöffnet: ganzjährig Mo.-Fr. 9-17, Mai-Sep auch Sa. 10-16 Uhr, Touren ab £5, bis 18 Jahre frei

37 Silver Sands Camping and Holiday Park

GPS 57.72055, -3.33496

Riesiger Camping und Holiday Park mit allen Annehmlichkeiten, Paradies für Kinder und Jugendliche. Toller Strand. Strandspaziergänge bis in den Ort möglich. Gastronomie ganztägig, Bilderbuchkulisse mit Leuchtturm auf der Klippe. **Lage/Anfahrt:** nördlich von Elgin am Ende der A941, Beschilderung „Camping" oder „Royal Air Force" folgen. Vorbildlich geführte Anlage mit Spielplätzen, Restaurant, Sportfeldern und direktem Strandzugang; **Platzanzahl:** 300; **Untergrund:** Asphalt, Schotterrasen; fest; **Service:** Strom, Trinkwasser, Abwasser, Chemie-WC, WiFi; **Sicherheit:** umzäunt; **Preise:** ab £22/Fahrz. inkl. 2 Personen, Strom, Ver- und Entsorgung; **Max. Stand:** unbegrenzt; **Geöffnet:** ganzjährig; **Kontakt:** Covesea West Beach, Lossiemouth IV31 6SP, Tel. 01343 813262, www.silver-sands.co.uk, Rezeption an der Einfahrt von 8-19 Uhr

Die berühmten „pot stills" von Dufftown

100ws©Torsten Berning

DUFFTOWN UND CHARLESTOWN OF ABERLOUR

(45 km – km 115)

Weiter geht es von Elgin aus in südlicher Richtung auf der A941 nach Dufftown. Dufftown und Aberlour muss man aber in einem Atemzug nennen. Dufftown als „Malt Whisky Capital of the World“, wie es sich selbst bezeichnet, und Aberlour als „Home of Walkers Highland Oatcakes“.

1817 gründete James Duff, der 4. Earl of Five die Siedlung Dufftown, die heute 1700 Einwohner zählt. Fünf Jahre später öffnete die erste Brennerei ihre Tore. Sieben sind es heute und die Einheimischen haben dazu ihren eigenen Spruch: „Rome is built on seven hills, Dufftown stands on seven stills!“ Stills sind die Brennblasen, durch der Alkohol destilliert wird. Die **pot stills** jeder Destille im schottischen Hochland haben ihr eigenes Design. Die mit langen Kondensatorenhälsen bringen einen leichten Whisky hervor, kurze Hälse dagegen einen schweren, öligen starken Whisky, der in Fassstärke auch mal über 60 % Alkohol kommt. Aus Mais-Maische in Kolonnen-Destilliergeräten (in Reihe verknüpfte Destilliergeräte) kommt der Whisky-Fusel, der dann mit gutem Malt geschnitten wird, damit überhaupt ein trinkbares Produkt entsteht. Im Osten Schottlands, entlang des Spey und seiner lieblichen Nebentäler, wird normalerweise echter **Pure Single Malt** aus Gerste gebrannt. Da eine Brennerei aber nicht nur von ihren edlen Tropfen leben kann, muss eben auch ein „schneller“ Whisky produziert werden, der dann für den Verschnitt oder auch für andere Liköre verkauft wird. Das Maisdestillat ist nach zwei Jahren im Verkauf, Single Malt nach 8 bis 10 Jahren.

Eine der bekanntesten schottischen Brennereien ist die von **Glenfiddich.** Eine Führung mit Verköstigung hier ist schon was ganz Besonderes. Die Warehouses, wo der Whisky in den Fässern reift, sind beeindruckend und einmal den Duft aus einem 70 Jahre alte Fass zu schnuppern, ist ein unvergessliches Erlebnis. Eine Flasche aus einem Fass von 1937 würde mit € 10.000 aber bestimmt die Urlaubskasse sprengen. Bei mehr als 300 abgefüllten „Portionen“ kann sich jeder den Wert eines solchen Fasses selbst errechnen! Allein bei Glenfiddich lagern ca. 120 Millionen Liter Whisky in den Fässern der Lagerhäuser. Schottlandweit sind es sage und schreibe ca. 2,5 Milliarden Liter Whisky.

Doch genug vom „Wasser des Lebens“ und zurück zum Städtchen. Dufftown zeigt sich historisch gekleidet: einige perfekte **Häuserzeilen im viktorianischen Stil,** ein zentraler Platz mit einem wunderschönen **Uhrenturm** und dem **Seven Stills Historic Pub,** in dem am Abend nach dem Training die örtliche Rugbymannschaft einkehrt. Es gibt deftige Hausmannsküche, ein Dartspiel im Holzrahmen und oft spendiert der Wirt einen guten Tropfen aufs Haus!

Der kleine **Bahnhof** vom Anfang des 19. Jahrhunderts mit der alten Dampflok und den Pullman-Salonwagen auf dem Gleis könnte durchaus als Kulisse für einen Film aus den 1930er-Jahren herhalten. Der nahegelegene, große **Parkplatz** eignet sich für eine Übernachtung ohne besondere Romantik, für alle Fahrradfans ist aber ein Wechsel zum **Speyside Gardens Caravan Park** 38 zu empfehlen. Nicht nur, dass man hier sehr gut und entspannt in der grünen, parkähnlichen Anlage steht, die 14 km lange Radstrecke entlang eines Seitenarms des Spey ist einfach ein Genuss und beginnt direkt am Campingplatz. Auf diese Art kann man z. B. die Besichtigung der Glenfiddich Distillery in Dufftown planen.

› **The Glenfiddich Distillery,** Dufftown Banffshire AB55 4DH, Tel. 01340 820373, www.glenfiddich.com, geöffnet: täglich 9.30–16.30 Uhr, Juni–August Fr. auch 17.30–20.30 Uhr. Den Besucher erwartet bei jeder Führung ein außergewöhnliches Erlebnis. Keine andere Destillerie betreibt einen solchen Aufwand, um seine Gäste in die Welt des Single Malt Whisky zu entführen. Die Führungen dauern zwischen 1½ und 3 Stunden und kosten ab £ 10.

38 Speyside Gardens Caravan Park (ehemals Aberlour Garden)

GPS 57.47446, -3.19872

Kleiner, wunderschön und ruhig gelegener Garden Camping in einer alten Parkanlage, großzügige Stellplätze. **Lage/Anfahrt:** am Ortsrand vor Aberlour von der A95 links abbiegen, gut ausschildert; asphaltierte schmale Straße bergauf; **Platzanzahl:** 50; **Untergrund:** Schotterrasen, Wiese; fest; **Service:** Strom, Trinkwasser, Abwasser, Chemie-WC, WiFi; **Sicherheit:** umzäunt, beleuchtet; **Preise:** £ 31 inkl. 2 Personen und Strom; **Max. Stand:** unbegrenzt; **Geöffnet:** ganzjährig; **Kontakt:** Aberlour Gardens, Aberlour AB38 9LD, Tel. 01340 871586, www.speysidegardens.com, Rezeption an der Einfahrt

181ws©Torsten Berning

Sehr zu empfehlen ist im Anschluss der Besuch des hauseigenen Restaurants Malt Barn mit einer Auswahl regionaler und klassischer schottischer Speisen wie Haggis.

› **Seven Stills Historic Pub,** 30 Fife Street, Dufftown AB55 4AL, unweit des großen Platzes, in Sichtweite zum Uhrenturm, Tel. 01340 820880, www.sevenstills.co.uk, geöffnet: 15–22 Uhr, geschl.: Winter und Frühling mittwochs, im Sommer donnerstags. Traditionelle schottische Speisen mit dem gewissen Pfiff des französischen Inhabers. Die Auswahl an Speisen variiert immer, da alle Gerichte frisch nach Angebot zubereitet werden. Legendär ist auch der Afternoon Tea mit seinen riesigen Platten für zwei Personen. Die Malt Whisky Bar hält 230 verschiedene Whiskys bereit. In der ersten Maiwoche findet das Dufftown Whisky Festival statt.

P 63 **Bahnhof,** GPS 57.457449, -3.130843

Charlestown of Aberlour, so der volle Name, wurde 1812 von Charles Grant gegründet und nach seinem Sohn Charles benannt. Die überwiegende Zahl der 1000 Einwohner des Ortes ist entweder in einer Whisky-Brennerei, im Tourismus oder bei **Walkers Shortbread** beschäftigt.

Das Shortbread (ein Mürbeteiggebäck) von Walkers ist auf der Insel eine Institution, wird aber mittlerweile in viele Länder exportiert. Die „Fingers" werden mit purer Butter hergestellt und gebacken, die sonstigen Zutaten sind einfach Mehl, Zucker, Salz. Die Produktionspalette hat sich im Lauf der Jahre weiterentwickelt und im Werksverkauf gibt es auch den unglaublich leckeren Glenfiddich Whisky Cake zum halben Preis – unbedingt probieren!

Für Angelfans ist es noch wichtig zu wissen, dass der **Spey** einer der beliebtesten Flüsse zum **Lachsangeln** ist. Alljährlich werden hier auch Angelwettbewerbe veranstaltet! Angelscheine sind am Speyside Gardens Caravan Park 38 erhältlich.

› **Walkers Shortbread,** Aberlour House, Aberlour on Spey AB38 9LD, Tel. 01340 871555, www.walkersshortbread.com, Werksverkauf Mo.–Fr. 9.30–16.30 Uhr, keine Führungen

ENTLANG DER STRATHSPEY NACH GRANTOWN ON SPEY

(42 km – km 157)

Die Fortsetzung der Route der A95 führt durch das weite, flache **Tal des Spey** (*strath* ist Schottisch für weit bzw. flach), eine zauberhafte Landschaft, die zwischendurch zum Verweilen oder zu einer kleinen Wanderung einlädt. Auf halber Strecke kann man aber gut einige Stunden im **Ballindalloch Castle & Gardens** verbringen. Direkt hinter der Ortschaft Belleheiglash geht es rechts ab.

Ballindalloch ist seit seiner Entstehung 1546 Sitz der Familie Macpherson-Grant und gilt als „Perle des Nordens". Durch das riesige

165ws©Raphael, stock.adobe.com

Anwesen fließen die Flüsse Spey und Avon. Somit finden sich hier **exellente Fischgründe** und seit Jahrhunderten wird die berühmte Rinderrasse der **Aberdeen Angus** gezüchtet. Große Steingärten und ein Taubenhaus aus dem 17. Jahrhundert sind weitere Höhepunkte, die es zu bewundern gibt.

Im **Burginnern** sind eine Vielzahl an original erhaltenen Räumen und die Bibliothek zu besichtigen. Außerdem befindet sich hier **eine der bedeutendsten Sammlungen spanischer Gemälde** in Europa und auch die Architektur mit ihren Türmen, Erkern und Winkeln ist etwas ganz Besonderes. Für alle Altersklassen und Interessen wird etwas geboten: Man kann Spaziergänge entlang der Flüsse und der Weidegründe der Rinder unternehmen. Es gibt einen großen Kinderspielplatz und das wunderschöne Schlosscafé.

Nur einen Steinwurf entfernt ist die **Brennerei von Ballindalloch.** Kein Wunder, gehört sie doch ebenfalls der Familie Macpherson-Grant. Sie befindet sich auf dem Schlossgelände.

Ballindalloch Castle hat einen wunderschönen Garten zu bieten

P 64 Ballindalloch Castle & Gardens, GPS 57.412948, -3.370451, Ballindalloch, Banffshire AB37 9AX, www.ballindallochcastle.co.uk, geöffnet: Ostern–Ende September So.–Fr. 10–17 Uhr, Eintritt: Erw. £ 13,50 (Schloss und Garten) bzw. £ 7 (nur Garten), Kinder (6–16 Jahre) £ 7/4, Familienkarte für 5 Personen £ 29/15

› **Ballindalloch Distillery,** Ballindalloch, AB37 9AA, Tel. 0044-1807 500331, www.ballindallochdistillery.com, Führungen: Di. und Do. nach Voranmeldung, 2½ Stunden, ab £ 75

Einige Kilometer weiter empfängt die kleine Stadt **Grantown on Spey** (2400 Einwohner) seine Gäste. 1766 als Grantown gegründet, erhielt sie ihren Namenszusatz 1898. Die Hauptstraße glänzt mit kompletten **Häuserzeilen im viktorianischen Stil** und beheimat einige **traditionelle Geschäfte**, die einen um Jahrzehnte in der Zeit zurückversetzen. Wie immer gilt: eintreten und ganz unverbindlich umschauen. Besonders schön sind der Tante-Emma-Laden Grantown Dairy, der viele regionale Spezialitäten in den Regalen hat, und der Kiltmaker, der aus besten Materialien feinste Schottenröcke zaubert!

Auch essenstechnisch ist ein Gang über die High Street absolut empfehlenswert, da man hier fast eine kulinarische Weltreise machen kann. Fish & Chips, regionale, indische und chinesische Küche – alles wird hier geboten. Einige Lokale haben sogar durchgehend geöffnet, sonst geht es immer um 17 Uhr los.

Im Ort eingefahren, geht es von der High Street links hoch zum **Grantown on Spey Caravan & Camping Park** (39), der seit Jahren in den „Top 100“ Schottlands gelistet wird. Der Platz hat ganzjährig geöffnet und hier starten zwei wunderschöne Wanderwege und ein Radweg in das Tal des Spey sowie ein hügeliger Trail für Mountainbike-Enthusiasten. Durch seine erhöhte Lage bietet der Platz einen besonders reizvollen Ausblick bis in die angrenzenden Berge der Cairngorms.

(39) Grantown on Spey Caravan & Camping Park

GPS 57.33479, -3.61851

Gepflegter Camping mit allen Annehmlichkeiten und großen Stellplätzen. Vorbildlich geführte Anlage mit sehr hilfbereitem Personal. **Lage/Anfahrt:** Von der A95 der A939 in den Ort folgen, dann links von der High Street den Hang hinauf bis zum Ende der Straße; normale Straße, keine Einschränkungen, auch nicht auf dem Campinggelände; **Platzanzahl:** 60; **Untergrund:** Asphalt, Schotter; fest; **Service:** Strom, Trinkwasser, Abwasser, Chemie-WC, WiFi; **Sicherheit:** umzäunt, beleuchtet; **Preise:** £ 34 inkl. 2 Personen und Strom, weitere Person £ 2,75, Hunde frei; **Max. Stand:** unbegrenzt; **Geöffnet:** ganzjährig; **Kontakt:** Seafield Ave., Grantown on Spey, Highland PH26 3JQ, Tel. 01479 872474, www.caravanscotland.com, Rezeption an der Einfahrt bis 19 Uhr

Von Grantown on Spey aus fährt man über die A95 weiter Richtung Süden nach Aviemore. Wer möchte, kann vorher noch einen Abstecher auf der A939 in das ca. 20 Kilometer entfernte Tomintoul starten. Die Strecke ist sehr kurzweilig und kreuzt die Ufer und das Tal des Flüsschens Avon. Hinter der Brücke über den Avon ist ein wunderschöner Aussichtspunkt, um Panaromafotos der **Cairngorm Mountains** zu schießen und kurz danach kommt die Einfahrt in das kleine Örtchen **Tomintoul.** Hier gibt es ein Geschäft namens **Whisky Castle,** in dem die Schotten ihren persönlichen Getränkevorrat kaufen. Es erwarten einen mehr als 500 verschiedene Whiskysorten, wobei das besondere die Vielzahl angebotener Destillate längst geschlossener Brennereien ist. Übrigens kann man nur wenige Meter entfernt die mit 105 Litern **größte Whiskyflasche der Welt** bestaunen. Diese ist selbstverständlich aus der Destillerie Tomintoul und man kann eine Sonderedition aus dem Fass der Rekordflasche käuflich erwerben. Es sei noch gesagt, dass der ehemalige Sommersitz von Queen Elizabeth II. (1926–2022), **Balmoral Castle** (www.balmoralcastle.com), von hier noch ca. 60 km entfernt ist.

› **Whisky Castle,** 6 Main Street, Tomintoul, Moray AB37 9EX, Tel. 01807 580213, www.whiskycastle.com, geöffnet: Mo.–Sa. 10–17 Uhr

101ws©Torsten Berning

Die 105-l-Whiskyflasche im Whisky Castle

AVIEMORE

(25 km – km 182)

Aviemore ist mit seinen rund 3200 Einwohnern das touristische Zentrum der **Cairngorm Mountains** und gehört zur Zentrumsregion der Highlands. Über die zum Teil aus den 1960er-Jahren stammende Architektur, lässt sich sicherlich streiten. Sie erinnert ein wenig an Winterskiorte der französischen Voralpen. Dennoch gibt es einige Highlights wie den **Bahnhof** aus der Wende zum 20. Jahrhundert. Im viktorianischen Stil glänzen die alten Bahnsteige und ganz im Stil dieser Zeit startet auch die schnaufende Dampflok nach Boat of Garten von hier. Auf den Parkplätzen am Rand des Bahnhofs kann man **in der Vor- und Nachsaison kostenlos im Wohnmobil nächtigen,** denn außerhalb der Skisaison freut man sich über jeden Gast. Seinen Stadtrundgang beginnt man dann mit dem Erklimmen der historischen Brückenanlage über die Gleise und hat dabei einen tollen Blick auf die überdachten Bahnsteige.

Ab hier führt ein Teilabschnitt des **National Cycle Network,** der Old Logging Way, zum 9 km entfernten Boat of Garten. Er orientiert sich am Verlauf der Bahnlinie und ist für alle Leistungsprofile sehr gut geeignet. Aber auch die Wanderfreunde kommen voll auf ihre Kosten. In den Ausläufern der Cairngorms im **Glen More** kann die einzige freilebende **Rentierherde** Großbritanniens bestaunt werden.

Der Ort selbst bietet alle **Versorgungsmöglichkeiten** für den täglichen Bedarf. Tankstelle, Supermarkt, Apotheke und Outdoor-Bekleidungsgeschäfte bieten das Rundumpaket für die Aufstockung des Reisevorrats. Der Hauptstraße folgend ist am Ortsausgang der **High Range Holiday Complex** (40) ausgeschildert, eine Mischung aus Jugendherberge, Hotel, Miethütten und Campingplatz. Er liegt zwar in der Nähe der Straße, diese ist aber in der Nacht nicht zu hören. In der Nachbarschaft ist ein kleiner See, der zum Baden oder zu einem sehr schönen Spaziergang (auch mit Hund) einlädt. Für Familien mit Kindern gibt es reichlich Abwechslung durch Kinderspielplatz und Poolanlage beim Hotel. Alternativ gibt es bei besagtem Glen More ein einfaches Naturcamp (**Glenmore Campsite** (41)), wo man wunderbar die Seele baumeln lassen kann. Besonders Fotofreunde oder Hobbyornitologen werden die ungestörten Beobachtungsmöglichkeiten genießen.

Gastronomie

Wer abends nicht den Kochlöffel schwingen will, hat beim High Range Camp (40) die Gelegenheit, mit dem „La Taverna" (www.latavernaaviemore.com) einen guten Italiener zu testen, doch Vorsicht, am Wochenende muss man vorbestellen. Das Lokal befindet sich direkt in der Zufahrt, ist also nicht zu verpassen. Für Schottland eher eine Seltenheit, es gibt hier auch Pizza aus dem Holzofen (ab £ 11) in verschiedenen „Appetitgrößen".

Alternativ kann man sich im Ort im **Old Bridge Inn** stärken. Es gibt Gerichte aus der schottischen Küche, die auch alle noch so Hungrigen sattmachen.

› **Old Bridge Inn,** Dalfaber Road, Aviemore PH22 1PU, Tel. 01479 811137, www.oldbridgeinn.co.uk, geöffnet: täglich außer Mittwoch 12–23 Uhr, Küche 12–14 und 17–20 Uhr. Gemütlicher Ort in einer kleinen Straße parallel zur Hauptstraße mit frischem Essen und vielen Whiskys. Gegenüber ist ein schöner Pubgarten mit Tischen, Lagerfeuer und regelmäßiger Livemusik.

Parken/Übernachten

P 65 **Übernachtungsplatz Bahnhof Aviemore,** GPS 57.18805, -3.82838, im Ort der Beschilderung „P" zum Bahnhof folgen, Zufahrtsstraße als One Way. Stellplatztipp für die Vor- und Nachsaison. Am Abend sehr ruhig, Stehen in Längsrichtung. Keinerlei Versorgung, bitte sauberhalten. Nur 400 m zur Hauptstraße. 3 bis 5 kostenlose Plätze auf Asphalt/Schotter. Max. Stand: 1–2 Nächte.

102ws©Torsten Berning

40 High Range Holiday Complex

GPS 57.18257, -3.83373

Einer für alle: Zimmer, Hütten und Campground. Perfekt organisiert, sehr freundliches und hilfreiches Personal. Viele Familien mit Kindern. **Lage/Anfahrt:** der A9 Richtung Süd bis hinter dem Ortsausgang folgen, dann oben rechts am Hang gut ausgeschildert. Große Zufahrt für alle Wohnmobilgrößen. Bei besonders hohen Wohnmobilen die Baumhöhen an den Stellplätzen vorher in Augenschein nehmen; **Platzanzahl:** 50; **Untergrund:** Asphalt, Schotter, Rasengitter; fest; **Service:** Strom, Trinkwasser, Abwasser, Chemie-WC, WiFi; **Sicherheit:** umzäunt, beleuchtet; **Preise:** ab £24 inkl. zwei Personen und Strom, Kinder (5–15 Jahre) £3; **Max. Stand:** unbegrenzt; **Geöffnet:** ganzjährig; **Kontakt:** Grampian Road, Aviemore PH22 1PT; Tel. 01479 810636, www.highrange.co.uk, Rezeption bis 20 Uhr geöffnet

41 Glenmore Campsite

GPS 57.16705, -3.695

Natur pur 300 m über dem Meeresspiegel und nur 200 m vom See entfernt. Einfache Ausstattung, aber alles was der Naturfreund braucht. Haustiere willkommen. Es gibt ausgewiesene Grillstellen, kein offenes Feuer erlaubt. Es gibt schon mal Besuch von Tieren. Ein bisschen Abenteuer für alle Altersklassen. **Lage/Anfahrt:** in Aviemore von der A9 im Kreisel der B970 folgen. Offene Zufahrt direkt von der Straße. Nach starken Regenfällen vorher die Wiesen auf Befahrbarkeit prüfen. Sonst kann man an der Zufahrt den Schotterplatz nutzen.; **Platzanzahl:** 206; **Untergrund:** Asphalt, Schotterrasen, Wiese; **Service:** Strom, Trinkwasser, Chemie-WC, Entsorgung auf Nachfrage; **Sicherheit:** einige kleine Lampen weisen im Dunkeln grob die Richtung, Taschenlampe empfohlen; **Preise:** ab £20 inkl. zwei Personen und Strom; **Max. Stand:** unbegrenzt; **Geöffnet:** ganzjährig, besonders auch im Winter für Skifans; **Kontakt:** Aviemore, Inverness-shire PH22 1QU, Tel. 01479 861271, https://glenmore-campsite.com. Rezeption an der Einfahrt von 8 bis 17 Uhr, danach Platz suchen und am nächsten Morgen melden.

⌃ Einsame Wege laden zur Wanderung durch die Grampians ein

› Die Ruinen der Ruthven Barracks können kostenlos besichtigt werden

103ws©Torsten Berning

DURCH DIE GRAMPIANS NACH BLAIR ATHOLL

(30 km – km 212)

Ab Aviemore geht es auf der gut ausgebauten A9, dem Verbindungsweg von Inverness nach Perth, zügig voran. Allerdings ist das kein Grund, um mit Bleifuß durchzurauschen, dafür gibt es rechts und links der Route viel zu viel zu entdecken. Das langgestreckte Straßendorf **Kingussie** (gälisch: Beginn des Tannenwaldes) wartet außerhalb des Ortes mit dem **Highland Folk Museum** auf. Eine Sehenswürdigkeit, die man nicht auslassen sollte, bringt es dem Besucher doch die harten Lebensumstände, die den Schotten über Jahrhunderte begleitet haben, anschaulich und fühlbar näher. Landwirtschaftliche Geräte, Mobiliar, eine Mühle, ein Räucherhaus oder das originalgetreue Black House lassen alle Altersklassen auf interessante Weise in die Vergangenheit eintauchen. Dazu tragen auch die Tiere bei, die hier ein normales Leben führen und mehr als eine Dekoration sind. Die **Grampian Mountains** sind eine wunderschöne Kulisse für dieses natürlich angelegte Freilichtmuseum. Allen Hundebesitzern ist zu empfehlen, am Ortseingang von Newtonmore zu parken und eine kleine Runde (ca. 1,5 km) um Loch Imrich zu gehen, da im Museum keine Hunde erlaubt sind. Der Weg ist ausgeschildert und führt um den kleinen See durch den Wald.

P 66 Parkplatz Spaziergang um Loch Imrich, GPS 57.066934, -4.115925

P 67 Highland Folk Museum, GPS 57.069954, -4.102656, Newtonmore, PH20 1AY, direkt an der A86 zwischen Kingussie und Newtonmore, an der A9 den Hinweisschildern folgen, Tel. 01540 673551, www.highlifehighland.com, geöffnet: April–Oktober täglich 10.30–17.30, Eintritt: kostenlos, Spenden willkommen. Großer Parkplatz mit Busspuren. Oft finden Vorführungen von traditionellen Handwerkern statt oder es wird Brot gebacken. Natürlich gibt es ein Café und einen Souvenirshop. Der Eintritt ist frei, eine Spende von 1–2 Pfund je Person ist sicherlich angemessen, damit dieser Ort lange erhalten bleibt!

Es empfiehlt sich nun, wieder Richtung Kingussie und der A9 zu fahren. Bei der Einfahrt in den Ort weist ein Schild nach rechts auf die B970 zur Ruine der **Ruthven Barracks** hin.

Nachdem man die Speybrücke über- und die A9 unterquert hat, öffnet sich im Tal mit den saftigen Wiesen auf einer Anhöhe der Blick auf das riesige Bauwerk. Die Kaserne wurde 1715 nach der schottischen Rebellion erbaut und beherbergte die englischen Truppen. Der Parkplatz ist gut für Wohnmobile geeignet und lädt zudem auch zu einem Picknick ein. Der Eintritt ist frei und man kann durch die Ruinen laufen. Eventuell begegnen einem dabei mal ein paar der freilaufenden Kühe.

D 68 Ruthven Barracks, GPS 57.071143, -4.039008

Wieder zurück auf der A9 begleitet einen weiter die schöne Landschaft mit den sanften Hügeln und in der Ferne erheben sich aus diesen dann auch schon mal Bergspitzen von mehr als 1000 Metern Höhe. Für viele Besucher ist der Übergang der oberen zu den unteren Highlands oder Midlands einer der attraktivsten Gegenden. Es gibt Wälder, viel Grün und die karge Stein- und Moorlandschaft verändert sich grundlegend.

In der Ferne erkennt man bald die kupferfarbenen Kuppeln einer Brennerei. Es ist die **Dalwhinnie Distillery,** die von den Quellwassern aus den Bergen gespeist wird, das dann weiter in das Loch Ericht mündet. Die weiß getünchten Gebäude strahlen in der Sonne und signalisieren jedem Whiskyfan „Besuch mich"! Da die Route der Classic Malts of Scotland in Richtung Süden irgandwann endet, ist es lohnenswert vielleicht einen „Winters Gold", der nur in Schottland verkauft wird, mitzunehmen. Die Brennereigebäude sind übrigens in der schottischen Denkmalliste aufgenommen.

P 69 Dalwhinnie Distillery, GPS 56.939957, -4.238627, Dalwhinnie, Inverness-shire PH19 1AA, Tel. 01540 672219, geöffnet: März-Okt. täglich 10-17, Nov.-Febr. täglich 10-16 Uhr, www.malts.com/en-row/distilleries/dalwhinnie, Führungen: Erwachsene £ 17, Kinder £ 8. Da die Teilnehmerzahlen begrenzt sind, ist eine Anmeldung erforderlich. Kinder unter 8 Jahren haben keinen Zutritt zu den Produktionshallen.

Nur ein Stück weiter südlich weist ein großes Schild am Hang auf den **Druimuachdar Pass** hin. Ohne das Schild würde man es gar nicht wahrnehmen: Man verlässt die Highlands, Perth und Kinross. „The Heart of Scotland" begrüßt seine Gäste! In der weiteren Taldurchfahrt, auf der rechten Seite durch den Fluss Garry begleitet, ziehen die Kilometer auf dem Weg zum nächsten Zwischenziel dank der gut ausgebauten Schnellstraße schnell vorüber.

Bei Pitogowan verlässt man die A9 und folgt der B8079 nach Blair Atholl, doch bei Abfahrt traut man erstmal seinen Augen nicht: Eine riesige Shopping and Outlet Area, das **House of Bruar,** lockt Tausende zum Einkauf. Nach der Zeit in den nördlichen Highlands ist dies ein kleiner Kulturschock. Allerdings muss man dem schottischen Einkaufstraum zugestehen, dass die gesamte Anlage sehr schön gestaltet ist und viele Menschen die großzügigen Wiesen zwischen den Parkräumen sogar zum Picknick nutzen. Es gibt viele regionale Produkte, aber auch Grossisten, wie man sie aus ganz Europa kennt. Das Angebot an Speisen ist ebenfalls riesig und bei schönem Wetter gibt es große Terrassen, die zur Pause einladen.

P 70 House of Bruar, GPS 56.770037, -3.931154, By Blair Atholl, Perthshire PH18 5TW, www.houseofbruar.com, geöffnet: Geschäfte 9.30-18, Food Hall 8.30-18 Uhr, Hunde haben keinen Zutritt

Kaum auf der B8079, bekommt man von dem Trubel nichts mehr mit und freut sich der Dinge, die da kommen. Der Bilderbuchort **Blair Atholl** erwartet den Wohnmobilisten mit dem großzügigen **Blair Castle Caravan Park** 42. Er ist kreisrund angelegt und hat in seiner Mitte eine riesige Freifläche ohne Stellplätze. Bäume zum Klettern und der tolle Spielplatz sind ein Paradies für die Kinder, große Wiesen und Wege der Himmel für Hunde. Für Wohnmobile gibt es an der linken Seite extra angelegte Stellflächen mit festem Untergrund, die bei jeder Witterung befahrbar sind. Das Areal der Campingfläche hat einen

104ws©Torsten Berning

Durchmesser von mehr als einem Kilometer. Oberhalb gibt es Ausgänge, um direkt in die umliegende Natur zu kommen.

Eine lange Allee mit den großen Laubbäumen säumt den breiten Weg hinauf zum Schloss. Das schneeweiße **Blair Castle** hatte seine Ursprünge im 13. Jahrhundert als Burganlage. 500 Jahre später entmilitarisierte man die Befestigungsanlage und baute sie im Baroniestil um. Dächer wurden mit schmückenden Zinnen verziert, Türme bekamen Zwiebelkuppeln und Pechnasen wandelte man zu Erkern oder Balkonen um. Im Schloss können 32 Räume besichtigt werden, die mit viel Liebe ausgestattet sind und in denen der Besucher einen umfassenden Eindruck über das Alltagsleben des schottischen Adels der letzten Jahrhunderte bekommt.

1854 erhielt der **Duke of Atholl** von Queen Victoria das Privileg, als einziger Brite eine offizielle Privatarmee zu unterhalten und zu befehligen. Des Herzogs Armee besteht aus 80 Mann und 14 Dudelsackspielern. Die **Atholl Highlanders** marschieren einmal jährlich auf und präsentieren ihrem General die Lee-Enfield-Gewehre aus dem Jahr 1899. Die eigens komponierte Dudelsack-Hymne ist der Atholl Highlander Quickstep! Übrigens ist der Duke of Atholl bis heute mit 52.624 Hektar der fünftgrößte Landbesitzer Schottlands.

Blair Atholl ist ein Ort mit einer ganz besonderen Ausstrahlung. Bei einem abendlichen Rundgang vermittelt er ein Gefühl vom Glück und Frieden seiner paar Hundert Einwohner, die ihre Gäste gern daran teilhaben lassen. Es gibt eine alte Mühle, kleine Höfe mit Zie-

Das schneeweiße Blair Castle ist vom Campingplatz 42 fußläufig zu erreichen

155ws©Torsten Berning

gen und Schafen, schwarze Hochlandrinder, die zufrieden grasen, und dazu das **Atholl Arms Hotel** mit seinem urgemütlichen Pub und Biergarten, wo sich die Schotten und Urlauber gleichermaßen treffen. Das Heimatmuseum, **Atholl Country Life Museum** genannt, bestätigt die gesammelten Eindrücke. Es befindet sich in der alten Schule und ist unweit der Ausfahrt vom Stellplatz.

› **Blair Castle,** Pitlochry PH18 5TL, Tel. 01796 481207, www.blair-castle.co.uk, geöffnet: März–Oktober täglich 10–17 Uhr, Eintritt: Schloss und Garten Erwachsene £16, Kinder £9,50, Familien £48, nur Garten Erwachsene £8, Kinder £4,50, Familien £22

› **Atholl Country Life Museum,** Old School, Blair Atholl, Pitlochry PH18 5SP, Tel. 01796 473035, www.athollcountrylifemuseum.co.uk, Mai–September täglich 13–17 Uhr, Sonderöffnungen telefonisch anfragen, Eintritt: Erw. £4, Kinder frei

Das Atholl Country Life Museum

42 Blair Castle Caravan Park

GPS 56.76778, -3.84427

Perfekt organisierter Campingpark mit allen Annehmlichkeiten und Einrichtungen. Große Touristeninformation, Bibliothek, Aufenthaltsräume. Wunderschön angelegte Anlage mit einer Vielzahl an verschiedenen Plätzen. Teuerste Preise während der Horse Trails im August. Der Besuch der Gärten von Blair Castle ist in der Campinggebühr enthalten. Andere Tickets an der Rezeption erhältlich. **Lage/Anfahrt:** direkt an der B905, Castle und Camping Park auf der linken Seite. Gut ausgeschildert; großzügige Zufahrt mit Parkplätzen und Wartezonen, alles perfekt auch für große Wohnmobile; **Platzanzahl:** 250; **Untergrund:** Asphalt, Schotter, Rasengitter, Wiese; fest; **Service:** Strom, Trinkwasser, Abwasser, Chemie-WC, WiFi; **Sicherheit:** umzäunt, beleuchtet; **Preise:** ab 25 £ inkl. 2 Personen, jede weitere Person £3, Strom £4, Hunde £2; **Max. Stand:** unbegrenzt; **Geöffnet:** Anfang März–Ende November; **Kontakt:** Blair Atholl, Pitlochry, PH18 5SR, Tel. 01796 481263, www.blaircastlecaravanpark.co.uk, Rezeption an der Einfahrt von 8 bis 20 Uhr

156ws©Torsten Berning

Egal, an welcher Seite man den Ort verlässt, überall laden ausgeschilderte Wege zu einer kleinen Wanderung oder einem einfachen Spaziergang ein.

PITLOCHRY

(54 km – km 266)

Von Blair Atholl aus kann man weiter auf der Nebenstraße B8079 bleiben, ohne die Schnellstraße nutzen zu müssen. Zunächst passiert man den **Pass of Killiekrankie,** einen engen Taleinschnitt, den der Fluss Garry in Jahrmillionen aus dem Fels gewaschen hat. Kurz danach hat man die Möglichkeit, nach rechts auf die B8019 abzubiegen. Dieser Abstecher von 20 km (hin und zurück) ist ein absolutes „must". Er führt an den Loch Tummel mit dem **Queen's View.** Diese Plattform eröffnet einem eine der schönsten Aussichten der gesamten Reise! Als Queen Victoria 1866 an dieser Stelle stand, konnte sie die Schönheit des Augenblicks gar nicht in Worte fassen. Vielleicht geht es allen anderen genauso.

P 71 Queen's View, GPS 56.717379, -3.849483. Am Parkautomat sind £ 2 zu entrichten. Inzwischen gibt es hier auch wieder ein Café mit Visitor Centre. Geöffnet ist von 9 bis 18 Uhr bzw. November bis März von 10 bis 16 Uhr.

105ws©Torsten Berning

Die ganze Strecke entlang des Loch Tummel bis zur Tummel Bridge ist eine Augenweide und kleine Buchten am Rand geben immer die Gelegenheit für einen Foto- oder Genussstopp.

Pitlochry mit seinen 2200 Einwohnern ist ein gemütlicher Ort, der sich irgendwann voll und ganz dem Tourismus verschrieben hat. Ein großer Publikumsmagnet ist das Wasserkraftwerk mit der dazugehörigen **Fischtreppe.** Über Hunderte von Stufen werden zur Laichzeit die Lachse am sicheren Tod vorbeigeführt und man kann sie dabei an einigen Stellen durch Glasscheiben beobachten. Übrigens: Der häufig im Internet angepriesene Stellplatz am Parkplatz des Staudamm-Besucherzentrums wird nur geduldet, am Abend kommt schon mal dein Freund und Helfer!

Ein Rundgang durch die Stadt mit ihren hübschen Gassen und aufgeräumten Parks ist abwechslungsreich und unterhaltsam. Überall gibt es was zu entdecken und für das leibliche Wohl ist in Form von Imbissen, Restaurants, Bäckereien und Metzgereien bestens gesorgt. Wenn es mal wieder Zeit für Fish & Chips ist, sollte man **The Plaice To Be** ansteuern.

Sehenswertes

P 72 Fischtreppe Pitlochry, GPS 56.701186, -3.739612

› **Heathergems,** 22 Atholl Road, Pitlochry PH16 5BX, www.heathergems.com, geöffnet: täglich 9–17 Uhr. Wie aus den schottischen Heidesträuchern hübscher und farbenfroher Schmuck sowie andere Accessoires hergestellt werden, kann man hier erfahren. Im Eingangsbereich der kleinen Fabrik läuft permanent ein Film über die verwendete Heide, deren Ernte und Weiterverarbeitung. An Werktagen kann man anschließend einen Blick in die Produktion werfen. Im angrenzenden Shop darf man dann nach Herzenslust stöbern und einkaufen.

Die Aussicht vom Queen's View vergisst man nicht so schnell

106ws©Torsten Berning

㊸ Inver Mill Farm Caravan Park

GPS 56.56077, -3.60067

Kleiner Farmcamping unmittelbar am Fluss Tay. Nicht alles ist perfekt, aber der Platz ist sehr nett und gut für Fahrten zu den Orten Dunkeld und Birnam gelegen. **Lage/Anfahrt:** die A9 38 Kilometer südlich von Pitlochry an der Ausfahrt Dunkeld nach rechts verlassen und gleich wieder rechts dem kleinen Schild zum Camping folgen; gut befahrbare, etwas schmale Straße. Nach der Brücke über den Tay auf die Schilder achten, Zufahrt über Bauernhof; **Platzanzahl:** 60; **Untergrund:** Asphalt, Schotterrasen; fest; **Service:** Strom, Trinkwasser, Abwasser, Chemie-WC, WiFi; **Sicherheit:** umzäunt; **Preise:** £26 inkl. 2 Pers. und Strom, jede weitere Person £2,50, Kinder bis 5 Jahre frei; **Max. Stand:** unbegrenzt; **Geöffnet:** 15. März–29. Oktober; **Kontakt:** Inver, Dunkeld PH80JR, Tel. 01350 727477, www.invermillfarm.com, Rezeption an der Einfahrt auf den Hof von 9 Uhr bis zur Dunkelheit

109ws©Torsten Berning

Gastronomie

› **The Plaice To Be,** 8 W Moulin Road, Pitlochry PH16 5AD, etwa in der Ortsmitte, von der Hauptstraße 50 m die W Moulin Road hochgehen, Tel. 01796 473737, geöffnet: täglich 12–14 und 16.30–20 Uhr. Verschiedene kleine Vorspeisen, Burger und vor allem frischer Fisch mit toller Panade. Fish & Chips ab £8.

Auf der Südseite von Pitlochry, in Flussnähe, ist ein zweckmäßiger Campingpark, der aber etwas steril wirkt. Die bessere Option ist der **Inver Mill Farm Caravan Park** ㊸, der in Dunkeld, zwischen Pitlochry und Perth, liegt. **Dunkeld** wurde in der Presse mal als „ein schnuckeliges Puppenstubendörfchen" bezeichnet. Reich an Vergangenheit ist es allemal. Um 850 war der Ort die Residenz von König Kenneth MacAlpin. Der zentrale Markplatz mit dem verzierten Marktkreuz und die weiß gewaschenen Häuschen, die aus der Zeit um das 17. Jh. herum stammen, sind eine echte Perle. Es gibt schöne Antiquitätengeschäfte und eine dachlose Kathedrale mit intaktem Turm aus dem 13. Jahrhundert. Ebenfalls sehenswert ist die Siebenbogen-Brücke, die Architekt Thomas Thelford 1809 über den River Tay bauen ließ und die Dunkeld mit Birnam verbindet.

Der geschäftige Teil von Pitlochry

Denkmal für Robert the Bruce am Schlachtfeld von Bannockburn

ROAD TO EDINBURGH

(160 km – km 426)

Es gibt **mehrere Möglichkeiten,** um nach Edinburgh (Start von Route 10, s. S. 186) zu kommen. Wer den **direkten Endspurt** bevorzugt, fährt von der A9 auf den Übergang zur Autobahn M90 bei Perth und in ungewohnter Schnelligkeit ist das Ziel problemlos erreicht (direkte Route: 115 km). Für alle Fans von traditionellen Städten und der Geschichte des Golfsports bietet sich ab Perth **die Variante über St. Andrews** an (s. rechts).

Aber auch für die im Folgenden beschriebene Strecke hält **noch zwei interessante Zwischenziele** bereit. Am Kreuz vor Perth fährt man nicht auf die M9, sondern einfach weiter auf der A9, die dann zur M9 Richtung Edinburgh wird.

3 km nachdem das Stirling Castle passiert wurde, geht es in Richtung des **Schlachtfelds von Bannockburn.** Hier schlug Robert the Bruce 1314 die zahlenmäßig überlegenen Engländer unter König Eduard II. Besucher werden mit Videos und Schautafeln visuell über den Verlauf der Schlacht informiert und am Ort des Geschehens thront eine übergroße Reiterstatue des Helden.

P 73 The Battle of Bannockburn Visitor Centre, GPS 56.092478, -3.934102, Glasgow Road, Whins Of Milton, Stirling, Stirlingshire FK7 0LJ, https://battleofbannockburn.com, geöffnet: Febr.–Dez. 10–17 Uhr, Eintritt: Erw. £ 7,50, Kinder £ 4, Familien £ 20

Sechs Abfahrten weiter verlässt man die M9 bei Linlithgow und besucht den gleichnamigen Palast und den dazugehörigen See, denn hier erblickte am 8. Dezember 1542 die **schottische Königin Maria Stuart** (s. S. 180) das Licht der Welt. Die gewaltige Ruine von **Linlithgow Palace,** romantisch am See gelegen, wird niemanden unbeeindruckt lassen. Selbst Sir Walter Scott dichtete in seinem „Marmion“: „Schlösser, Hof und Hall'/ Und Burgen und Paläste/Linlithgow aber schlägt sie all“.

107ws©Torsten Berning

P 74 Linlithgow Palace, GPS 55.976365, -3.600456, Kirkgate, Linlithgow, West Lothian EH49 7AL, www.historicenvironment.scot/visit-a-place/places/linlithgow-palace, geöffnet: Di.–Sa. 10–16 Uhr, Eintritt: Erw. £ 7,20, Kinder (5–15 Jahre) £ 4,20. Unbedingt auf der anderen Seite der Straße parken, auf den ausgewiesenen Platz passen keine Wohnmobile.

Auf der Weiterfahrt geht es nach dem Verlassen der Seitenstraße rechts auf die High Street und nach wenigen Hundert Metern links auf die A803, die direkt zur Auffahrt M9 nach Edinburgh führt.

VARIANTE: ÜBER ST. ANDREWS NACH EDINGBURGH

(190 km – km 456)

Um über **St. Andrews,** die malerische Stadt an der Nordsee, nach Edinburgh zu fahren, heißt es ab Perth, die A90 Richtung Dundee anzusteuern. An der Industrie- und Hafenstadt vorbei geht es über den Firth of Tay in die **alte Universitätsstadt.**

Die 16.500 Einwohner von St. Andrews sind mit Recht stolz auf das, was in den Jahr-

108ws©Torsten Berning

Maria Stuart

Maria Stuart, Tochter von Jakob V. und seiner zweiten Ehefrau Marie de Guise, war vom 14. Dezember 1542 bis zum 24. Juli 1567 als Maria I. Königin von Schottland. Aufgrund politischer und religiöser Unruhen wurde sie bereits im Alter von fünf Jahren nach Frankreich geschickt, wo sie am 24. April 1558 (mit nur 15 Jahren) den 14-jährigen französischen Thronfolger Franz II. heiratete. Nach dem Tod seines Vaters, Heinrich II., übernahm Franz nur ein Jahr später die Regierungsgeschäfte und machte Maria damit auch zur Königin von Frankreich.

Als der König am 5. Dezember 1560 starb, wurde seine Mutter, Katharina von Medici, neue Regentin und Maria Stuart kehrte 1561 nach Schottland zurück. 1565 verliebte sie sich in ihren neunzehnjährigen Cousin Henry Stuart, Lord Darnley, den sie noch im selben Jahr heiratete. Die Ehe stand aber unter keinem guten Stern, Machtansprüche und der Lebenswandel Darnleys sowie seine Eifersucht führte zu einer Entfremdung der beiden. Dennoch kam am 19. Juni 1566 ihr Sohn, der zukünftige König Jakob VI., zur Welt.

Am 10. Februar 1567 wurde Lord Darnley ermordet aufgefunden. Hauptdrahtzieher des Mordes war wahrscheinlich James Hepburn, 4. Earl of Bothwell, aber eine Mitwisserschaft der Königin war nicht auszuschließen. Im Folgenden überschlugen sich die Ereignisse: Hepburn ließ sich von seiner Frau scheiden, wurde von Maria zum Herzog von Orkney ernannt und heiratete sie am 15. Mai 1567 (nur drei Monate nach dem Tod Darnleys). All das kam bei der Bevölkerung nicht gut an. Es kam zu einem Aufstand und Maria Stuart wurde im Juni 1567 im Loch Leven Castle gefangengesetzt und musste zugunsten ihres Sohnes abdanken.

Knapp ein Jahr später konnte sie fliehen und ging ins Exil nach England. Ihre zweite Lebenshälfte war geprägt vom Konflikt mit Königin Elizabeth I., die Marias Anspruch auf den englischen Königsthron fürchtete. 1586 wurde Maria Stuart für schuldig befunden, an einem geplanten Attentat auf die englische Königin beteiligt gewesen zu sein. Am 8. Februar 1587 wurde sie in Schloss Fotheringhay hingerichtet. Der Erzählung nach brauchte der Scharfrichter drei Axthiebe, um ihren Kopf vom Körper zu trennen.

Beigesetzt wurde Maria Stuart zunächst in der Kathedrale von Peterborough, doch 1612 wurde sie auf Anweisung ihres Sohnes, der als Jakob I. in Personalunion nun auch über England herrschte, in die Westminster Abbey in London umgebettet.

hunderten hier gewachsen ist. Die **University of St Andrews** wurde 1413 gegründet und ist die älteste Universität Schottlands und die drittälteste Großbritanniens. Bis zum heutigen Tag gilt sie gemeinsam mit Oxford und Cambridge als eine der Eliteuniversitäten des Vereinigten Königreichs. Auch Prinz William, der Duke of Cambridge, erwarb hier seinen Abschluss.

In St. Andrews wurde 1754 als einer der ersten überhaupt der **Royal and Ancient Golf Club** gegründet. Die Wiege des Golfsports ist unbestritten hier beheimatet und der berühmteste der sechs Golfplätze ist der **Old Course.** Wer als Gast für eine 18-Loch Runde antreten möchte, braucht viel Geduld und ein dickes Portemonnaie. Wartezeiten von bis zu einem Jahr und eine Spielgebühr von mehr £ 200 machen es möglich. Alle vier bis fünf Jahre findet die Open Championship statt und Hundertausende von Zuschauern bevölkern den gesamten Umkreis um dabei zu sein. Der Golftourismus ist inzwischen die Haupteinahmequelle der Stadt. Da das berühmte 18. Grün und das Klubhaus mitten im Stadtzentrum sind, ist ein Foto für jeden Golfbegeisterten kinderleicht zu realisieren.

Die Ruinen der **Kathedrale** und der **Burg** befinden sich nur wenige Hundert Meter voneinander entfernt über den Klippen des Nordseeufers. Beide Gebäude sind im Eigentum von Historic Scotland und zu besichtigen. Die 1130 erbaute Kathedrale von St. Andrews war das größte und bedeutendste Kirchenbauwerk. Auch die Ruine der kleinen um 1200 entstandenen Burganlage ist sehenswert. Sie war Bischofssitz und Staatsgefängnis. Für beide Sehenswürdigkeiten gibt es ein empfehlenswertes Kombiticket.

Bei einem **Stadtrundgang** muss man unbedingt in eine der kleinen Seitenstraßen einbiegen. Fantastische Herren- und Bürgerhäuser säumen die Wege, überall ist die Stadt wie geleckt. Wunderschöne Pubs, Cafés und Studentenkneipen laden zu einer Pause ein. Ebenfalls sehr schön ist der **Botanische Garten** in der Straße Canongate, wo man übrigens sehr gut mit dem Wohnmobil parken kann und in 10 Minuten in der Innenstadt ist.

⊲ *Die Universität von St. Andrews*

Sehenswertes

› **St. Andrews Cathedral,** The Pends, KY16 9QL, Tel. 01344 472563; **Burg,** The Scores, KY16 9AR, Tel. 01344 477196, www.historicenvironment.scot, geöffnet: April–September tägl. 9.30–17.30, Oktober–März tägl. 10–16 Uhr, Kombiticket: Erwachsene £ 9, Kinder 5–15 Jahre £ 5,40

Information

› **St. Andrews iCentre,** 70 Market St., KY16 9NU, inmitten der Innenstadt, aus allen Richtungen ausgeschildert, Tel. 01334 472021, www.visitscotland.com/standrews, geöffnet: Mo.–Fr. 10–17 Uhr, Sa./So. 10–15 Uhr. Hervorragend ausgestattet, man kann ohne Vorbereitung anreisen und wird mit allem Wissenswerten versorgt. Toller kostenloser Stadtführer. Ebenfalls zu empfehlen ist ein Food Guide von Studenten für Studenten.

Gastronomie

› **The Seafood Restaurant,** Bruce Embankment, St. Andrews KY16 9AB, Tel. 01334 479475, www.theseafoodrestaurant.com, geöffnet: Di.–Sa. 12–23 Uhr. Nicht nur, dass man hier das Gefühl hat, fast im Meer zu sitzen, nein, beim Essen glaubt man auch, der Fisch sei ebenfalls gerade aus dem Meer gezogen worden! Der Ausblick direkt auf der Klippe ist schon etwas ganz Besonderes. Die Speisen werden auf italienische Art zubereitet und raffiniert serviert. Die Location und die Frische der Zutaten sind die Preise ab £ 40 für ein Mittagsmenü allemal wert.

› **The Tailend,** 130 Market Street, St. Andrews KY16 9PD, Tel. 01344 474070, www.thetailend.co.uk, geöffnet: Mo.–So. 11.30–22 Uhr, Fischgeschäft Mo.–Do. 10–17 Uhr, Fr./Sa. 10–20.30 Uhr. Restaurant, Takeaway und Fischgeschäft in einem, das schon mehrfach für seine hervorragendes Fish & Chips ausgezeichnet wurde. Man kann hier auch leckere Salate für ein Picknick einkaufen und beim Bäcker nebenan ein Baguette erstehen. Die Preise beginnen bei £ 6,50 für eine Portion Fish & Chips mit Kabeljau.

St. Andrews

0 200 m © Reise Know-How 2023

Sehenswertes
2 St Andrews Cathedral

Stellplätze
44 Cairnsmill Caravan Park

Sonstiges
1 The Seafood Restaurant
3 St Andrews iCentre
4 The Tailend

Parken
75 Botanischer Garten St. Andrews

Parken

P 75 **Botanischer Garten St. Andrews,** GPS 56.334064, -2.807472

44 Cairnsmill Caravan Park

GPS 56.32289, -2.81484

Leider ist in St. Andrews kein Stellplatz vorhanden und von Cairnsmill aus sind es zu Fuß 20 Minuten in die Stadt. Durchorganisierter Holiday Park. Nett gelegen, trotz der Nähe zur Straße. Fahrradweg und Bushaltestelle vor dem Caravan Park. **Lage/Anfahrt:** direkt an der A915 von St. Andrews Richtung Edinburgh; großzügige Zufahrt; **Platzanzahl:** 250; **Untergrund:** Asphalt, Schotter, Rasengitter, Pflaster; **Service:** Strom, Trinkwasser, Abwasser, Chemie-WC, WiFi; **Sicherheit:** umzäunt, beleuchtet; **Preise:** £28 inkl. zwei Personen und Strom, mit Markise £2 extra; **Geöffnet:** Anfang April–Ende Oktober; **Kontakt:** Largo Road, St. Anrews, KY16 8NN, Tel. 01334 473604, www.cairnsmill.co.uk, Rezeption an der Einfahrt von 9 bis 18, im Sommer bis 20 Uhr

St. Andrews wird südwestlich auf der A815 Richtung Kirkcaldy verlassen. Kurz vor der Stadt fährt man rechts auf die A82. Ab hier ist alles perfekt ausgeschildert und man merkt schon, dass man sich im Dunstkreis von Edinburgh (s. S. 186) befindet. Die A82 mündet direkt auf die M90 nach Edinburgh.

ROUTE 10

EDINBURGH UND DIE SOUTHERN UPLANDS

110ws© Klaus Werner

1 cm = 7,5 km
© Reise Know-How 2023
St. Andrews
Dairsie
Pitscottie
Kingsbarns
Strathmiglo
Ladybank
Hill of Tarvit
Lochty
Falkland
Leslie
Fife
Largoward
Fife Ness
Kinross
Markinch
Kennoway
Lower Largo
Kilrenny
Crail
L. Leven
Glenrothes
Leven
Methil
Buckhaven
East Wemyss
Elie
St. Monans
Pittenweem
Anstruther
May
Kelty
Lochgelly
Cowdenbeath
Kirkcaldy
Aberdour
Kinghorn
Burntisland
Firth of Forth
Inverkeithing
S. Queensferry
Dalmeny House
Hopetoun House
EDINBURGH
Old and New Towns
Musselburgh
Prestonpans
Aberlady
Dirleton
North Berwick
Drem
East Linton
Whitekirk
Dunbar
Torness
Haddington
Tranent
Dalkeith
Pancaitland
Lennoxlove House
Gifford
Innerwick
Cockburnspath
Coldingham
St. Abb's Head
Eyemouth
Reston
Grantshouse
Balerno
Loanhead
Gorebridge
Humbie
Penicuik
Temple
Fala
Cranshaw
Preston
Chirnside
West Linton
Leadburn
Oxton
Heriot
Duns
Berwick-upon-Tweed
Fulden
Whitsome
Polwarth
Westruther
Lauder
Dolphinton
Eddleston
Tweedmouth
Greenlaw
Swinton
Norham
Stow
Peebles
Gordon
Ancroft
Cheswick
Broughton
Stobo
Eccles
Earlston
Coldstream
Duddo
Stichill
Beal
Holy
Innerleithen
Galashiels
Melrose
Dryburgh Abbey
Crookham
Lowick
Abbotsford House
Dryburgh
Kelso
Kilham
Milfield
Belford
Ross
Yarrow
Newtown St. Boswells
Town Yetholme
Selkirk
Capper-cleuch
Ancrum
Eckford
Wooler
Chatton
Lilliesleaf
Ettrick-bridge
Megge Resr.
Ashkirk
Denholme
Morebattle
Jedburgh
Wooperton
Eglingham
Hawick
Ramsey-cleuch
Roberton
Kirkton
Chesters
Glanton
Alnwick
Northumberland National Park
Teviothead
Eskdalemuir
Thropton
Newton-in-the-Moor
Long-framlington
Hepple
Rothbury
Rochester
Newton
Boreland
Ewes
Otterburn
Elsdon
Longhorsley
Bentpath
New-castleton
Kielder Resr.
Lockerbie
Langholm
Border Forest Park
Falstone
North Tyne
Ridsdale
Hartburn
Bankshill
Morpeth
Water-beck
Mill-town
Canonbie
Catoway
Billingham
Whalton
Roughsike
Wark
Capheaton
Belsay
Cramlington
Ecclefechan
Longtown
Kirkcambeck
Humshaugh
NEWCASTLE-
Inverness
Aberdeen
SCHOTTLAND
Perth
Dundee
Glasgow
Edinburgh
Ayr
NORDIRLAND
Newcastle
Belfast
Carlisle
Sunderland
ENGLAND

177ws©Martin Valigursky, stock.adobe.com

ROUTENÜBERSICHT

In wenigen Städten Europas spürt man so deutlich den Geist und die Lebenslust seiner Menschen wie in Edinburgh. Die gute Anbindung des Campingparks macht einen Aufenthalt von mindestens zwei Tagen fast zu einem Muss. Schon der Besuch des Altstadtkerns mit der Festung lassen spielend zehn Stunden vergehen. Wer nicht so auf City Cruising steht, wird bereits an der Küste in North Berwick wieder mit einem Blick auf den weit geöffneten Meeresarm Firth of Forth entschädigt. Hinter Dunbar, bei St. Abbs, heißt es Abschied zu nehmen vom Meer, denn über Duns geht es noch mal ins Landesinnere. In Melrose hat man die Möglichkeit, Abbortsford House zu besichtigen, wo der berühmte Schriftsteller Sir Walter Scott sein Leben verbrachte. Ein Stückchen weiter südlich in Jedburgh kann man eine letzte Nacht in Schottland verbringen, bevor man am nächsten Tag bei Carter Bar den Grenzpass inmitten einer wunderschönen Hügel- und Moorlandschaft passiert.

Strecke:

Edinburgh (s. S. 186) – **North Berwick** (46 km, s. S. 192) – **Dunbar** (23 km, s. S. 193) – **St. Abbs** (38 km, s. S. 194) – **Melrose** (69 km, s. S. 196) – **Von Abbortsford House nach Jedburgh** (23 km, s. S. 198) – **Zum Grenzpass Carter Bar** (18 km, s. S. 199)

Streckenlänge:

217 km

Blick über die Starney Bay auf St. Abbs (s. S. 194)

Kapitelstartseite: In Edinburgh kann man viel entdecken

EDINBURGH

Die schottische Hauptstadt Edinburgh ist ein lebendiges Stück Zeitgeschichte, das man fühlen und erleben muss, eine faszinierende Metropole. Mit ungefähr **einer halben Million Einwohnern,** seiner überschaubaren Fläche und der Gelassenheit der Menschen lässt sie sich wunderbar entspannt erkunden. Man sollte in die schottische Lebensart eintauchen und die Gastfreundschaft der Schotten genießen. Die schönste Art, die Stadt kennenzulernen, ist, gleich nach dem Verlassen des Motorway den **Mortonhall Caravan & Camping Park** 45 anzusteuern und von hier aus alle Aktivitäten zu starten. Bequem erreicht man mit dem Bus in 20 Minuten die Innenstadt.

Bereits im 7. Jahrhundert soll **Edwin, der König von Northumberland,** hier die erste Befestigungsanlage errichtet haben. 400 Jahre später begründete sich unterhalb der heutigen Burg die erste Ansiedlung, mit der Edinburgh 1125 Stadtrechte erhielt und zur Royal Burgh avancierte. Als Royal Burgh wurden in Schottland befestigte Gemeinden bezeichnet, die unter dem Schutz einer Burg oder Festungsanlage standen. Der Titel wurde ausschließlich von Königen vergeben oder nachträglich durch eine Royal Charter verliehen.

Wenige Jahre später weihte man die **Abteikirche von Holyrood,** aus deren Gästehaus später der gleichnamige Palast hervorging. Im 18. Jahrhundert konnte die **Altstadt** zwischen Edinburgh Castle und Holyrood Palace die Menschenmassen nicht mehr beherbergen. Nördlich vom einstigen Stadtzentrum entstand **New Town,** ein überschaubares Quartier mit rechtwinklig verlaufenden Straßen und Gebäuden im schönsten gregorianischen Stil. Traditionelle Industriezweige wie Brauereien, Whisky-Brennereien, Druckereien und Papier- sowie Textilhersteller ließen sich nieder. In der Neuzeit lockte man viele Elektrofirmen und andere Betriebe der Leichtindustrie in die Stadt.

Wenn man von Mortonhall ankommend am östliche Ende der Princess Street den Bus verlässt, ist man am Waverley-Bridge-Shoppingcenter und damit gleich an der großen **Tourist Information.** Vor einem liegt die Altstadt zwischen Burganlage und Holyrood Palace, wobei sich gleich dahinter das New Town Quartier befindet. Von der **North Bridge** hat man einen wunderbaren Blick über die verwinkelten Dächer der Altstadt, die ein bisschen wie eine Filmkulisse wirkt. Wenn man die Brücke überquert hat, befindet sich zur Linken die Straße **Canongate,** die auf den **Holyrood Palace** zuführt. Rechter Hand thront über allem **Edinburgh Castle.** Am besten folgt man zunächst dem munteren Treiben entlang der High Street über den Lawn Market bis zur Esplanade, den Vorplatz der Burg. Ehrfurchtsvoll blickt man dann auf die beeindruckende Festungsmauer mit dem riesigen Tor. Die Tribünen auf der Esplanade geben einem das Gefühl in einer Arena zu stehen. Wer im August während des Musikfestivals **Military Tattoo** die Stadt bereist und dort als Zuschauer teilnehmen möchte, sollte sich frühzeitig Tickets sichern.

Wer durch die City flaniert, wird schnell bemerken, dass amerikanische und deutsche Touristen zu den zahlenmäßig größten Besuchergruppen gehören. Aber keine Angst, es geht auf den Straßen ganz multikulti zu und nirgends sieht man eine Tafel, auf der „Schweinshaxe mit German-Kraut" angeboten wird!

Die Entfernung zwischen der Burg und dem Holyrood Palace beträgt eine englische Meile. Das hört sich im ersten Augenblick gar nicht nach so viel an, trotzdem ist bequemes Schuhwerk angesagt. Eine Straße hinauf, die nächste Straße hinunter, macht schließlich schon zwei Meilen!

Eine schöne Zeit für einen Pub-Besuch ist die **„After Work Party",** die nicht nur in Schottland, sondern in ganz Großbritannien Tradition hat. Man trifft sich zum Abschluss

Thront hoch über der Stadt: Edinburgh Castle

111ws©VisitScotland/Kenny Lam

des Tages auf einen Drink mit Kollegen und kommt zu allen Themen ins Gespräch, gern auch mit Touristen.

Sehenswertes

Ein Spitzname Edinburghs ist „Athen des Nordens", denn die Stadt ist reich an Gebäuden, die an den alten griechischen Baustil erinnern. Mit einer weiteren antiken Stadt kann sie sich ebenfalls messen, denn wie Rom wurde Edinburgh auf sieben Hügeln erbaut. Deswegen ist der Aufstieg auf den etwas über 100 m hohen **Calton Hill** einfach lohnenswert. Von der Princess Street ist das oben liegende Ziel nicht zu übersehen und sind die Stufen gemeistert, genießt man einen fantastischen Blick über die Stadt, der zu dem noch kostenlos ist! Alle Gebäude auf dem Weg und in der „Gipfelregion" stammen ausnahmslos aus dem 18. und 19. Jahrhundert.

Das **St. Andrew's House** wurde in den 1930er-Jahren auf den Resten des Gefängnisses Calton jail errichtet und ist heute ein Regierungsegbäude. Das **National Monument** mit seinen griechischen Säulen erinnert an das Parthenon in Athen und war ursprünglich als Denkmal für die Soldaten gedacht, die in den napoleonischen Kriegen ihr Leben ließen. Es wurde allerdings nie vollendet, weshalb es auch „Schottlands Stolz und Armut" genannt wird.

Das **Nelson Monument** ist ein Denkmal für Admiral Lord Nelson, der 1805 die britische Flotte in die Schlacht bei Trafalgar gegen die vereinten französischen und spanischen Flotten zum Sieg führte, allerdings dabei sein Leben ließ. Der 32 Meter hohe Turm mit Aussichtsplattform erinnert an ein umgedrehtes Fernrohr. Jeden Tag fällt um 12 (Winter) bzw. 13 Uhr (Sommer) ein roter Ball innerhalb der Turmspitze hinunter. Er diente früher den Seefahrern bei der Justierung ihrer Chronometer.

Weiterhin befinden sich auf dem Hügel das ehemalige **Stadtobservatorium** und das **Dugald Stewart Monument,** Denkmal für den gleichnamigen schottischen Philosophen und eines der bekanntesten Fotomotive der Stadt. Besonders bei Sonnenuntergang zeigen sich schöne Farb- und Schattenspiele.

› **Edinburgh Castle,** Castle Hill, Edinburgh, EH1 2NG, Tel. 0131 2259846, www.edinburghcastle.scot, geöffnet (jeweils täglich): April–September 9.30–18, Oktober–März 9.30–17 Uhr, Eintritt: Erwachsene £ 18, über 60 Jahre £ 15,-, Kinder (5–15 Jahre) £ 11. Die Höhenburg auf dem Castle Rock, dem Basaltkegel eines erloschenen Vulkans, ist eine der bedeutendsten Sehenswürdigkeiten Schottlands.

0 — 200 m

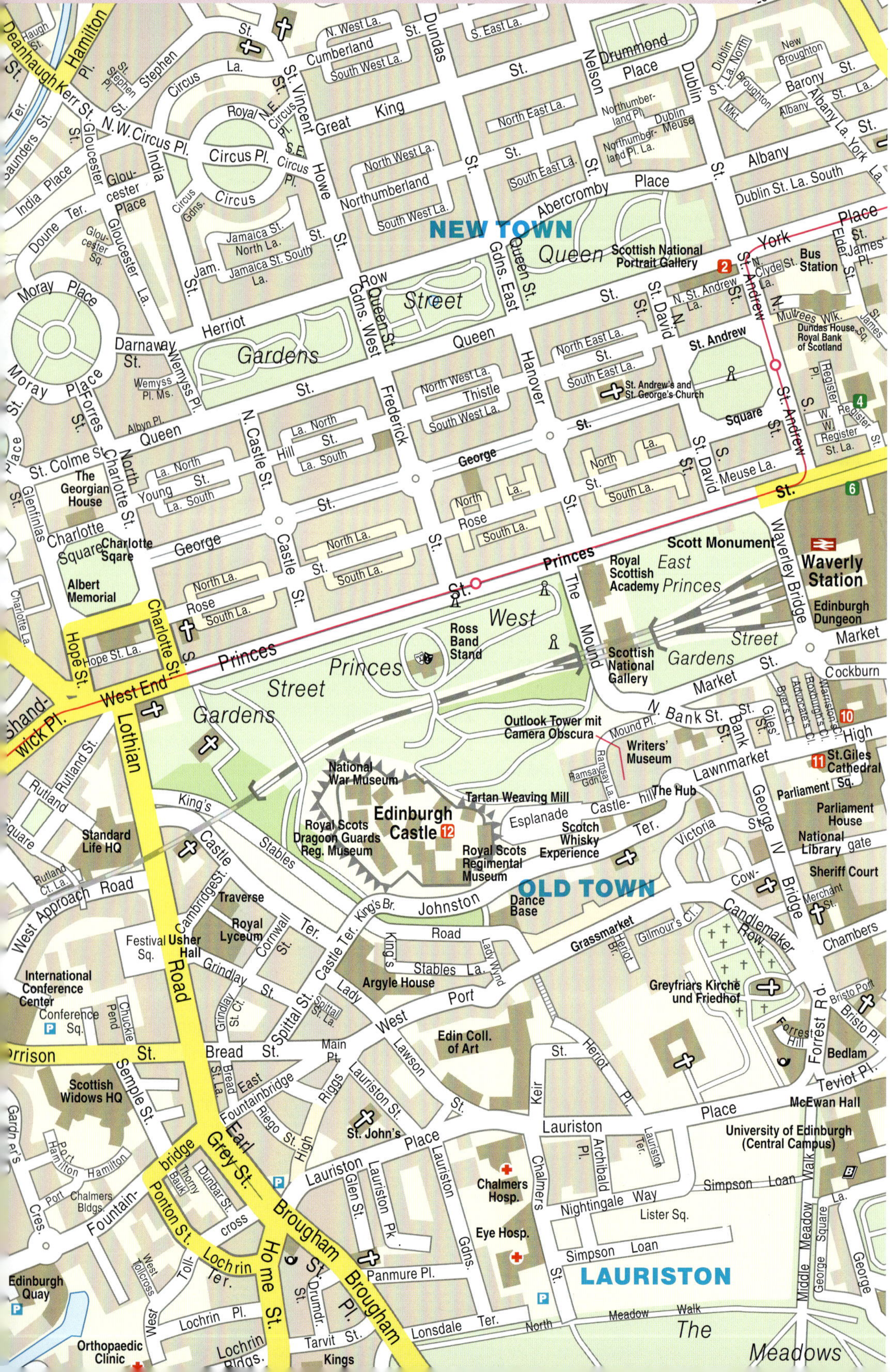
NEW TOWN
OLD TOWN
LAURISTON
Hamilton Pl.
Deanhaugh St.
Kerr St.
Saunders St.
India Place
Doune Ter.
Moray Place
Darnaway St.
Forres St.
Albyn Pl.
Wemyss Pl.
Wemyss Pl. Ms.
Glenfinlas St.
St. Stephen Pl.
Stephen St.
Circus La.
N.W. Circus Pl.
Circus Pl.
Royal Circus
Circus Gdns.
Gloucester Place
Gloucester La.
Gloucester Sq.
India St.
Jamaica St. North La.
Jamaica St. South La.
Jamaica St.
N. West La.
Cumberland St.
South West La.
St. Vincent St.
Howe St.
Great King St.
North West La.
Northumberland St.
South West La.
Dundas St.
S. East La.
North East La.
South East La.
Drummond Place
Nelson St.
Northumberland Pl.
Northumberland Pl. La.
Dublin Meuse
Dublin St.
Dublin St. La. North
Broughton Mkt.
New Broughton
Barony St.
Albany St.
Albany St. La.
York La.
London St.
Dublin St. La. South
Abercromby Place
Queen Street Gardens
Queen St. Gdns. West
Queen St. Gdns. East
Heriot Row
Scottish National Portrait Gallery
York Place
Elder St.
St. James' Pl.
Bus Station
Clyde St.
St. Andrew Sq.
N. St. Andrew La.
N. St. David St.
Multrees Wlk.
St. James Sq.
Dundas House, Royal Bank of Scotland
St. Andrew Square
St. Andrew's and St. George's Church
Register Pl.
W. Register St.
Register St. La.
St. David St.
S. St. Andrew St.
Meuse La.
Queen St.
North East La.
South East La.
Thistle St.
North West La.
South West La.
Hanover St.
Frederick St.
George St.
Hill St.
N. Castle St.
La. North
La. South
Young St.
North Charlotte St.
St. Colme St.
The Georgian House
Charlotte Square
Charlotte Sqare
Albert Memorial
Charlotte La.
Castle St.
Rose St.
North La.
South La.
Princes St.
Scott Monument
Waverly Station
Waverley Bridge
Royal Scottish Academy
East Princes Street Gardens
Edinburgh Dungeon
Market St.
Cockburn St.
Scottish National Gallery
The Mound
Ross Band Stand
West Princes Street Gardens
Hope St.
Hope St. La.
Charlotte St.
West End
Shandwick Pl.
Lothian Road
Rutland St.
Rutland Square
Rutland Ct. La.
Standard Life HQ
King's Stables Road
Castle Ter.
Cambridge St.
Traverse
Royal Lyceum
Usher Hall
Festival Sq.
Cornwall St.
Grindlay St.
Grindlay St. Ct.
West Approach Road
International Conference Center
Conference Sq.
Chuckie Pend
Morrison St.
Bread St.
Bread St. La.
East Fountainbridge
Semple St.
Scottish Widows HQ
Gardner's Cres.
Port Hamilton
Hamilton
Chalmers Bldgs.
Fountainbridge
Ponton St.
Thorny Bauk
Dunbar St.
Earl Grey St.
Brougham St.
Lochrin Ter.
Home St.
Tollcross
West Tollcross
Lochrin Pl.
Lochrin Bldgs.
Edinburgh Quay
Orthopaedic Clinic
Tarvit St.
Drumdryan St.
Brougham Pl.
Kings
National War Museum
Edinburgh Castle
Royal Scots Dragoon Guards Reg. Museum
Royal Scots Regimental Museum
Tartan Weaving Mill
Esplanade
Castle-hill
Scotch Whisky Experience
The Hub
Outlook Tower mit Camera Obscura
Mound Pl.
Writers' Museum
Ramsay Gdn.
Ramsay La.
N. Bank St.
Bank St.
St. Giles' St.
Lawnmarket
High St.
St.Giles Cathedral
Parliament Sq.
Parliament House
National Library
Sheriff Court
George IV Bridge
Victoria St.
Victoria Ter.
Cowgate
Merchant St.
Candlemaker Row
Chambers St.
Johnston Ter.
Dance Base
King's Br.
King's Stables Road
Castle Ter.
Lady Lawson St.
Argyle House
Lady Wynd
Grassmarket
Heriot Br.
Gilmour's Cl.
Greyfriars Kirche und Friedhof
Forrest Rd.
Forrest Hill
Bristo Port
Bristo Pl.
Bedlam
Teviot Pl.
McEwan Hall
University of Edinburgh (Central Campus)
West Port
Spittal St.
Spittal St. La.
Main Pt.
Lawson St.
Edin Coll. of Art
Heriot Pl.
Keir St.
Riggs
Lauriston St.
Riego St.
High Riggs
St. John's
Lauriston Place
Lauriston Pl.
Archibald Pl.
Lauriston Ter.
Glen St.
Lauriston Pk.
Lauriston Gdns.
Chalmers St.
Chalmers Hosp.
Eye Hosp.
Nightingale Way
Simpson Loan
Lister Sq.
Panmure Pl.
Lonsdale Ter.
North Meadow Walk
Middle Meadow Walk
George Square
George Square La.
The Meadows

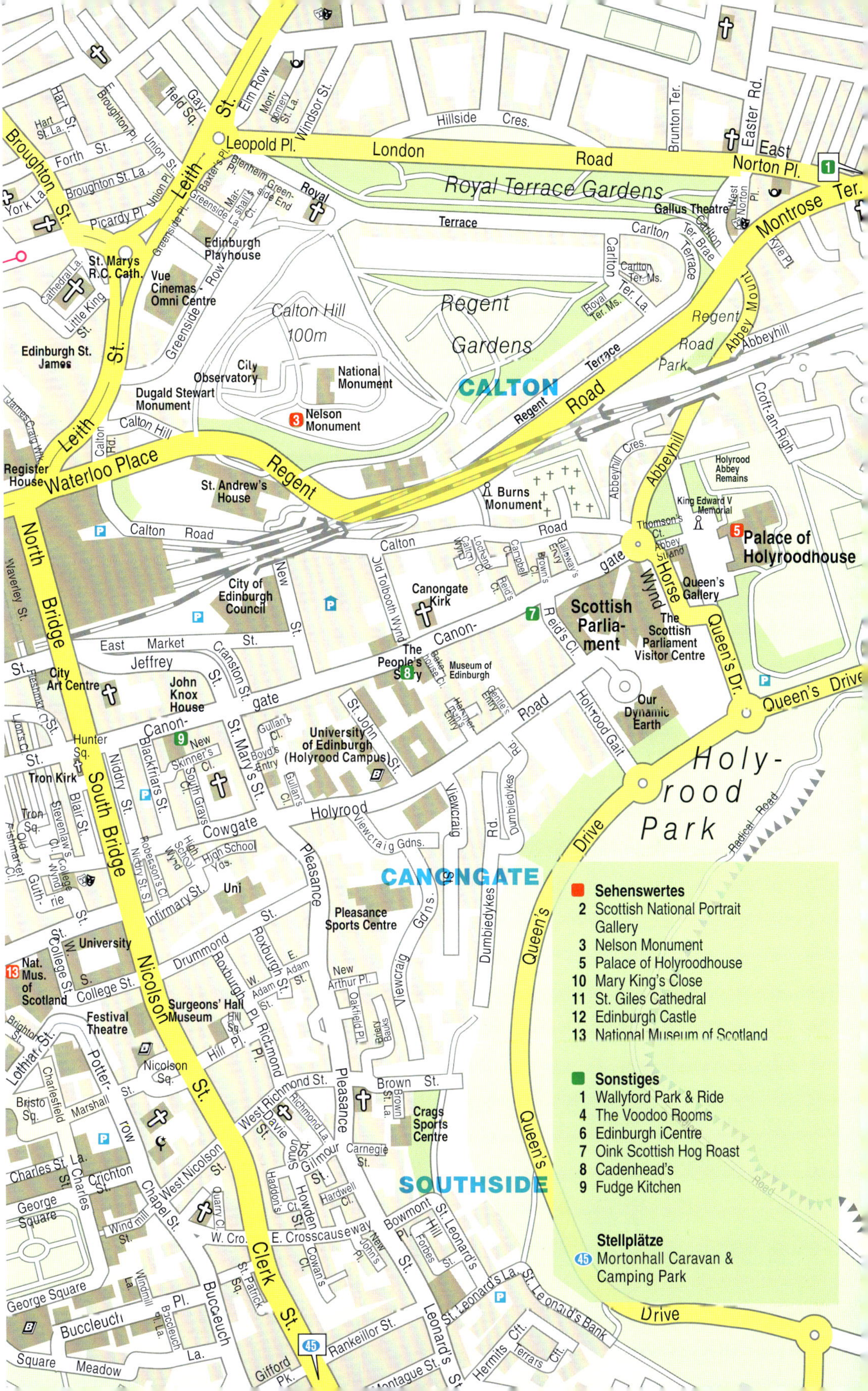
CALTON
CANONGATE
SOUTHSIDE
Holyrood Park
Calton Hill 100m
Regent Gardens
Royal Terrace Gardens
London Road
Leith St.
Leith Walk
Waterloo Place
Regent Road
North Bridge
South Bridge
Nicolson St.
Clerk St.
Canongate
Holyrood Road
Queen's Drive
Cowgate
Pleasance
Calton Road
East Market St.
Jeffrey St.
Montrose Ter.
Abbeyhill
Broughton St.
Register House
Edinburgh Playhouse
St. Marys R.C. Cath.
Vue Cinemas - Omni Centre
Edinburgh St. James
City Observatory
National Monument
Dugald Stewart Monument
3 Nelson Monument
St. Andrew's House
Burns Monument
City of Edinburgh Council
Canongate Kirk
The People's Story
8
7
Museum of Edinburgh
Scottish Parliament
The Scottish Parliament Visitor Centre
Our Dynamic Earth
5 Palace of Holyroodhouse
Queen's Gallery
Holyrood Abbey Remains
King Edward V Memorial
Gallus Theatre
1
City Art Centre
John Knox House
9
Tron Kirk
University of Edinburgh (Holyrood Campus)
Uni
University
13 Nat. Mus. of Scotland
Surgeons' Hall Museum
Festival Theatre
Pleasance Sports Centre
Crags Sports Centre
George Square
Buccleuch Square
45
Sehenswertes
2 Scottish National Portrait Gallery
3 Nelson Monument
5 Palace of Holyroodhouse
10 Mary King's Close
11 St. Giles Cathedral
12 Edinburgh Castle
13 National Museum of Scotland
Sonstiges
1 Wallyford Park & Ride
4 The Voodoo Rooms
6 Edinburgh iCentre
7 Oink Scottish Hog Roast
8 Cadenhead's
9 Fudge Kitchen
Stellplätze
45 Mortonhall Caravan & Camping Park

Schon der Anblick der gewaltigen Toranlage ist beeindruckend und wird durch die Tribünenanlagen noch verstärkt. Diese stehen mittlerweile ganzjährig und werden vor allen Dingen für das Edinburgh Military Tattoo genutzt. Alljährlich findet dieses Spektakel der Massed Pipes and Drums im August statt. 200 Dudelsackspieler und Trommler sowie viele Gastformationen verwandeln den Ort in das größte Musikfestival Schottlands. Zu dieser Zeit ist sogar empfehlenswert, den Campingplatz zu reservieren!

› **Mary King's Close,** High Street, 2 Warriston's Close, Edinburgh EH1 1PG, www.realmarykingsclose.com, geöffnet: April–Oktober tgl. 9.30–21.30 Uhr, Nov. Mo.–Fr. 9.30–17.30, Sa. bis 21, So. bis 18.30, Dez.–März Mo.–Fr. 10–17, Sa., So. bis 21 Uhr, Eintritt £ 19, Kinder (5–15 Jahre) £ 13, Familien £ 42,50. Kostümierte Führer begleiten einen in die unterirdischen Gassen der Royal Mile aus dem 17. Jahrhundert. Die „Close" waren schmale, zwei Meter breite Gassen mit zum Teil sieben stöckigen Häusern, die die Bevölkerungsexplosion des Mittelalters aufnahmen. Sie waren die Geburtsstätten von ansteckenden Krankheiten wie der Pest. Hier taucht man für eine Stunde in eine völlig andere Welt ein, in der man das Gefühl hat, es spukt bis heute.

› **National Museum of Scotland,** Chambers Street, Edinburgh EH1 1JF, Tel. 0300 1236789, www.nms.ac.uk, tägl. 10–17 Uhr, Eintritt: frei. Das 1866 eröffnete Museum ist das größte Museums Großbritanniens außerhalb Londons und die meistbesuchte Sehenswürdigkeit Edinburghs. In acht Galerien vermittelt es Einblick in die Geschichte und Naturkunde Schottlands sowie der Weltkulturen. Im 7. Stock des Turms gibt es eine Aussichtsterrasse.

112ws©VisitBritain/Andrew Pickett

› **Nelson Monument,** Calton Hill, Edinburgh EH7 5AA, www.edinburghmuseums.org.uk/venue/nelson-monument, Tel. 0131 5562716, Okt.–Apr. 10–16, Mai/Sept. 10–19, Juni–Aug. 10–21 Uhr, Eintritt: £ 6

› **Palace of Holyroodhouse,** Canongate, Edinburgh, EH8 8DX, www.royalcollection.org.uk, geöffnet (jeweils täglich): Nov.–März 9.30–16.30, April–Okt. 9.30–18 Uhr, Eintritt Erwachsene £ 18, Kinder (5–16 Jahre) £ 11,50, Familien (2 Erw., 2 Kinder) £ 43, Hunde nicht erlaubt. Ursprünglich stand hier ein Gästehaus der Abtei Holyrood, das ab 1501 von Jacob IV. durch einen Palast mit Turm, Kapelle, großem Saal und Torhaus ersetzt wurde. Holyrood Palace ist seit den 1920er-Jahren die offizielle Residenz der britischen Monarchen in Schottland und wurde mindestens einmal im Jahr für eine Woche von Queen Elizabeth II. (1926–2022) genutzt.

› **Scottish National Portrait Gallery,** 1 Queen Street, Edinburgh EH2 1JD, geöffnet: 1.1.–31.12. täglich 10–17 Uhr, Einritt frei, www.nationalgalleries.org. Schon das imposante Gebäude ist einen Besuch wert. Dazu wandelt man durch die Geschichte Schottlands mit seinen berühmtesten Köpfen und kulturellen Highlights. Das freundliche Personal gibt auch gern mal persönliche Tipps außerhalb der Mauern preis.

› **St. Giles Cathedral,** High Street, Edinburgh, EH1 1RE, Tel. 0131 2259442, www.stgilescathedral.org.uk, geöffnet: Mai–September Mo.–Fr. 9–19, Sa. 9–17 Uhr, So. 13–17, Oktober–April Mo.–Sa. 9–17, So. 13–17 Uhr, Eintritt frei, geführte Touren ab £ 5,50, Zeiten siehe Website oder Aushang am Eingang. Die Hauptkirche der Church of Scotland, auch High Kirk of Edinburgh genannt, befindet sich an einer der Hauptachsen der Altstadt, der Royal Mile, nur 500 m östlich des Edinburgh Castle. Die erste urkundliche Erwähnung stammt aus dem Jahre 854. Die heutige Form wurde ab dem Jahr 1120 erbaut. Im Jahr 1185 wurde sie nach einem schweren Brand im gotischen Stil neu errichtet, wobei der Turm erst 1485 fertiggestellt wurde. Sehenswert ist auch die Orgel, die im Jahr 1992 von der österreichischen Firma Rieger erbaut wurde. Sie ist mechanisch und besitzt 57 Register sowie drei Manuale und Pedale, über die sie gespielt wird.

Information

› **Edinburgh iCentre,** 3 Princess Street, Edinburgh EH2 2QP, Tel. 0131 4733868, https://edinburgh.org, geöffnet: Sept.-Mai Mo.-Sa. 9-17, So. ab 10, Juni Mo.-Sa. 9-18, So. ab 10 Uhr, Juli/August Mo.-Sa. 9-19, So. ab 10 Uhr, Eintritt frei. Umfangreiches, kostenloses Infomaterial. Der Bus zurück nach Mortonhall Camping startet hier vor der Tür alle 20 Minuten bis in den späten Abend.

Gastronomie

› **The Voodoo Rooms,** 19a W Register St, Edinburgh EH2 2AA, Tel. 0131 5567060, www.thevoodoorooms.com, geöffnet: Mo.-Do. 17-1, Fr.-So. 15-1 Uhr. Restaurants, Pubs und Lokale gibt es unzählige, doch hier ist für alle ab 18 Jahre der ultimative Tipp. The Voodoo Rooms ist nur einen Steinwurf vom östlichen Ende der Princess Street entfernt. Schon außen toll, wird es innen spektakulär und opulent. Speiseraum und Bar laden zu mehr als zum „schnöden Essen" ein. Trotz des Gebotenen halten sich die Preise in Grenzen. Dafür erhält man außer einem Voodoo Beef Burger für £ 15 wirklich nichts Alltägliches.

› **Oink Scottish Hog Roast,** 82 Canongate, Edinburgh EH8 8BZ, weitere Filialen in der Viktoria Street und der Hanover Street, www.oinkhogroast.co.uk, geöffnet: tgl. 11-17 Uhr. Leckeres Pulled Pork und andere „Schweinereien" sowie Salate. Sehr kinderfreundlich und immer netter Service. Hier wird man ab £ 5 satt, versprochen. Einfach für zwischendurch auf die Hand oder in Ruhe und entspannt im Restaurant.

Einkaufen

Wer gern Süßes isst, muss unbedingt zu Fudge's Kitchen. Man kann dabei zusehen, wie der Konfektteig in großen Kupferkesseln zubereitet und dann auf großen Marmortischen ausgerollt, geschlagen und gewalzt wird. Hier werden Karamelbonbons und Schokoladen hergestellt, die auf der Zunge schmelzen. Auch wenn man probieren darf, fällt die Wahl beim Einkauf nicht leicht. Achtung: Suchtgefahr!

› **Fudge Kitchen,** 30 High Street, Edinburgh EH1 1TB, Tel. 0131 5581517, www.fudgekitchen.co.uk, geöffnet: Mo.-Sa. 10-18, So. 11-18 Uhr

Wenn man nicht die Zeit oder die Lust hat, all die vielen Destillerien Schottlands zu besuchen, dann ist man bei **Cadenhead's** richtig. Die Auswahl in diesem **Whisky-Geschäft der Extraklasse** ist groß und reicht von einfach über selten bis zu Eigenabfüllungen. Im Angebot sind Whiskys von kleinsten oder auch längst geschlossenen Brennereien. Whisky, der hier noch im Fass lagert, wird gern in Flaschen und auch in halben Flaschen abgefüllt. Selbstverständlich darf auch probiert werden. Whisky-Neulinge werden hier gut beraten und Erfahrene finden immer noch eine Rarität.

› **Cadenhead's,** 172 Canongate, Edinburgh EH8 8DF, www.wmcadenhead.com, geöffnet: Mo.-Sa. 10.30-17.30 Uhr

Parken

Wer nur einen einen Stopp in Edinburgh machen möchte, fährt auf der Umgehungsstraße A1 weiter in Richtung North Berwick/Dunbar. An der Ausfahrt Musselburgh/Wallyford fährt man ab, dann links auf die A6094 Salters Road und am ersten Kreisel links sieht man schon den Wallyford Park & Ride, der gut ausgeschildert ist. Das Parken ist kostenlos und von hier geht es bequem per Bus oder S-Bahn ins Zentrum. Vom Parken mit dem Wohnmobil in der Innenstadt wird dringend abgeraten.

P 76 **Wallyford Park & Ride,** GPS 55.942009, -3.011463, 33 The Loan, Wallyford, Musselburgh EH21 8BU

In den Straßen der Altstadt ist immer etwas los

45 Mortonhall Caravan & Camping Park

GPS 55.90339, -3.1802

Perfekt gelegen, nur 6,5 km zur Innenstadt. Shop, Restaurant und Busstopp vor der Tür. Der Park verfügt über alle wichtigen Einrichtungen: ob Waschmaschine, Tourist Information, Verkauf von Bustickets, Spielplatz, Bar und Restaurant, WiFi oder Billard – hier findet man alles. **Lage/Anfahrt:** die südliche Umgehungsschnellstraße A720 an der Ausfahrt Mortonhall/Dunbar verlassen und am Ende der Abfahrt links und der Beschilderung zum Camping eine Meile folgen; zweispurige Zufahrt mit Wartezonen, großzügig, ohne jede Beschränkung für Wohnmobile; **Platzanzahl:** 400; **Untergrund:** Asphalt, Schotterrasen, Rasengitter; fest; **Service:** Strom, Trinkwasser, Abwasser, Chemie-WC, WiFi; **Sicherheit:** umzäunt, beleuchtet; **Preise:** ab £ 30 inkl. 2 Personen und Strom, aktuelle Angebote im Internet verfügbar; **Max. Stand:** unbegrenzt; **Geöffnet:** ganzjährig; **Kontakt:** 38 Mortonhall Gate, Frogston Road East, Edinburgh EH16 6TJ, Tel. 0131 6641533 oder 6643137, www.meadowhead.co.uk, Rezeption täglich von 8 bis 20, im Sommer bis 22 Uhr

NORTH BERWICK

(46 km – km 46)

Am schnellsten und unkompliziertesten verlässt man Edinburgh über die Schnellstraße, den Bypass. Aus ihm wird die A1 und schon in 20 Minuten ist man wieder auf dem Land. Gleich bei Haddington geht es zum **National Museum of Flight.** Auf dem ehemaligen Fluggelände können Groß und Klein viel erleben. Die riesige Anlage wartet mit vielen Exponaten aus der Geschichte der Luftfahrt auf. Vieles ist zu Anfassen und Mitmachen und Kinder können nach Herzenslust austoben. Sicherlich ist einer der Höhepunkte die Besichtigung der Flugzeuge, z. B. kann man eine Concorde von innen betrachten! Zu manchen Zeiten gibt es spezielle Events und Vorführungen und auch für das leibliche Wohl wird gesorgt.

P 77 **National Museum of Flight,** GPS 55.995719, -2.718977, East Fortune Airfield, East Lothian EH39 5LF, A1 Ausfahrt Haddington, dann erst geradeaus und dann links zur B1347 einbiegen, ausgeschildert, Tel. 0300 1236789, www.nms.ac.uk, geöffnet: 30.3.–31.10. täglich 10–17 Uhr, 1.11.–29.3. Sa., So. 10–16 Uhr, Eintritt: Erw. £ 12,50, Kinder £ 7,50, unter 5 Jahren frei

Die Küstenstadt **North Berwick** mit 6600 Einwohnern liegt am südlichen Ufer des Firth of Forth und gehört zu East Lothian. Die etwa 40 km von Edinburgh entfernte Stadt etablierte sich im 19. Jahrhundert aufgrund ihrer schönen Buchten mit tollen Sandstränden als beliebter Ferienort und ist es bis heute geblieben. Wenn man auf der Düne steht, die frische Seeluft atmet und auf den Bass Rock schaut, weiß man warum!

In der Spitze wird die Bucht durch das für Schottland einmalige **Scottish Seabird Centre** geteilt, das schon von Weitem gut zu erkennen ist. Ob interaktive Kameras, mit denen man in Echtzeit brütenden Vögel in ihren Nestern beobachten kann, 3D-Filme, die einen mitten in eine Kolonie Seevögel oder einen Schwarm jagender Delfine versetzen, Bootstouren, Seelöwen und Robben: Hier wird ein Komplettvergnügen geboten. Nicht umsonst ist dies eine schottische 5-Sterne-Freizeitattraktion.

Der Zutritt zum Café, zum Restaurant und zum Shopbereich ist frei. So kann man den herrlichen Blick von Terrasse genießen und für sich selbst entscheiden, ob man ins Centre will oder gleich einen der Bootstrips unternehmen möchte, die von hier aus angeboten werden: von Rundfahrten um die Klippen mit den Brutplätzen der Vögel bis zu einer Umrundung des Bass Rock.

P 78 **Scottish Seabird Centre,** GPS 56.060072, -2.716623, The Harbour, North Berwick, EH39 4SS, Tel. 01620 890202, www.seabird.org, geöffnet: Februar, März, September, Oktober Mo.–So. 10–17, April–August Mo.–So. 10–18, November–Januar, Montag–Freitag von 10–16 Uhr, Sa./So. 10–17 Uhr, Eintritt: Erwachsene £ 11,95, Kinder £ 7,95, Familienticket £ 34, Hunde sind erlaubt

113ws©Torsten Berning

DUNBAR

(23 km – km 69)

Über die A198 und A199 erreicht man in 15 Minuten **Dunbar.** Gleich in der Ortseinfahrt folgt man dem Schild zum **Belhaven Bay Camping Park** (46) und geht mit dem Wohnmobil vor Anker. Der extra für Wohnmobile angelegte Bereich liegt auf schönen Wiesen und die dahinter liegende Bucht animiert ebenfalls zum Bleiben. Der Wasserstand ist auch für Kinder zum Baden perfekt.

Es bilden sich kleine und große Siele (Meerwasserteiche), die man durchlaufen kann. Der Strand scheint bei Ebbe endlos. Dazu gibt es am Ufer wunderbare Wiesenbereiche, die man für ein Sonnenbad oder Picknick nutzen kann.

Ein wunderschöner Küstenweg führt oberhalb des Meeres oder über den Golfplatz bis nach **Dunbar.** Ein **Hafen** wie aus dem Bilder-

Weitläufiger Strand am Belhaven Bay Camping Park (46)

Das Geburtshaus des Gelehrten John Muir in der High Street von Dunbar

114ws©Torsten Berning

buch ist der Höhepunkt des 8000 Einwohner zählenden Ortes. Die **Burgruine** in der Hafeneinfahrt wirkt wie die Kulisse aus einem Piratenfilm. Die Möwen kreischen, Seehunde ziehen im Wasser ihre Bahnen und scheinen die Touristen zu beobachten. Die Fischer laden ihren Fang ab und überall liegen Fangkörbe, Taue oder andere Fischereiutensilien.

Jahrhundertelang war der gemütliche Ort Spielball in den kriegerischen Auseinandersetzungen zwischen Engländern und Schotten, bevor er in den letzten zweihundert Jahren so richtig zur Ruhe kam. Bekanntester Sohn der Stadt ist der Gelehrte **John Muir,** der hier geboren wurde, aber erst nach seiner Auswanderung nach Amerika so richtig bekannt wurde. Sein **Geburtshaus** in der High Street ist heute die zentrale Sehenswürdigkeit.

Der Innenstadtkern bis zum Hafen lässt sich aufgrund seiner Größe gut zu Fuß erkunden und bietet auf seinem Weg alles, was das Herz begehrt. Natürlich auch den **John Muir Park,** die **John Muir Statue** und den **John Muir Trail.** Das Visitor Centre findet man zentral in der Mitte des Ortes.

› **John Muir's Birthplace,** 126 High Street, Dunbar, EH42 1JJ, Tel. 0044-1368 865899, www.jmbt.org.uk, geöffnet: April-Sept. Mo.-Sa. 10-17, So. 13-17, Oktober-März Mi.-Sa. 10-17 Uhr, So. 13-17 Uhr, Eintritt frei

ST. ABBS

(38 km - km 107)

Von Dunbar aus geht es der Beschilderung folgend im Ort Richtung Berwick-upon-Tweed auf die A1. Kurz hinter Cockburnspath biegt man nach links auf die A1107 ab, die direkt nach St. Abbs führt.

Wer die ersten Bilder von St. Abbs sieht, wird sagen, das gibt es nicht, oder auf die

46 Belhaven Bay Camping Park

GPS 55.99631, -2.54507

Liegt schön und windgeschützt hinter der Düne. Riesiger Strand und toller Weg nach Dunbar. Vom selben Betreiber wie der Mortonhall Caravan & Camping Park 45 in Edinburgh und ebenso zu empfehlen. Preis aufgrund der Leistung und Möglichkeiten völlig okay. **Lage/Anfahrt:** von der A199 kommend im Kreisel die erste Ausfahrt Richtung Dunbar und nach 300 m links abbiegen; perfekte Zufahrt ohne jede Beschränkung; **Platzanzahl:** 100; **Untergrund:** Asphalt, Schotter, Schotterrasen; fest; **Service:** Strom, Trinkwasser, Abwasser, Chemie-WC, WiFi; **Sicherheit:** umzäunt, beleuchtet; **Preise:** ab £ 28 inkl. 2 Personen und Strom, weiteres auf Anfrage; **Max. Stand:** unbegrenzt; **Geöffnet:** März-Oktober; **Kontakt:** Edinburgh Road, West Barns, Dunbar, East Lothian EH42 1TU, Tel. 01368 865956, www.meadowhead.co.uk/parks/belhaven-bay, Rezeption an der Einfahrt mit Wartespur von 8 bis 20 Uhr

118ws©Torsten Berning

178ws©marcia, stock.adobe.com

Frage „Wo ist das?" antworten „Neuseeland". Doch weit gefehlt, denn man befindet an der Südostküste Schottlands in einem kleinen **Fischereistädtchen.** Bis 1890 war es noch als Coldingham Shore bekannt, dann aber nach dem großen Klippenfelsen St Abb's Head umbenannt. Bemerkenswert ist, dass der Ursprung der Siedlung mit dem Namen Ǽbbe of Coldingham bereits im 7. Jahrhundert liegt. Durch die große Befestigungsmauer ist die Hafenanlage gegen alle Stürme geschützt und oberhalb der Hügel bietet sich ein fantastischer Panoramablick. Heute ist St. Abbs ein Ort der Ruhe und Entspannung, der nicht alle neuen Trends mitgehen, sondern einfach so bleiben möchte, wie die Menschen ihn lieben. Das kommt auch den Touristen zugute, die viel Ursprüngliches erleben können.

Beliebt ist die Bucht mit den reizvollen Klippen auch bei Tauchern. Bereits hinter der Hafenmauer finden sie ein spektakuläres Tauchrevier mit Tiefen von 15 bis 20 m, das sich durch die Felsspalten am Meeresgrund schlängelt. Das **Visitor Centre** befindet sich in einem Gemeindehaus aus dem Jahr 1897 auf dem Hügel platziert.

Bei der Anfahrt über die B6438 befindet sich kurz vor dem Ortseingang ein Parkplatz mit einem Tearoom. Hier beginnt ein landschaftlich reizvoller **Pfad zum St. Abb's Head.** Eine Infotafel des Tourist Information Boards gibt Auskunft über die verschiedenen Routen und ihre farbliche Kennzeichnung. Der große Rundwanderweg dauert ca. 5 Stunden, ein guter Kompromiss ist der 2½ Stunden dauernde Weg zum alten **Leuchtturm.** Aber keine Angst, der Pfad durch das Naturreservat ist interessant und kurzweilig, sodass die Zeit wie im Fluge vergeht. Die karge Natur auf der hügeligen Graslandschaft zieht einen in ihren Bann. Der Leuchtturm von 1820 ist wie viele alte Leuchtfeuer an Schottlands Küsten nicht mehr in Betrieb und heute Privatbesitz. Gerade am Ende des Pfades geht es sehr nah an den Vulkanfelsen entlang und die Wege führen ohne Absperrungen direkt an die Klippen. Hier bitte

Der Leuchtturm am St. Abb's Head

Vorsicht, gerade mit Kindern oder Hunden. Wenn man zurück zum Parkplatz oder an den Hafen kommt, ist eine Stärkung in Ebbcarrs Cafe genau das Richtige!

79 **St. Abb's Head,** GPS 55.899655, -2.140474

Information

› **St. Abbs Visitor Centre,** Coldingham Road, St Abbs, Berwickshire TD14 5PL www.stabbsvisitorcentre.co.uk, geöffnet: März–Oktober täglich 10–17 Uhr

Gastronomie

› **Ebbcarrs Cafe,** Harbour, St. Abbs TD14 5PW, geöffnet: Di.–So. 10–16 Uhr. Beliebter Treffpunkt nicht nur bei Touristen, sondern auch bei den Einheimischen. Vom selbstgebackenen Kuchen über regionalen Fisch bis zu Bier vom Fass bekommt man hier alles zu bezahlbaren Preisen.

Wem St Abbs doch etwas zu ruhig ist, der findet nur zwei Kilometer weiter in **Eyemouth** mehr Trubel und touristische Angebote der modernen Art. Der **Eyemouth Holiday Park** 47 hat eine wirklich beeindruckende Lage und – wenn man auf dem richtigen Stellplatz steht – tollen Meerblick.

47 Eyemouth Holiday Park

GPS 55.87469, -2.09481

Platz mit tollen Blick auf Küste und Meer. Viele Standcaravans und ein kleiner Bereich für Durchfahrende. **Lage/Anfahrt:** am Ortsrand von Eyemouth, Beschilderung im Ort folgen; gut ausgebaute Straße, keine Beschränkungen; **Platzanzahl:** 40; **Untergrund:** Asphalt, Rasengitter; fest; **Service:** Strom, Trinkwasser, Abwasser, Chemie-WC, WiFi; **Sicherheit:** umzäunt, beleuchtet; **Preise:** ab £28 inkl. 2 Personen und Strom; **Max. Stand:** unbegrenzt; **Kontakt:** Eyemouth TD14 5BE, Tel. 01890 751050, www.parkdeanresorts.co.uk, Rezeption an der Einfahrt täglich 8.30–min. 18, im Sommer bis 22 Uhr

Am Abend herrscht an der Melrose Abbey eine besonders mystische Stimmung

MELROSE

(69 km – km 176)

Von der Küste heißt es jetzt Abschied zu nehmen, denn es geht über wunderschöne Landstraßen durch die Lowlands vorbei an Duns nach Melrose. St Abbs verlässt man über Coldingham und die B6438, diese wird dann zur A6112 nach Duns. Ab Duns folgt man der A6105 bis Earlston, diese mündet in die A68, von der es links nach Melrose geht.

Das malerische Örtchen Melrose an den Ufern des Flusses Tweed ist vor allen Dingen durch die **Melrose Abbey** und die benachbarte **Dryburgh Abbey** bekannt. 1136 als erstes Zisterzienserkloster in Schottland gegründet, erlebte die Melrose Abbey hier im Grenzgebiet zwischen England und Schottland eine mehr als wechselvolle Geschichte. Vor allem die Streitigkeiten zwischen den Kirchen führten immer wieder zu kriegerischen Auseinandersetzungen. 450 Jahre später gaben die Mönche die Abtei aufgrund der vielen Beschädigungen auf. Dennoch ist die Ruine gut erhalten und beeindruckt in ihren Ausmaßen bis heute. Das Herz des 1329 verstorbenen schottischen Königs **Robert the Bruce** soll hier begraben sein, wobei sein Körper in der Abtei von Dunfermline beigesetzt ist.

Im Mittelalter etablierte sich die Stadt am Tweed als Zentrum für die **Woll- und Leinenproduktion,** verlor aber in der Neuzeit den Anschluss an die Entwicklung und somit an Bedeutung.

In den nahegelegenen **Eildon Hills** gab es bereits in der Eisenzeit Stammesansiedlungen, wie die Überreste einer Festungsanlage belegen. Auf den Gipfeln der östlichen Hügel soll der Sage nach auch der sagenumwobene **König Artus** begraben sein.

Für den Besuch von Melrose Abbey kann man sehr gut auf dem zentralen Ortsparkplatz stehen. Entlang des Tweed gibt es auch einen schönen Radweg und wer gern eine Nacht bleiben möchte, kann die **Melrose Gibson Park Caravan & Motorhome Club Site** 48 ansteuern.

117ws©Jan - stock.adobe.com

Parken

P 80 Melrose, GPS 55.598605, -2.719444

48 Melrose Gibson Park Caravan & Motorhome Club Site

GPS 55.59766, -2.72485

Sehr schön im kleinen Melrose Gibson Park gelegen. Die Stadt ist zu Fuß oder per Fahrrad zu erreichen. Schöne Wege für Hunde. Wie immer auf einer Clubsite alles vorbildlich. Man braucht die Karte Camping Key Europe des ADAC (s. S. 33). **Lage/Anfahrt:** in der Stadt und am Orteingang ausgeschildert; gute Zufahrt für alle Größen über eine Anliegerstraße; **Platzanzahl:** 60; **Untergrund:** Asphalt, Schotter; fest; **Service:** Strom, Trinkwasser, Abwasser, Chemie-WC, WiFi; **Sicherheit:** umzäunt, beleuchtet; **Preise:** ab £27 inkl. 2 Personen und Strom; **Max. Stand:** unbegrenzt; **Geöffnet:** ganzjährig; **Kontakt:** High Street, Melsose TD6 9RY, Tel. 01896 822969, www.caravanclub.co.uk, Rezeption von 12 bis 16 Uhr, im Sommer länger

Zum Abbortsford House folgt man der Ausschilderung entlang der A6091.

Information

› **Tourist Information Centre,** 4 Abbey Street, Scottish Borders TD6 9LG, Tel. 01896 822283; geöffnet: täglich 10–17 Uhr. Die Abbey Street ist mitten im Zentrum, sehr gut ausgeschildert.

Sehenswertes

› **Melrose Abbey,** Abbey Street, Melrose TD6 9LG, GPS 55.888513, -2.719517, geöffnet: 1. April–30. September täglich 9.30–17, 1. Oktober–31. März täglich 10–16 Uhr, Eintritt: Erwachsene £7, Kinder ab 5 Jahren £4, www.historicenvironment.scot/melrose-abbey

› **Dryburgh Abbey,** Dryburgh, St Boswells, Roxburghshire TD6 6RQ, Tel. 01835 822391, www.historicenvironment.scot/visit-a-place/places/dryburgh-abbey/, geöffnet: April–Sept. täglich 9.30–17 Uhr, Oktober–März täglich 10–16 Uhr, Eintritt: Erwachsene £7, Kinder (5–15 Jahre) £4

116ws©Torsten Berning

VON ABBORTSFORD HOUSE NACH JEDBURGH

(23 km – km 199)

Sir Walter Scott war ein schottischer Dichter und Schriftsteller, der auch heute noch weltweit bekannt ist. Geboren 1771 in Edinburgh, verstarb er am 21.September 1832 in **Abbortsford.** Er war einer der meistgelesenen Autoren seiner Zeit und gilt als Begründer des Geschichtsromans. Goethe hielt ihn für einen der besten Erzähler seiner Zeit. Viele seiner historischen Romane sind Klassiker geworden und haben als Vorlage für zahlreiche Schauspiele, Opern und Filme gedient. Eine der berühmtesten Verfilmungen seiner Werke ist zweifelsohne „Ivanhoe" aus dem Jahr 1952 mit Robert Taylor und Elizabeth Taylor in den Hauptrollen.

1811 erwarb Scott am Südufer des Tweed nahe Melrose eine kleine Farm. Durch Zukäufe vergrößerte er das Grundstück im Laufe der Jahre auf eine Größe von mehreren Quadratkilometern. Aus den Gebäuden des Bauernhofs wurde im Laufe der Jahre durch Umbauten und erhebliche Erweiterungen das Herrenhaus **Abbotsford House.** Mit seinen Erkern, Zinnen, Ecktürmen und Stufengiebeln wurde es zu einem Vorläufer des viktorianischen-schottischen Baroniestils. Auch die **Gärten** und Parkanlagen um das Anwesen sind eine Augenweide. Abbortsford House ist heute ein lebendiges Museum und in manchen Räumen meint man der Meister persönlich kommt einem gleich entgegen oder er hat gerade nur den Tisch verlassen, um sich die Zeitung zu holen. Ein Mekka für Literaturfans aus der ganzen Welt! Man darf vieles versäumen auf der Wohnmobiltour, aber Abbortsford House nicht!

Abbortsford House – hier gibt es sowohl innen als auch außen viel zu entdecken

P 81 Abbortsford House, GPS 55.599155, -2.781907, Abbortsford TD6 9BQ, direkt an der A7 auf der rechten Seite hinter Melrose ausgeschildert, Tel. 01896 752043, www.scottsabbotsford.com, geöffnet: Visitor Centre mit Café 30.3.-31.10. 10-17, 1.11.-29.3. 10-16 Uhr (3.1.-28.2. nur Mi.-So.), Haus und Garten 1.3.-29.3. und 1.-30.11. 10-16, 30.3.-31.10. 10-17 Uhr, 1.12.-28.2. 10-16 Uhr, Eintritt: nur Garten und Park Erw. £ 6,50, Kinder (5-17 Jahre) £ 3, Familienticket £ 14; Garten und Haus £ 13, £ 3 bzw. £ 33. Der ausgeschilderte Trail um Abbortsford House und die Ländereien sind ganzjährig kostenfrei geöffnet. Scott liebte Hunde und so dürfen diese mit, Ausnahmen sind das Haus und die Visitor Centre Exhibition.

Nun geht es einige Kilometer zurück, bis an die Kreuzung hinter Melrose, um dann rechts ab auf die A68 zu biegen. Das 4000 Einwohner zählende **Jedburgh** wird immer als Grenzstadt bezeichnet, von hier sind es aber noch 18 km bis zum Grenzpass nach Carter Bar. Dominiert wird das Stadtbild von zwei Ruinen, dem alten **Augustinerkloster** und natürlich der alten **Burg.** 1566 bewohnte Königin Maria Stuart (s. S. 180) für kurze Zeit ein Haus in Jedburgh und „Bonnie Prince Charlie“ führte 1745 seine jakobitische Armee von hier nach England. Wer hier noch einmal übernachten möchte, fährt am besten die **Jedburgh Camping & Caravaning Club Site** (49) an.

(49) Jedburgh Camping & Caravaning Club Site

GPS 55.48798, -2.54378

Kleiner Platz des Camping & Caravan Club. Ideal gelegen, um den Ort zu erkunden (in Gehweite). In einem alten Park, sehr ruhig. Alle Einkaufsmöglichkeiten in Gehweite. Hier wird wieder die Karte Camping Key Europe des ADAC (s. S. 33) benötigt. **Lage/Anfahrt:** von der A68 am Ortseingang von Jedburgh direkt links einbiegen, ausgeschildert; Zufahrt 4 m breit, bitte auf ausfahrende Fahrzeuge achten. Sonst gut befestigt; **Platzanzahl:** 50; **Untergrund:** Asphalt, Schotter, Schotterrasen; fest; **Service:** Strom, Trinkwasser, Abwasser, Chemie-WC, WiFi; **Sicherheit:** beleuchtet; **Preise:** ab 26 £ inkl. 2 Personen und Strom, jede weitere Person £ 3, Kinder bis 5 Jahre frei; **Max. Stand:** unbegrenzt; **Geöffnet:** Ende März-Anfang November; **Kontakt:** Elliot Park, Jedburgh, TD8 6EF, Tel. 01835 863393, www.campingandcaravanningclub.co.uk/jedburgh, Rezeption von 9 bis 15 Uhr, sonst Zufahrt und Platz suchen

ZUM GRENZPASS CARTER BAR

(18 km - km 217)

Der Abschied aus Schottland kann eigentlich nur schwerfallen, doch der Augenblick naht und lässt sich aufgrund der wenigen Kilometer auf der A68 bis zum **Grenzpass Carter Bar** nicht länger hinauszögern. Bei einem letzten Stopp am Grenzpunkt werden einem die schottische Fahne und vielleicht ein Dudelsackspieler „Beannachd leat!“ sagen („Tschüss, bis zum nächsten Mal!“).

120ws©Torsten Berning

121ws©Torsten Berning

122ws©Torsten Berning

119ws©Torsten Berning

ANHANG

WOMO-WÖRTERLISTE DEUTSCH – ENGLISCH

A

Abblendlicht	*dipped beam/ headlights*
abdichten	*caulk*
abschleppen	*tow away*
Abschleppdienst	*breakdown/ towing service*
Abschleppseil	*tow rope*
abstellen	*turn off*
Abwasser	*wastewater*
Achse	*axis*
Alarmanlage	*alarm system/ car alarm*
Alkoholtest	*breathalyser test*
Ampel	*traffic light*
Anlasser	*starter*
Anschluss	*connector*
Antriebswelle	*drive shaft*
Adapter	*adaptor*
Anwohner	*local residents*
Auffahrt	*driveway/on-ramp*
Auffahrunfall	*collision*
Ausfahrt	*exit*
Auspuff	*exhaust (pipe)*
Außenspiegel	*wing mirror*
Auto	*automobile/car*
Autobahn	*motorway*
Autoschlüssel	*car key*
Autowerkstatt	*service station/garage*

B

Batterie (laden)	*charge the battery*
(nicht) befahrbar	*(not) passable*
Benzin	*petrol*
Benzinpumpe	*fuel pump*
beschädigt	*damaged*
bleifrei	*unleaded*
Blinker	*blinker/indicator/ turn signal*
Breite	*width*
Bremsbelag	*brake lining*
Bremse, bremsen	*brake*
Bremsflüssigkeit	*brake fluid*
Bremslicht	*stoplight/brake light*
Brücke	*bridge*

C

Campingwagen	*caravan*
Campingplatz	*campsite*
Chemietoilette	*chemical toilet*

D

defekt	*broken/ malfunctioning/ faulty/defective*
dicht (nah)	*close*
(wasser-)dicht	*leakproof*
Dichtung	*seal*
Diebstahl	*theft*
Diesel	*diesel*
Differenzial	*differential*

E

Einbahnstraße	*one way street*
Einspritzmotor	*Injection engine*
eng/schmal	*tight/narrow*
entleeren	*empty*
erlaubt	*permitted/allowed*
Ersatzrad/-teil	*spare wheel/part*

F

Fahrbahn	*roadway/carriageway*
fahren	*drive*
Fahrer	*driver*
Fahrrad	*bicycle*
Fahrspur	*lane*
Fahrtrichtung	*direction of travel*
Fährschiff	*ferry*
Feder	*spring*
Fernlicht	*full beam*
Feuerlöscher	*fire extinguisher*
Frontscheibe	*windscreen/windshield*
Frostschutzmittel	*antifreeze*
Führerschein	*driver's license*

G

Gang	*gear*
Gas	*gas*
Gasflasche	*gas bottle/canister*
Gaspedal	*accelerator*
Gasse	*alley*

gebrochen	*broken*
Gebühr	*fee*
geöffnet	*open*
Gepäckträger	*roof rack*
geradeaus	*straight forward*
geschlossen	*closed*
Geschwindigkeit	*speed*
gesperrt	*blocked/ inaccessible*
gestohlen	*stolen*
Getriebe	*gearbox/ transmission*
Gewicht	*weight*
Glühbirne	*light bulb*
Grauwasser	*greywater*

H

Haarnadelkurve	*hairpin curve*
Handbremse	*hand brake*
Hebel	*lever*
Heizung	*heater/radiator*
Hilfe	*help*
Höhe	*height*
Hubraum	*cylinder capacity/ cubic capacity*
Hupe	*horn*

K

Kabel	*electric wire*
(Benzin-)Kanister	*(petrol) canister*
kaputt	*broken*
Kardanwelle	*propeller shaft*
Karosserie	*body*
Keilriemen	*fan belt/V-belt*
Kfz-Kennzeichen	*license plate*
Kolben	*piston*
Kreuzung	*crossing/ intersection*
Kugellager	*ball-bearing*
Kühler	*radiator*
Kühlschrank	*fridge*
Kühlwasser	*cooling water*
Kupplung	*clutch*
Kurve	*curve/bend*
Kurzschluss	*short circuit*

L

Länge	*length*
langsam	*slow*
Leck	*leakage*
leer	*empty*
Lenkradschloss	*steering lock*
Lenkung	*steering*
Licht	*light*
Lichtmaschine	*alternator*
links	*left*
Lkw	*truck/lorry*
Luftdruck	*air pressure*
Luftfilter	*air filter*
Lüftung	*ventilation*

M

Maut	*toll*
Mautstelle	*toll booth*
Mautstraße	*toll road*
Messstab	*dipstick*
Motor	*engine*
Motoröl	*engine oil*
Motorrad	*motorcycle*
M+S-Reifen	*M+S tire*
(Schrauben-)Mutter	*(bolt) nut*

N

Nabe	*hub*
Navigationssystem	*navigation system*
Nebel	*fog*
niedrig	*low*

O

Öl	*oil*
Ölwanne	*oilsump*
Ölwechsel	*oil change*

P

Panne	*breakdown/ car trouble*
Pannenhilfe	*breakdown service/ roadside assistance*
parken	*park*
Parkgebühr	*parking fee*
Parkscheibe	*parking disc*

Parkscheinautomat	*parking ticket machine/pay and display machine*
Parkplatz	*parking space/car park*
Parken verboten	*parking prohibited*
Polizei	*police*
Propangas	*propane (gas)*

Q

Querstraße	*crossroad/ side-street*

R

Rad	*wheel*
Radweg	*bike path*
Radkappe	*hubcap*
Radkreuz	*wheel wrench*
Radwechsel	*wheel change*
Rast	*break/rest*
Rastplatz	*rest area*
rechts	*right*
Reifen	*tire*
Reifendruck	*tire pressure*
Reifenpanne	*puncture*
Reparatur, reparieren	*repair*
Reparaturwerkstatt	*repair shop/ garage*
Reserverad	*spare (wheel)*
Rücklicht	*taillight*
Rückspiegel	*rearview mirror*
Rückwärtsgang	*reverse (gear)*

S

Schalter	*switch*
(Rück-/Seiten-) Scheibe	*(rear/side) window*
Scheiben-waschanlage	*windscreen/ windshield washer, wiper system*
Scheibenwischer	*windscreen/ windshield wiper*
Scheinwerfer	*headlights*
Schlauch	*tube*
Schlüssel	*key*
Schmutzwasser	*slop*
Schneekette	*snow chains*
Schraubendreher	*screwdriver*
Schrauben-schlüssel	*wrench/ spanner*
Sicherung	*fuse*
Sommerreifen	*summer tyres*
Starthilfekabel	*jumper cable*
Steckdose	*electrical socket*
Stecker	*plug*
steil	*steep*
Stoßdämpfer	*shock absorber*
Stoßstange	*bumper*
Straße	*road/street*
Straßengraben	*roadside ditch*
Straßenkreuzung	*crossing/ intersection*
Straßen-verhältnisse	*road conditions*
Strom	*electricity*
Super-Benzin	*super*

T

Tank	*tank*
tanken	*get petrol/gas*
Tankstelle	*petrol station/ gas station*
Tempolimit	*speed limit*
Trinkwasser	*drinking water*

U

übernachten	*stay overnight*
Umleitung	*detour*
undicht	*leaky*
Unfall(-protokoll)	*accident (report)*

V

Ventil	*valve*
Ventilator	*fan*
verboten	*forbidden/ prohibited/ not allowed*
Vergaser	*carburettor*
Verletzte(r)	*injured persons/ casualties*
Versicherung	*insurance*
Versorgung	*supply*
volltanken	*fill up*
Vorfahrt	*right of way*

W

Wagenheber	*jack*
Wagenwäsche	*car wash*
Wasser	*water*
Wasserpumpe	*water pump*
Wassertank	*water tank*
Werkstatt	*repair shop/garage*
Werkzeug	*tool*
Windschutzscheibe	*windscreen/ windshield*
Wie weit ist es nach ...?	*How far is it to ...?*
Wo ist die nächste Werkstatt?	*Where ist the nearest garage?*
Wo ist die nächste Tankstelle?	*Where ist the nearest petrol station?*
Wohnmobil	*camper*
Wohnwagen	*caravan*

Z

Zahnrad	*gearwheel/ cogwheel*
Zoll	*inch*
Zulassung	*registration*
Zündkerze	*ignition/spark plug*
Zündung	*ignition*
Zündschlüssel	*(ignition) key*
Zusammenstoß	*collision*
Zylinder	*cylinder*
Zylinderkopf	*cylinder head*
Zylinder-kopfdichtung	*cylinder head gasket*

KLEINE SPRACHHILFE

Die folgenden Wörter und Redewendungen wurden dem Reisesprachführer „Englisch – Wort für Wort" (Kauderwelsch-Band 64) aus dem Reise Know-How Verlag entnommen.

Die wichtigsten Fragewörter

who?/what?	(huh/wott)	wer?/was?
where?	(wäèr)	wo?/wohin?
why?	(wei)	warum?
how?	(hau)	wie?
how much?	(hau matsch)	wie viel? (Menge)
how many?	(hau männih)	wie viele? (Anzahl)
when?	(wänn)	wann?
how long?	(hau long)	wie lange?

Zahlen

1	(wann)	*one*
2	(tuh)	*two*
3	(ðrih)	*three*
4	(fohr)	*four*
5	(feiw)	*five*
6	(ßikß)	*six*
7	(ßäwèn)	*seven*
8	(äit)	*eight*
9	(nein)	*nine*
10	(tänn)	*ten*
11	(ihläwèn)	*eleven*
12	(twälw)	*twelve*
13	(ðörtihn)	*thirteen*
14	(fohrtihn)	*fourteen*
15	(fifftihn)	*fifteen*
16	(ßikßtihn)	*sixteen*
17	(ßäwèntihn)	*seventeen*
18	(äitihn)	*eighteen*
19	(neintihn)	*nineteen*
20	(twänntih)	*twenty*
30	(ðörtih)	*thirty*
40	(fohrtih)	*forty*
50	(fifftih)	*fifty*
60	(ßikßtih)	*sixty*
70	(ßäwèntih)	*seventy*
80	(äitih)	*eighty*
90	(neintih)	*ninety*
100	(hanndrid)	*hundred*
1000	(ðauzänd)	*thousand*

Die wichtigsten Floskeln und Redewendungen

yes/no	(jäß/nou)	ja/nein
thank you	(ðänk_juh)	danke
please	(plihs)	bitte
Good morning!	(gudd mohrning)	Guten Morgen!
Good evening!	(gudd ihwèning)	Guten Abend!
Hello! / Hi!	(hällou / hei)	Hallo!
How are you?	(hau ah juh)	Wie geht es Ihnen/dir?
Fine, thank you.	(fein ðänk_juh)	Danke gut.
Good bye!	(gudd bei)	Auf Wiedersehen!
Have a good day!	(häw_è gudd däi)	Einen schönen Tag!
I don't know.	(ei dount nou)	Ich weiß nicht.
Cheers!	(tschihrs)	Prost! Danke!
The bill, please!	(ðè bill plihs)	Die Rechnung, bitte!
Congratulations!	(kongrätuläischènß)	Glückwunsch!
Excuse me!	(ikßkjuhs mih)	Entschuldigung!
I'm sorry!	(eim ßorrih)	Tut mir leid!
What a pity!	(wott_è pittih)	Wie schade!

Die wichtigsten Fragen

Is there a/an ... ?	(is ðäèr è/ènn ...)	Gibt es ...?
Do you have ... ?	(duh juh häw ...)	Haben Sie ...?
Where is/are ... ?	(wäèr is/ah ...)	Wo ist/sind ... ?
Where can I ... ?	(wäèr kähn_ei)	Wo kann ich ... ?
How much is it?	(hau matsch is_itt)	Wie viel kostet das?
What time?	(wott teim)	Um wie viel Uhr?
Can you help me?	(kähn juh hällp mih)	Können Sie mir helfen?
Is there a bus to ... ?	(is ðäèr è_baß tuh ...)	Gibt es einen Bus nach ...?
How are you?	(hau ah juh)	Wie geht es dir/Ihnen?
What's your name?	(wotts juhr näim)	Wie heißt du/ heißen Sie?
How old are you?	(hau ould ah juh)	Wie alt bist du/ sind Sie?
Where do you come from?	(wär duh juh kamm fromm)	Woher kommen Sie/ kommst du?
Excuse me?	(ikßkjuhs mih)	Wie bitte?

Nichts verstanden? – Weiterlernen!

I don't speak English.	(ei dount spihk in-glisch)	Ich spreche kein Englisch.
Pardon?	(pahdèn?)	Wie bitte?
I don't understand.	(ei dount andèrständ)	Ich habe nicht verstanden.
Do you speak German?	(duh juh spihk dschörmèn?	Sprechen Sie Deutsch?
How do you say that in English?	(hau duh juh säi ðät in in-glisch?)	Wie heißt das auf Englisch?
What does it mean?	(wott dahs_itt mihn?)	Was bedeutet das?

Die wichtigsten Zeitangaben

yesterday	(jäßtèrdäi)	gestern
today	(tuhdäi)	heute
tomorrow	(tuhmohrrou)	morgen
last week	(lahßt wihk)	letzte Woche
every day	(äwwrih dä)	täglich
in the morning	(in ðè mohrning)	morgens
in the afternoon	(in ðih_ ahftèrnuhn)	nachmittags
in the evening	(in ðih_ ihwèning)	abends
early	(öhrlih)	früh
late	(läit)	spät
on time	(on teim)	pünktlich
now	(nau)	jetzt
soon	(suhn)	bald
never	(näwwèr)	nie
Monday	(manndäi)	Montag
Tuesday	(tjuusdäi)	Dienstag
Wednesday	(wennsdäi)	Mittwoch
Thursday	(thöösdäi)	Donnerstag
Friday	(fraidäi)	Freitag
Saturday	(ßättedäi)	Samstag
Sunday	(ßanndäi)	Sonntag

166ws©Torsten Berning

Die wichtigsten Richtungsangaben

on the right	(on ðè reit)	rechts
on the left	(on ðè läfft)	links
to the right	(tuh ðè reit)	nach rechts
to the left	(tuh ðè läfft)	nach links
turn right	(törn reit)	rechts abbiegen
turn left	(törn läfft)	links abbiegen
straight on	(ßträjt on)	geradeaus
opposite	(in front_off)	gegenüber
outside	(autseid)	außerhalb
inside	(inseid)	innerhalb
here	(hi-èr)	hier
there	(ðäèr)	dort
up there	(ap ðäèr)	da oben
down there	(daun ðäèr)	da unten
nearby	(nihrbei)	nah, in der Nähe
far away	(fahr èwäi)	weit weg
round the corner	(raund è kohrnèr)	um die Ecke

DER AUTOR

Torsten Berning hat zwei erwachsene Töchter und wohnt mit seiner Frau Sylke in Belgien. Auch nach nahezu 400.000 Kilometern im Wohnmobil ist er immer noch mit dem Womo-Virus infiziert.

Die geografische Nähe zu Großbritannien bzw. den Fährhäfen dorthin hat seine Liebe für die „Insel" über die Jahre immer weiter wachsen lassen. Diverse Male wurde dieses Reiseziel schon angesteuert und in allen Himmelsrichtungen durchquert.

In seiner Freizeit ist der Whiskyliebhaber am liebsten mit seiner Frau und Bordhund Henry auf Schusters Rappen unterwegs. Seit 2012 ist er Autor für Reiseerinnerungen und Wohnmobilführer.

IMPRESSUM

Torsten Berning

Die schönsten Routen durch Schottland

2., neu bearbeitete und aktualisierte Auflage 2023

ISBN 978-3-8317-3625-6

Printed in Germany

Druck und Bindung: mediaprint solutions GmbH, Paderborn

Herausgeber: Klaus Werner
Layout: amundo media GmbH (Inhalt), Wayan Rump (Umschlag)
Lektorat: amundo media GmbH
Routenkarten: world mapping project
Ortspläne: amundo media GmbH, Ingenieurbüro K. Wendler
Kontakt: Osnabrücker Str. 79, 33649 Bielefeld, info@reise-know-how.de
Anzeigenvertrieb: KV Kommunalverlag GmbH & Co. KG, Alte Landstraße 23, 85521 Ottobrunn, Tel. 089 928096-0, info@kommunal-verlag.de

Alle Angaben in diesem Buch sind gewissenhaft geprüft. Preise, Öffnungszeiten usw. können sich jedoch schnell ändern. Für eventuelle Fehler übernehmen Verlag wie Autor keine Haftung.

Bildnachweis: Umschlagvorderseite: ©Joe, stock.adobe.com | Umschlagrückseite: ©Torsten Berning (oben), ©Helen Hotson, stock.adobe.com (unten)
S. 226: ©VisitBritain/Britain on View. Die Namen aller weiteren Bildautoren sind jeweils am Bild vermerkt.

Die Information über und die Bereitstellung von **digitalen Zusatzinhalten** (z. B. Links, GPS-Tracks o. Ä.) ist eine freiwillige Zusatzleistung des Verlages, auf die kein Anspruch besteht und für deren Richtigkeit aufgrund der Veränderlichkeit solcher Informationen auch nicht gehaftet werden kann. Insbesondere behält sich der Verlag deshalb vor, die Bereitstellung und die Zugriffsmöglichkeit zeitlich zu befristen und den Zugriff hierauf auch vorfristig abzuschalten.

REGISTER

126ws©Torsten Berning

168ws©lichtmeister, stock.adobe.com

124ws©Torsten Berning

123ws©Torsten Berning

ROUTENATLAS

A
B
8°
7°
Flannan Isles
OUTER HEBRIDES
Gallan Head
Tooson
Gr. Bernera
Miavaig
Mangersta
Standing Stones of Callanish
20
Brenish
528
Gisla
Mealasta
LEW
Loch Langavat
Scarp
Hushinish
Hushinish Point
Tirga Mor
679
Miabhaig
West Loch Tarbert
97
Tarbert
Western Isles
Taransay
Sellebost
ROUTE 4
21
Toe Head
Harris
Meavag
Taobh Tuath
101
Cluer
Pabbay
Leverburgh
Rodel
Berneray
Sound of Harris
Renish Point
Borgh
Griminish Point
Otternish
Little Minch
Tigharry
Sollas
North Uist
Lochmaddy
230
Weaver's Point
Paible
Sound of Monach
Waternish Point
Heisker or Monach Islands
Samala
Baleshare
Balivanich
Gramsdale
Roney
Dunvegan Head
Benbecula
Creagorry
Milovaig
Ardivachar Point
Ardivachar
Bag nam Faoileann
Sandwick
Ramasaig
Howmore
Lochskipport
South Uist
Beinn Mhor
620
Sea of the Hebrides
Idrigill Point
Rubha Ardvule
Loch Eynort
Daliburgh
Lochboisdale
222
100
50
St Kilda
Inverness
Aberdeen
SCHOTTLAND
Edinburgh
NORDIRLAND
Newcastle
ENGLAND

1 cm = 7,5 km
10 km
© Reise Know-How 2023
C
D
6°
The Minch
Butt of Lewis
Port of Ness
Dell
Skigersta
Cellar Head
Shader
Labost
Barvas
North Tolsta
Tolsta Head
Carloway
Dun Carloway
ROUTE 4
Bac
Callanish
Newmarket
Broad-bai
Tiumpan Head
Stornoway
Melbost
Portnaguran
Achmore
Eye Peninsula
Garynahine
Laxay
Crossbost
Kintarvie
Cromore
Gravir
Kebock Head
Ardovourlie
Lemreway
Maaruig
Rhenigidale
Carnach
Shiant Islands
Scalpay
Greenstone Point
Opinan
Gruinard Bay
Rubha Reigh
Cove
Laide
Badcaul
Ullapool
Inchina
Ardindrean
Melvaig
Loch Ewe
Dundonnell
An Teallach
1062
Poolewe
Inverewe Gardens
Auchindrean
Rubha Hunish
Flodigarry
Gairloch
Kerrysdale
Staffin
Victoria Falls
Loch Fada
Corrie Halloch Gorge
Idrigill
Redpoint
Talladale
Sgurr Mòr
1110
Loch Snizort
Uig
Culnaknock
Loch Torridon
Loch Fannich
Hallin
Rubha na Fearn
Wester Ross
Lower Diabaig
Kinlochewe
Trotternish
Beinn Eighe
1010
Rona
Inveralligin
Torridon
ROUTE 3
Claigan
The Storr
719
Cuaig
Achnasheen
Achanalt
Dunvegan Castle
Carbost
Shieldaig
Scardroy
Blackhill
Charles Cave
Sound of Raasay
Lair
Dunvegan
Brochel
Applecross
Coulags
Beinn Bhan
895
Portree
Raasay
Inner Sound
Bracadale
Ardarroch
SKYE
Achintee
Oscaig
Toscaig
Lochcarron
Loch Monar
Fiskavaig
Loch Bracadale
Sconser
Crowlin Is.
Loch Carron
Stromeferry
Scalpay
Kyle of Lochalsh
Duirinish
Sligachan
Sallachy
Loch Mullardoch
Dunan
Balmacara
ROUTE 5
Mucrach
Luib
Broadford
Affric Lodge
Cuillin Hills
Eilean Donan Castle
Eynort
Bla Bheinn
928
Bernera
North West Highlands
Cape Wrath
Kinlochbervie
Clash
Handa Island
Scourie
ROUTE 6
Eddrachillis Bay
Point of Stoer
Oldany
Culkein
Drumbeg
Stoer
Lochinver
Loch Assynt
Rubha Còigeach
Inverpolly Lodge
Canisp
846
Loch Sionascaig
Achiltibuie
Inverpolly Nature Reserve
Loch Lurgainn
Culnacraig
Dramunie
Loch Broom
Falls of Measach
LEWIS
A87
A835
99
97
122
120
91
89
87
83
82
81
80
25
26
24
19
18
17
16
15
220
223

E
5°
4°
ROUTE 8
ROUTE 6
ROUTE 7
ROUTE 5
ROUTE 9
Clo Mor Cliffs
Inshore
Durness
Keeldale
Smoo Cave
Whiten Head
Talmine
Hope
Loch Eriboll
Kyle of Tongue
Skerray
Bettyhill
Strathy Point
Strathy
Melvich
Dounreay
Crosskirk
Dunnet Head
Scrabster
Thurso
Castletown
Reay
Westfield
Golval
Leckfurin
Coldbackie
Tongue
Eriboll
Cranstackie
800
Polla
Ben Hope
927
Laxford Bridge
Allnabad
Dalhavaig
Flow Country
Loch Calder
Shurrery
Halkirk
Roadside
Mybster
Loch Watten
Syre
Skail
Forsinard
Westerdale
Grey Cairns of Camster
Camster
Lochmore Lodge
Kylestrome
Kinloch
Mudale
Altnaharra
L. Naver
Loch nan Clar
Loch an Ruathair
Lochside
Loch More
Achavanich
Unapool
Eas a' Chùal Aluinn Falls
Ben Kilbreck
962
Loch Choire Lodge
Badanloch Lodge
Kinbrace
Glutt Lodge
Latheron
Dunbeath
Morven
706
Inchnadamph
Crask Inn
Kildonan Lodge
Beriedale
Ledmore
Loch Shin
Colaboll
Balnacoil
Gordonbush
Helmsdale
Lairg
Rogart
Loch Brora
Kintradwell
Brora
Invercassley
Lubcroy
Doune
Altass
Falls of Shin
Pittentrail
Backes
Dunrobin Castle
Torboll
Golspie
Rhelonie
Littleferry
Bonar Bridge
Dornoch
Clashmore
Lower Gledfield
Spinningdale
Croick
Dornoch Firth
Tarbat Ness
Wilkhaven
Edderton
Tain
Easter Ross
Braeantra
Tarrel
Dalnavie
Kildary
Balintore
Moray Firth
Alness
Invergordon
Balnapaling
Evanton
Balblair
Cromarty
Burghead
Lossiemouth
Findberg
Dingwall
Black Isle
Duncanston
Fortrose
Fort George
Alves
Elgin
Forres
Spey Bay
Svend's Stone
Gollanfield
Nairn
Auldearn
Mosstodloch
Tore
Beauly Firth
Croy
Cawdor Castle
Clephanton
Dallas
Kilmorack
Kirkhill
Inverness
Culloden Battlefield
Clava Cairns
Beachans
Rothes
Loch Beannacharan
Struy
Ferness
Craigellachie
Muchrachd
Lochend
Findhorn
Charlestown
Cannich
Loch Ness Monster Exhibition Centre
Tombreck
Dava
Bridge of Avon
Carrymoney
Milton
Dores
Glenfiddich Distillery
Drumnadrochit
Grantown
SCHOTTLAND
Aberdeen
Edinburgh
NORDIRLAND
Newcastle
ENGLAND
219
224

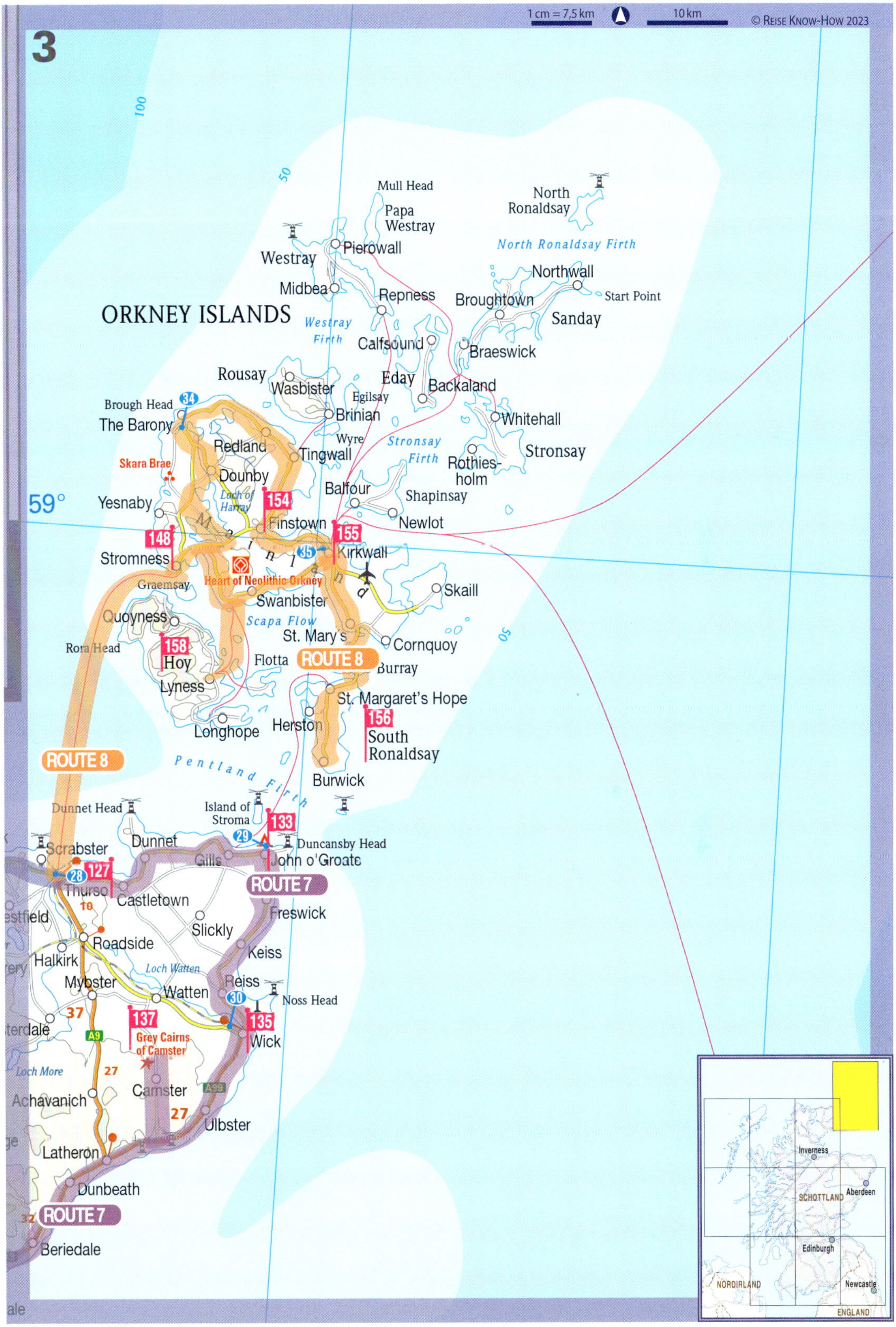

3
1 cm = 7,5 km
10 km
© Reise Know-How 2023
ORKNEY ISLANDS
Mull Head
Papa Westray
North Ronaldsay
North Ronaldsay Firth
Westray
Pierowall
Midbea
Northwall
Start Point
Repness
Broughtown
Sanday
Westray Firth
Calfsound
Braeswick
Rousay
Wasbister
Eday
Backaland
Egilsay
Brough Head
The Barony
Brinian
Whitehall
Wyre
Stronsay Firth
Redland
Tingwall
Stronsay
Skara Brae
Dounby
Rothiesholm
Loch of Harray
Balfour
Shapinsay
59°
Yesnaby
Finstown
Newlot
Mainland
Kirkwall
Stromness
Skaill
Graemsay
Heart of Neolithic Orkney
Swanbister
Quoyness
Scapa Flow
St. Mary's
Cornquoy
Rora Head
Hoy
Flotta
ROUTE 8
Burray
Lyness
St. Margaret's Hope
Longhope
Herston
South Ronaldsay
ROUTE 8
Pentland Firth
Burwick
Dunnet Head
Island of Stroma
Duncansby Head
Scrabster
Dunnet
Gills
John o'Groats
Thurso
Castletown
ROUTE 7
Westfield
Freswick
Slickly
Roadside
Keiss
Halkirk
Loch Watten
Mybster
Reiss
Watten
Noss Head
Wick
Grey Cairns of Camster
Loch More
Achavanich
Camster
Ulbster
Latheron
Dunbeath
ROUTE 7
Beriedale
INVERNESS
SCHOTTLAND
Aberdeen
Edinburgh
NORDIRLAND
Newcastle
ENGLAND

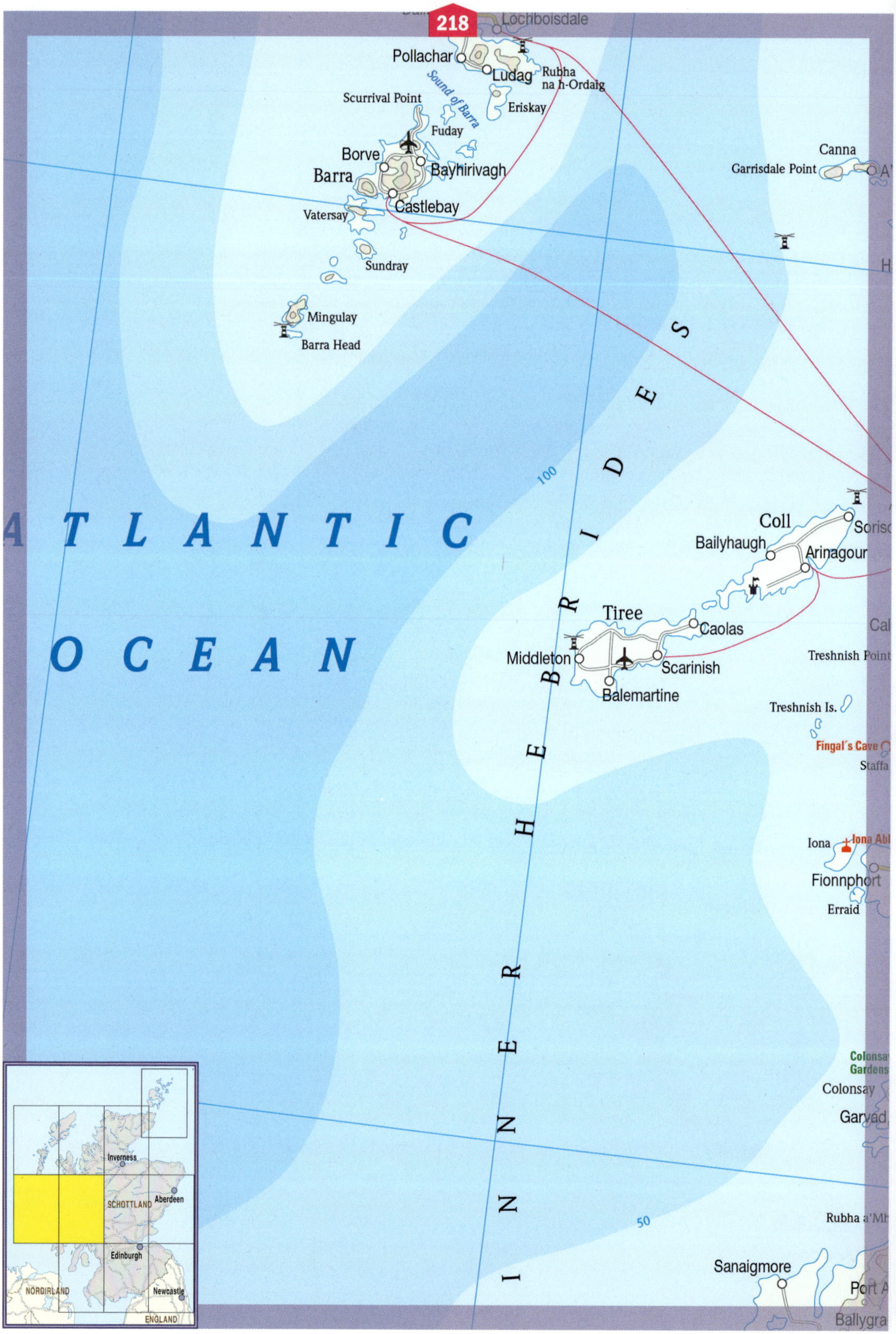
218
Lochboisdale
Pollachar
Ludag
Rubha
na h-Ordaig
Sound of Barra
Eriskay
Scurrival Point
Fuday
Borve
Barra
Bayhirivagh
Castlebay
Vatersay
Sundray
Mingulay
Barra Head
Canna
Garrisdale Point
ATLANTIC
OCEAN
INNER HEBRIDES
100
Coll
Bailyhaugh
Arinagour
Tiree
Caolas
Middleton
Scarinish
Balemartine
Treshnish Point
Treshnish Is.
Fingal's Cave
Staffa
Iona
Fionnphort
Erraid
Colonsay
Garvad
50
Rubha a'Mh
Sanaigmore
Inverness
SCHOTTLAND
Aberdeen
Edinburgh
NORDIRLAND
Newcastle
ENGLAND

219
1 cm = 7,5 km
10 km
© Reise Know-How 2023
ROUTE 3
ROUTE 5
ROUTE 2
Broadford
Kyleakin
Kylerhea
Bernera
Eilean Donan Castle
Morwich
Shiel Bridge
Glenelg
The Saddle
1011
Cluanie Inn
Dalreichart
Amisdale
Kinloch Hourn
Loch Cluanie
Eynort
Cuillin Hills
Bla Bheinn
928
Torrin
Red Hills
Soay
Loch Scavaig
Elgol
Tarskavaig
Isleornsay
Cuillin Sound
A'Chill
Armadale
Sound of Sleat
Airor
Knoydart
Inverie
Loch Quoich
Ardochy Ho
Rhum
Kinloch Castle
Point of Sleat
Harris
Askival
812
Mallaig
Loch Nevis
Coille Mhorgil
Loch Garry
Morar
Bracorina
Murlaggan
901
Cleadale
Traigh Ho
Eigg
Kildoman
Arisaig
Rubh' Arisaig
Ardechive
Loch Arkaig
Loch Lochy
Bunarkaig
Spean Bridge
Roybridge
Muck
Sound of Arisaig
Inverailort
Glenfinnan
A830
Caledonian Canal
Glenuig
Moidart
Drumsallie
Corpach
Loch Eil
Neptun's Staircase
Monessie Falls
Sanna
Fascadale
Kentra
Fort William
Point of Ardnamurchan
Ardnamurchan
Loch Shiel
Aryhoulan
Ben Nevis
1343
Sorisdale
Kilchoan
Ardslignish
Salen
Strontian
Corran
Inchree
Onich
Loch Leven
Kinlochleven
Tobermory
Loch Sunart
Liddesdale
Ballachulish
Drimnin
Kentallen
Altnafeadh
Blackwater Reservoir
Calgary
Dervaig
Kilmalieu
Loch Linnhe
A828
Castle Stalker
Fiunary
Larachbeg
Portnacroish
Elleric
Dalness
A82
224
Achleck
Loch Frisa
Loch Tuath
Lochaline
Sound of Mull
Salen
North Shian
Gruline
Garmony
Druimavuic
Guatachulain
Loch Tulla
Ulva
Loch na Keal
MULL
Achnacroish
Loch Etive
Black Mount
Staffa
Craignure
Lismore
Bridge of Orchy
Loch Ba
Balnahard
Ben More
966
Connel
Bonawe
Uluvalt
Oban
Kerrera
Taynuilt
Ben Cruachan
1126
Drishaig
Tyndrum
Iona Abbey
L. Scridain
Torrens
Carsaig
Lochbuie
Croggan
Cleigh
Dalmally
A85
Bunessan
Carsaig Arches
Firth of Lorn
Kilninver
Annat
Cladich
Seil
Belvicar
Loch Avich
Inverarnan
Luing
Dalavich
Inveraray Castle
Toberonochy
Arduaine
Inveraray
Cairn
Scarba
A83
Colonsay Gardens
Ford
Furnace
Strachur
Tarbet
Kinauchdrachd
Aird
Arrochar
Scalasaig
Kilmartin
Garvad
Crinan
Newton
Invernoaden
Loch Eck
Ardlussa
Lochgair
Carrick
Garelochhead
Cowal
Ardentinny
JURA
Lochgilphead
Younger Botanic G.
Ardrishaig
L. Tarbert
Loch Fyne
Otter Ferry
Kilmun
Kilcreggan
Sound of Jura
Keillmore
578
Auchenbreck
Helensburgh
Lagg
Gourock
Feolin Ferry
Achahoish
Tighnabruaich
Dunoon
Port Askaig
Colintraive
Greenock
Port Glasgow
Ballygrant
Craighouse
Kilberry
Tarbert
227
Inverkip
A8
A87
A887
A82
Lagg
Rhu
Luss

220
ROUTE 9
ROUTE 5
ROUTE 2
Drumnadrochit
Urquhart Castle
East Croach
Tomatin
Duthil
Grantown-on-Spey
Glenfiddich Distillery
Drumin
Invermoriston
Foyers
Carrbridge
Dulnain Bridge
Dundreggan
Whitebridge
Garragie Lodge
Aviemore
Tomintoul
Fort Augustus
Glendobeg
Bellabeg
Invergarry
Colnabaichin
Newtonmore
Insh
Kingussie
Cairn Gorm
1245
Cairngorms
Laggan
Garvamore
Crathie
Balmoral Castle
Aberarder
Catlodge
Falls of Truim
Braemar
Dee
Inverey
Roybridge
Loch Laggan
Dalwhinnie
National Park
Loch Muick
Ben Alder Lodge
Fersit
Loch Treig
Ben Alder
1148
Loch Ericht
Devil's Elbow
665 m
Scotland
Mounta ins
Clova
Spittal of Glenshee
Dalnacardoch Lodge
Blair Castle
Blair Atholl
Rannoch Station
Kilichonan
Kinloch Rannoch
Killiecrankie
Dalnacarn
Cray
Loch Rannoch
Carie
Tummel Bridge
Loch Tummel
Grandtully
Pitlochry
Kirkmichael
Cortachy
223
Keltneyburn
Pass of Killiecrankie
Bridge of Cally
Alyth
Craigton
Aberfeldy
Rattray
Glamis Castle
Loch Lyon
Kenmore
Dunkeld
Caputh
Blairgowrie
Meigle
Bridge of Orchy
Lawers
Acharn
Trochry
Garrow
Loch Tay
Milton
Coupar Angus
Balgray
Killin
Tyndrum
Falls of Dochart
Gauls
Cargill
Burrelton
Muirhead
Sidlaw Hills
Grampian
Ardchyle
Buchanty
New Scone
Crianlarich
Lochearnhead
St. Fillans
Gilmerton
Methven
Longforgan
Perth
Newport-on-Tay
Falls of Falloch
Loch Earn
Comrie
Crieff
Milltown
Errol
Firth of Tay
Loch Lomond
Strathyre
Muthill
Earn
Newburgh
Rathillet
Loch Lubnaig
Auchterarder
Bridge of Earn
Letham
Cupar
Stronachlachar
National Park
Dunning
Brig o' Turk
Auchtermuchty
Loch Katrine
Trossachs
Callander
Braco
Ochil Hills
Strathmiglo
Ladybank
Hill of Tarvit
Loch Ard
Thornhill
Doune
Dunblane
Glendevon
Falkland
Leslie
Fife
Aberfoyle
Bridge of Allan
Ben Cleuch
721
Alva
Dollar
Drum
Kinross
Markinch
Kennoway
Cashell
Loch Lomond
Arnprior
Kippen
Stirling
Tillicoultry
Cleish
L. Leven
Glenrothes
Leven
Methil
Drymen
Tullibody
Alloa
Saline
Kelty
Lochgelly
Buckhaven
East Wemyss
Gartocham
Balfron
Fintry
Killearn
Kincardine
Dunfermline
Cowdenbeath
Kirkcaldy
Alexandria
Blanefield
Lennoxtown
Denny
Culross
Aberdour
Kinghorn
Burntisland
Dumbarton
Kilsyth
Grangemouth
Rosyth
Firth of Forth
Milngavie
Kirkintilloch
Falkirk
Bo-Ness
Inverkeithing
S. Queensferry
Hopetoun House
Dalmeny House
EDINBURGH
Aberlady
Cumbernauld
Linlithgow
228

1 cm = 7,5 km
10 km
© Reise Know-How 2023
Kirkton of Culsalmond
Fyvie
Toll of Birnes
Hatton
Cruden Bay
Bridgend
Insch
Tarves
Ellon
Rhynie
Whiteford
Oldmeldrum
Collieston
Cabrach
Pitmedden Garden
Newburgh
Mossat
Inverurie
Newmacher
Kemnay
Balmedie
Alford
Whitehouse
Kintore
Dyce
Boultenstone
Craigiever Castle
Sauchen
Westhill
Tarland
Echt
ABERDEEN
Torphins
Dinnet
Crathes Castle
Peterculter
Ballater
Aboyne
Potarch
Grove Bay
Portlethen
Birkhall
Marywell
Banchory
Crathes
Netherley
Newtonhill
Whitestone
Lochton
Mowtie
Muchalls
Kerloch
534
Stonehaven
Drumlithie
N. Esk
Clatterin Brig
Fordoun
Crawton
Arbuthnott
Fettercairn
Laurence-kirk
Kinneff
Inverbervie
Edzell
Marykirk
Johnshaven
Newtonmill
St. Cyrus
Brechin
Montrose
Kirriemuir
Finavon
Forfar
Maryton
Friockheim
Letham
Inverkeilor
Lang Craig
Tulloes
Colliston
Glamis
Kirk-buddo
Arbirlot
Marywell
Arbroath
Monikie
DUNDEE
Carnoustie
Monifieth
Buddon Ness
Tayport
Leuchars
179
St. Andrews
ROUTE 9
Dairsie
Pitscottie
Kingsbarns
Lochty
Fife Ness
Largoward
Kilrenny
Crail
Lower Largo
Anstruther
Pittenweem
Elie
St. Monans
May
Firth of Forth
192
North Berwick
Dirleton
ROUTE 10
Aberlady
Drem
East Linton
Whitekirk
193
Dunbar
229
N o
Inverness
Edinburgh
NORDIRLAND
Newcastle
ENGLAND

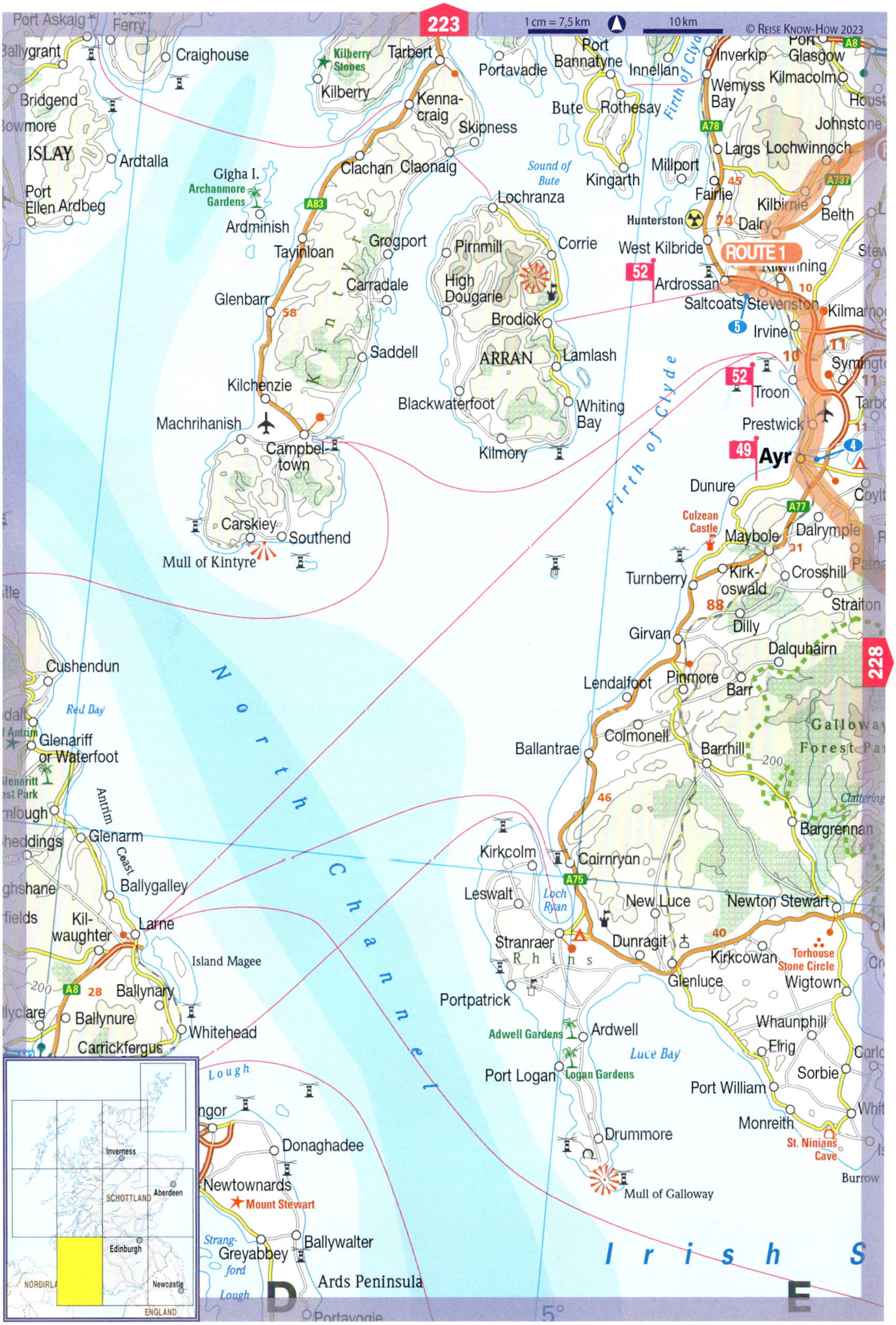
223
1 cm = 7,5 km
10 km
© Reise Know-How 2023
Port Askaig
Ballygrant
Craighouse
Bridgend
Bowmore
ISLAY
Ardtalla
Port Ellen
Ardbeg
Gigha I.
Archanmore Gardens
Ardminish
Kilberry Stones
Kilberry
Tarbert
Kenna-craig
Skipness
Clachan
Claonaig
Portavadie
Port Bannatyne
Bute
Rothesay
Innellan
Firth of Clyde
Inverkip
Port Glasgow
Wemyss Bay
Kilmacolm
Johnstone
Largs
Lochwinnoch
Millport
Kingarth
Sound of Bute
Fairlie
Hunterston
Kilbirnie
Beith
Dalry
West Kilbride
ROUTE 1
Kilwinning
52
Ardrossan
Saltcoats
Stevenston
Kilmarnock
Irvine
Troon
Symington
Prestwick
49
Ayr
Dunure
Culzean Castle
Maybole
Dalrymple
Coylton
A83
A78
A737
A77
A75
A8
Tayinloan
Kintyre
Grogport
Carradale
Glenbarr
Saddell
Kilchenzie
Machrihanish
Campbel-town
Carskiey
Southend
Mull of Kintyre
Lochranza
Pirnmill
Corrie
High Dougarie
Brodick
ARRAN
Lamlash
Blackwaterfoot
Whiting Bay
Kilmory
Turnberry
Kirk-oswald
Crosshill
Straiton
Girvan
Dilly
Dalquhairn
228
Lendalfoot
Pinmore
Barr
Colmonell
Ballantrae
Barrhill
Galloway Forest Park
Bargrennan
Cushendun
Red Bay
Glenariff or Waterfoot
Antrim Coast
Glenarm
Ballygalley
Kil-waughter
Larne
Island Magee
Ballynure
Ballynary
Whitehead
Carrickfergus
North Channel
Kirkcolm
Cairnryan
Leswalt
Loch Ryan
New Luce
Newton Stewart
Stranraer
Dunragit
Rhins
Kirkcowan
Torhouse Stone Circle
Glenluce
Wigtown
Portpatrick
Ardwell
Adwell Gardens
Whauphill
Luce Bay
Elrig
Port Logan
Logan Gardens
Sorbie
Port William
Monreith
St. Ninians Cave
Drummore
Mull of Galloway
Burrow
Lough
Bangor
Donaghadee
Newtownards
Mount Stewart
Strangford Lough
Greyabbey
Ballywalter
Ards Peninsula
Portavogie
Irish S
D
E
5°
Inverness
Aberdeen
SCHOTTLAND
Edinburgh
Newcastle
NORDIRLAND
ENGLAND

224
227
ROUTE 1
ROUTE 2
ROUTE 9
GLASGOW
EDINBURGH
East Kilbride
Carlisle
Solway Firth
Wigtown Bay
Sea

225
1 cm = 7,5 km
10 km
© Reise Know-How 2023
Inverness
Aberdeen
SCHOTTLAND
NORDIRLAND
ENGLAND
Aberlady
Drem
East Linton
Whiteki
193
Dunbar
Haddington
Torness
Innerwick
Lennoxlove House
Gifford
Cockburnspath
194
St. Abb's Head
Coldingham
47
Eyemouth
Humbie
Granthouse
Reston
Cranshaw
Preston
Chirnside
Oxton
Duns
Berwick-upon-Tweed
Fulden
Lauder
Westruther
Polwarth
Whitsome
Tweedmouth
Greenlaw
Swinton
Norham
Ancroft
Cheswick
Gordon
Eccles
Earlston
Stichill
Coldstream
Duddo
Beal
Holy Island
Galashiels
196
Melrose
Dryburgh Abbey
Crookham
Lowick
198
Abbotsford House
48
Dryburgh
Kelso
Kilham
Milfield
Belford
Ross
Bamburgh
Newtown St. Boswells
Town Yetholme
North Sunderland
Ancrum
Eckford
Wooler
Chatton
North Charlton
Lilliesleaf
49
Morebattle
Embleton
Denholme
Jedburgh
Wooperton
Eglingham
Hawick
Kirkton
Rennington
Longhoughton
Chesters
Glanton
Alnwick
Lesbury
ROUTE 10
Northumberland National Park
Newton-in-the-Moor
Warkworth
Thropton
Longframlington
Bromhill
Amble
Hepple
Rothbury
Rochester
Felton
Weddrington
Otterburn
Elsdon
Longhorsley
Ulgham
Ellington
Kielder Resr.
Falstone
Border Forest Park
North Tyne
Ridsdale
Hartburn
Ashington
Newbiggin-by-the-Sea
Morpeth
Whalton
Bedlington
Billingham
Blyth
Roughsike
Wark
Capheaton
Belsay
Cramlington
Bergen, Haugesund
Seaton Delaval
Kirkcambeck
Humshaugh
NEWCASTLE-UPON-TYNE
Wideopen
Whitley Bay
Frontiers of the Roman Empire
Gilsland
Chollerford
Tynemouth
Horsley
Rytton
Greenhead
S. Tyne
Haydon Bridge
Hexham
Corbridge
Jarrow
South Shields
Brampton
Whitfield
Prudhoe
Castle Carrock
Catton
Slaley
Whittonstall
Gateshead
Whitburn
Knarsdale
SUNDERLAN
Shotley Bridge
Birtley
Blanchland
Stanley
Washington
Croglin
Hartside Height
Alston
Derwent
Consett
Chester-le-Street
Seaham
Kirkoswald
Nenthead
Allenhead
Castleside
Lanchester
Houghton-le-Spring
Garrigill
Satley
Durham
Easington
Castle and Cathedral
Westgate
Stanhope
Tom Law
Brandon
Peterlee
Horden
Melmerby
Penrith
Langwatby
Wolsingham
Crook
Spennymoor
Trimdon
Hart
High Force
Culgaith
Bishop Auckland
Sedgefield
Clifton
Middleton-in-Teesdale
Woodland
Newton Aycliffe
Long Marton
Mickle Fell
Newbridge
England

ÜBERSICHT DER STELL- UND CAMPINGPLÄTZE

Die **GPS-Koordinaten der Stell- und Campingplätze im Buch** können auf der Verlags-Website www.reise-know-how.de von der Artikelseite dieses Buches als Waypoint-Liste heruntergeladen werden.

ROUTE 1

1 Queensberry Bay Leisure Park S. 44
2 Caerlaverock Castle Corner Camp Site S. 44
3 Ken Bridge Hotel & Campsite S. 48
4 Craigie Gardens Caravan Club Site S. 52
5 Sandylands Holiday Park S. 53
6 Strathclyde Country Park Caravan Club Site S. 60
7 Red Deer Village Holiday Park S. 60

ROUTE 2

8 Luss Camping & Caravanning Club S. 65
9 Glen Loin House Camp Site S. 65
10 Argyll Caravan Park S. 67
11 Oban Caravan & Camping Park S. 70
12 North Ledaig Caravan Park S. 71
13 Glencoe Camping and Caravanning Club Site S. 72
14 Silversands Caravan & Campsite S. 75

ROUTE 3

15 Kinloch Campsite S. 83
16 Glenbrittle Campsite & Cafe S. 85
17 Reraig Caravan Site S. 86
18 Sands Caravan & Camping Park S. 89
19 Broomfield Holiday Park S. 92

ROUTE 4

20 Ardroil Sands Campsite S. 101
21 Horgabost Campsite S. 102

ROUTE 5

22 Faichemard Farm Campsite S. 107
23 Bught Caravan Park & Campsite S. 113

ROUTE 6

ROUTE 7

ROUTE 8

ROUTE 9

ROUTE 10

Der Glenfinnan Viaduct (s. S. 74) ist aus den „Harry Potter"-Filmen bekannt

ZEICHENERKLÄRUNG ZUM ROUTENATLAS

M90 A90
Straßennummern
Road numbers
Numérotation des routes
Número de carretera
Номера автодорог

Schnellstraße (in Bau)
Expressway (under construction)
Voie rapide (en construction)
Autovía (en construcción)
Скоростная автомагистралЬ (строящаяся)

Fernstraße (in Bau)
Major route (under construction)
Route à grande circulation (en construcción)
Carretera nacional (en construcción)
Автострада (строящаяся)

Hauptstraße (in Bau)
Main road (under construction)
Route principale (en construcción)
Carretera principal (en construcción)
Главная автодорога (строящаяся)

Nebenstraße
Secondary road
Route secondaire
Carretera secundaria
Основной проезд

Sonstige Straße
Other road
Autre route
Otro tipo de vía
Прочий проезд

10 36
Entfernung in Meilen
Distance in miles
Distances en miles
Distancia en millas
Расстояние в милях

Fähre
Ferry
Bac
Transbordador
Паром

Fluss
River
Rivière
Río
Река

Cairn Gorn ▲ 1245
Berg (Höhe in m)
Mountain (height in m)
Mont (altitude en mètres)
Montaña (altitud en metros)
Вершина (высота в метрах)

Devil´s Elbow)(665
Pass (Höhe in m)
Pass (height in m)
Col (altitude en mètres)
Puerto de montaña (altitud en metros)
Перевал (высота в метрах)

Verwaltungsgrenze
Administrative boundary
Frontière administrative
Límite de administración
Административная граница

Nationalparkgrenze
National park boundary
Limite de parc national
Límite de Parque Nacional
Граница националЬного парка

Sperrgebiet
Prohibited area
Zone interdite
Zona prohibida
Запретная зона

Besiedeltes Gebiet
Populated area
Zone habitée
Zona poblada
Заселенная облаcЬ

Kirche sehenswert
Church of interest
Église particulièrement remarquable
Iglesia de interés turístico
ЦерковЬ достопримечателЬная

Kloster sehenswert
Monastery of interest
Cloître particulièrement remarquable
Monasterio de interés turístico
МонастырЬ достопримечателЬные

Burg, Schloss, sehenswert
Castle of interest
Château particulièrement remarquable
Castillo de interés turístico
Замок, достопримечателЬный

Burg, Schloss Ruine sehenswert
Castle ruin of interest
Château Ruine particulièrement remarquable
Castillo Ruina de interés turístico
Замок Руины достопримечателЬные

Archäologische Stätte
Archaeological site
Site archéologique
Yacimiento arqueológico
Археологическое место

Höhle sehenswert
Cave of interest
Grotte particulièrement remarquable
Cueva de interés turístico
Пещера достопримечателЬная

Campingplatz
Campsite
Camping
Cámping
Кемпинг

Sehenswürdigkeit / Naturdenkmal
Point of interest / Natural feature of interest
Curiosité / Curiosité environnementale
Lugar de interés turístico / natural
ДостопримечателЬностЬ

Aussichtspunkt
Viewpoint
Point de vue
Mirador
Пункт обзора

UNESCO-Weltkulturerbe
UNESCO world heritage
Patrimoine mondial de l'UNESCO
Patrimonio de la Humanidad (UNESCO)
Мировое наследие ЮНЕСКО

Leuchtturm
Lighthouse
Phare
Faro
Маяк

Internatl. Flughafen / Flugplatz
Intl. airport / Airfield
Aéroport Int. / Aérodrome
Aeropuerto Int. / Aeródromo
Аэродром

Botanischer Garten
Botanical garden
Jardin botanique
Jardín botánico
Ботанический сад

Turm
Tower
Tour
Torre
Башня

Atomkraftwerk
Nuclear power plant
Central nucléaire
Central nuclear
Атомная алекэтростанция

Der in diesem Buch abgedruckte Routenatlas beruht auf dem Faltplan „Großbritannien" 1 : 750.000 aus dem world mapping project™, herausgegeben vom Reise Know-How Verlag.